日本神話の男と女

「性」という視点

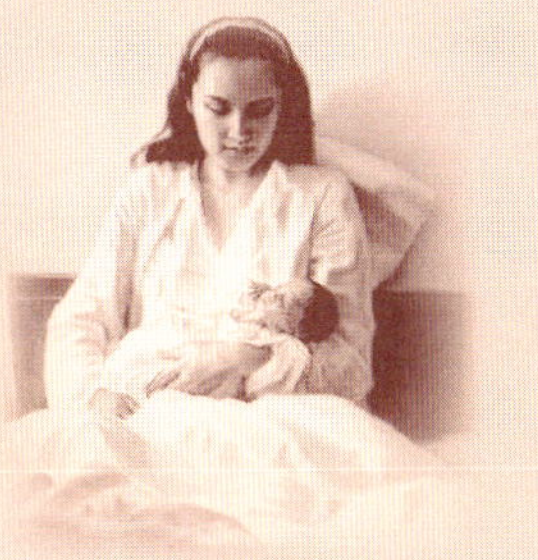

堂野前彰子 著
Akiko Donomae

三弥井書店

日本神話の男と女――「性」という視点――　目次

序章　経験された時間
――「生」と「性」――

古代日本人はどのような時間意識の中に生きていたのだろうか。

今までにどれほど多くの人々がそれについて問い、どれほど多くの研究がなされてきたことか、それについては今さらいうまでもあるまい。哲学的な思索あり、文学的な直感ありで、その捉えた方も多岐にわたっている。

しかし、そのどれもが極めて観念的な解釈であることも否めない。それは、そもそも「時間」というものが観念的であることに起因するのだろう。当然のことながら、古代日本文学の中に直接時間意識を語るものはなく、神話や伝承、歌の端々から、それを想像するしかないということも、「時間」が一人歩きしてしまった要因の一つである。

したがってどのような時間意識が存在していたのか、それを考えるにあたり、まずこのような問いからはじめなければなるまい。そもそも古代人には、現代人がいうところの時間観念を持っていたかどうか。国生みからイザナミの死へ、またそこから神々の生成へ、という「生」から「死」を経て再び「生」へと繋がっていくサイクル、あるいはイザナキの黄泉国訪問譚の末に語られる、人間の生と死に関する約束ごとは、果たして時間意識と呼べるものであるのか、と。

おそらくそのような生と死のサイクルは、現代人がいうところの「時間」ではないだろう。時間という概念は、

『古事記』が天皇の系譜を語りはじめたとき、「時」を積み重ねることによって初めてつくりだされた。「時」という「点」が重ねられることによって「時間の流れ」が出現する。それが今現在いうところの「時間」であり、客観化された物理的な時間である。それは、いつどこで、どのような状態において計測されたとしても、常に同じ価を示すところの時間であった。そしてその「時間」は、古代においては支配者がつくりだした虚構であり、机上の論理としての歴史であり暦であり、創造された時間であった。そして一方でそれが王による統治と深い関係にあったことは、第四章でも述べる通りである。「はかる」ことによってはじまる王の統治は、時間による管理であり支配であって、その時の「時間」は極めて観念的なもの、身体的なものとは切り離されたものであった。

しかし古代人が生きたのは、そのような観念的虚構の「時間」の中ではない。一定に刻まれる「時間」の中ではなく、いわば身体化された「時間」の中で彼らは生き死んでいった。現代人は「時間」の方にあわせて生きているが、古代人はむしろ自分たちの「生」に引き寄せて「時間」を捉えていたのではなかろうか。

「時間」の方を引き寄せて生きること、それは自分たちの経験のうちに時間を捉えることである。

例えば、彼らの経験からすれば、昼と夜とは連続する時間ではなかった。「七日七夜」「八日八夜」と一日を昼と夜に分けて数えていたように、昼と夜は非連続な別空間であった。『日本書紀』崇神天皇条に「是の墓は、日は人作り、夜は神作る」とあることも、昼と夜とでは世界そのものが異なっていることを示している。昼は人の時間、夜は神の時間であった。夜の闇は恐怖であり、世界そのものが変化してしまったと考えていたのかもしれない。昼と夜は時間的な差ではなく、むしろ空間的な差として捉えられていた。

つまり古代人は、視覚化された具体的な事物と結びつけて、「時間」を認識していたのである。彼らの「時間」

とは淀みなく連続して流れるものではなく、空間化され視覚化され分節化されてはじめて捉え得るものであったに違いない。それは「時間」とは呼べない、「季節」や「時節」と表現されるべきものであったのだろう。いくつか例を示してみよう。『万葉集』に次のような歌がある。

我がやどの花橘は散りにけり悔しき時に逢へる君かも　（巻十・一九六九）
五月山花橘にほととぎす隠らふ時に逢へる君かも　（巻十・一九八〇）

ここに表現されているのは、「花橘が咲く・散る」時として捉えられた「時間」である。愛しい人に逢う時が、花橘の咲き、散る時として表現されている。さらに後者の歌では、ホトトギスの籠りから恋人との逢瀬までをも連想していて、ある時間が花橘やホトトギスの存在する時間であると同時に、恋人との逢瀬がかなう時間となっている。自然の風物のうちに表現されていた「時間」が、さらには逢瀬という経験とも繋がっていく。「時間」とは経験されるものでもあった。

それは次に挙げる歌のうちに、より明確に読み取ることができるだろう。

住吉の岸を田に墾り蒔きし稲かくて刈るまで逢はぬ君かも　（巻十・二二四四）

この歌では、恋人に逢えなかった時間を、稲を蒔き刈り取るまでの時間として表現している。時間の経過は稲の成長と重ね合わせて理解されていた。しかもそこには、稲の種蒔から刈り入れまでの「労働」という、肉体的な経験も存在している。

つまり、花橘や稲の成長など具体的な事物、風物と結びついて「時間」は表現されるものであり、その時間は経験されたものとして存在していた。風物のうちに捉えられていた時間は、それがそのまま彼らが経験した時間となって存在する、そういう時間の二重構造がここにはある。

そのように考えるならば、古代人の「時間」とは経験されることなくしては認識され得ないものであり、かつその経験は視覚化されて自然の風物のうちに表現されていたことがわかるだろう。そのように身体化された時間は、自然界に存在する事物そのものでもあった。人の身体は自然と同列のもの、その一部なのである。

そしてその身体化された時間は、「恋」において最も顕著に現れている。彼らの「恋」とは経験され、具体的事物として認識されるものでしかなく、決して抽象的な概念ではあり得ないものであった。しかし私たち現代人は、「恋」と「愛」を同じものとして捉えてしまい、「恋」にも抽象的なものを追い求めてしまう。いわゆる私たちがいうところの「愛」という感情が、古代にはないことを忘れてしまうのである。

そもそも「愛」とは、近代になって西洋から輸入された概念である。西洋における「愛」とは、神と人との間に交わされた契約であり、それは献身的に万物に注がれた慈しみの心であって、決して見返りを要求しない。一方的に神にささげる行為が「愛」であり、極めてナルシスティックなものでもある。それはいわば砂漠に水をまく行為で、「愛」はある意味において対象なきものであった。

ところが、古代人が抱いていた「恋」とはそのような感情とはほど遠いものである。必ず「恋」する対象があって、その想いが実らなければ、やがてその気持ちは萎えてしまう。まさに花が咲いて実るように、「恋」とは男女が出会い、互いに惹かれ合って実るものであった。逆の言い方をすれば、実らなければ「恋」ではなく、相互感情でなければそれを「恋」とは呼ばない。「恋」は必ず相手に見返りを要求し、対象なきものではありえなかったのである。

例えば、笠女郎が大伴家持に贈った二十四首の歌を見てみよう。そのうちの幾つかを次にあげる。

我が形見見つつ偲はせあらたまの年の緒長く我れも思はむ　（巻四・五八七）
君に恋ひいたもすべなみ奈良山の小松が下に立ち嘆くかも　（巻四・五九三）
我がやどの夕陰草の白露の消ぬがにもとな思ほゆるかも　（巻四・五九四）
朝霧のおほに相見し人故に命死ぬべく恋ひわたるかも　（巻四・五九九）
我れも思ふ人もな忘れおほなわに浦吹く風のやむ時なかれ　（巻四・六〇六）
相思はぬ人を思ふは大寺の餓鬼の後方に額づくごとし　（巻四・六〇八）
近くあれば見ねどもあるをいや遠く君がいまさば有りかつましじ　（巻四・六一〇）

五八七番歌にはじまった笠女郎の恋は、初めこそ密かに想い続けていたが、一人で想い続けるだけの幸せから一転して、なかなか家持が訪れないことを五九三番歌のように嘆くようになる。それでもなお白露が消え入りそうなほど苦しいもの想いを五九四番歌では切なくうたい、その報われない想いは次の五九九番歌にうたわれているような激しい恋心となる。その想いは六〇六番歌の浦に吹く風のように止む時がなく、家持が振り向かないとなると自暴自棄になって六〇八番歌を詠んでしまう。そしてその想いはやがて六一〇番歌にあるような静かな終りを迎えることになる。

このようにこの一連の歌群は、「恋」がどのようにはじまり終わっていくのかを示している。中でも彼女の気持ちを最もよく表現し、かつ「恋」の本質を顕しているのは六〇八番歌であろう。相思相愛ではない人を想うことは全く益のないこと、したがって家持が自分に対する愛情がないとわかるや否や、「恋」は急速に冷めていく。見返りないところに、彼女の「恋」は成立し得なかった。実らない恋は終わるしかない。

またこの時、彼女の恋心は自然の風物に託されて語られていることにも注目すべきである。逢いたくとも術がなければ「小松が下」で待つしかなく、切ない恋心は「白露」に託されてうたわれる。その逢瀬の少なさ、短さは「朝霧」のおぼつかなさとして捉えられ、いつまでも途切れることのない想いは「浦を吹く風」として描写される。

あるいは同じ笠女郎の

水鳥の鴨の羽色の春山のおほつかなくも思ほゆるかも　(巻八・一四五一)

にしても、淡い恋心を鴨の羽に喩えている。自らの、極めて個人的な感情でさえ、自然の風物の比喩のうちに見出してしまう。「恋」は必ず目に見えるものとして認識されていた。花が実るように、「恋」も成就すれば子孫を残す。いつまでも止むことのない想いは「浦吹く風」であり、そのような「恋」の時間が古代には流れていた。

その時、「私」と「自然」は地続きのもの、一体のものであったことを指摘しよう。「私」と「自然」は対比されているのではない。私という「個」と「自然」は同等のものとして存在していて、「個」はいつでも「自然」に回収されてしまうのである。それは「私」の想いを述べながらも集団の想いを代弁しているかのようにうたい、「個」を語りながらも「国家」を語ってしまう、そのような万葉歌人の心のあり方でもある。

このように、古代に生きていた人々は、その「生」を自然の営みの中に見いだしていた。季節の移り変わりの中で、「自然」の一部としての「生」を生きていたのである。そしてその「生」の営みは、古代においては「性」に直結していたことを忘れてはならないだろう。男女の交わりによって大地の豊饒が約束されると信じられていたように、「生」は「性」に支えられていた。否、「性」こそが「生」であったというべきか。具体的な経験としてしかものごとを理解しない古代人は、全ての生命の営みは性的な交わりによって育まれていると考えていたのであった。

したがって「神の嫁」であるヲトメの妊娠は、その年の豊作を約束する、ある特別な「一夜」として幻想されていた。「一夜」という「時間」を、ヲトメの妊娠という「豊饒」として捉えていたのである。

そうであるから、その豊饒なる「一夜」は決して一回限りの時間ではなかった。春が夏秋冬を経てまた再び春となるように、それは再生される時間としてあった。そのような循環する時間の中にこそ彼らは生きていたのである。さらにいうなら、食も価値基準も全てを稲に依存している日本人は、その「自然」の中でも特に「稲」の生命サイクルと「生」を重ね合わせて捉えていた。

それこそが今まさに本書で述べようとする、古代人の「生」と「性」に関する問題であり、本書で意図されていることは、「自然」、とりわけ「稲」と同等なものとして捉えられていた人々の「生」についての考察である。「性」という言葉をキーワードとして、古代人がどのような世界認識を持ち、どのような時間意識のうちに生きていたかを探ってみたい。

つまりこれは、「性」についての考察であると同時に「生」の考察であり、その隠されたテーマは古代人の時間意識でもある。どのような「生」を生きていたかということは、どのような時間意識のうちに生きていたかを問うことでもある。

最後に本書の概要を簡単に述べると、第Ⅰ部は母性と父性という観点から神話を考える試みである。第一章では、記紀風土記の中で語られる「一夜孕み」が、神話的にどのように解釈できるか、「一夜」の意味に注目することから考察した。今までなされてきた解釈は、なぜ「一夜」の妊娠が可能であったのか、その理由を説明しきれていない。「一夜」がある特別な夜の意であるのならば、それはいつでも再生される豊饒なる時間の幻想に他ならない。

それを受けた第二章では、そのような女性原理に育まれた豊饒幻想が父性の介入によって破壊され、「国家」が誕生していく過程を、『風土記』の雷神伝承の中に見出した。「子」が「父」を知ることによって父性に目覚めていくことは、母子の絆のうちに育まれた母性的共同体を逸出していくことでもあった。

第三章では、そのようにして芽生えた父性が結局母性的なものから飛び立ち得ない様を、精神分析の方法を用い、父と子の対立という点から捉えた。母性の欠如に起因する父子の対立は父殺しの幻想を抱えながら、やがて皇位継承の問題へと発展していく。そのような問題を第四章で再度取り上げ、「火」と「日」の神話的意味から、新しく「ヒツギ」を解釈することを試みた。「火」の両義性は、中心化と非中心化を同時に行う王の力の象徴であり、「日」にこめられているのは、暦を作ることによって国土を支配していく、時間の管理者にして統治者である王の姿である。そこにあるのは、母性的社会と父性的社会のはざまにあって揺れ動く神話の世界、深層心理の世界である。

続く第Ⅱ部は「動く男」と「動かぬ女」という視点から伝承を捉え返すというテーマのもと、マレビトとして通過していく男と、在地性を有した女について考察した。その冒頭第一章は、「色好みの王」という一つの伝承の型を、聖婚幻想の延長線上につらなる、国土開拓、国土保全の物語として、あくまでも男の視点から解釈した。

第二章では、「色好み」につきものの正妻の「嫉妬」の構造を、女の視点から分析し解釈した。正妻が後妻に嫉妬するのは、「在地性」というアイデンティティが揺らぎそうになった時であって、自由に動き得ない女の不自由さが嫉妬の感情の根底にはあった。在地を離れ自由であるものに対して嫉妬は向けられていたのである。

また、第三章はそのような正妻と呼ばれる女性たちの「嫉妬」とは対照的な、在地にいて男性と結ばれる女性の姿に注目した。「在地の妻」と名づけた話型を記紀風土記の三つの伝承から抽出し、今度は反対にその型によって新しく伝承を解釈していく可能性を示した。その時彼女たちの「性」は一回限りのものではなく、何度でも再生されるものであって、在地に根をはやし、したたかに生きていた女性の姿を浮き彫りにすることを試みた。

第Ⅲ部のテーマは「性」と交換である。「性」というものは本来モノの本質であれば、決してモノから離れて交換され得ないものであったが、それにもかかわらず、やがて「性」がモノから切り離されて社会化され、人々の間を流通していくようになることを、「交換」という言葉をキーワードに考察した。

まず第一章では、「妹」と「妻」という言葉の使い分けを取り上げ、「妻」という言葉が社会的に開かれた関係において用いられることを指摘し、そのような社会性を手に入れたことによって、「性」が交換の対象となっていくことについて考えた。財として交換されていく「人妻」はまさにその象徴で、それは次の第二章で取り上げた釆女に引き継がれていく「交換の原理」であった。「他」のものと交換されることによってそのモノの価値は高められ、世界は活性化される。釆女が天皇とのみ交わることを許された存在なのであれば、釆女に課された禁忌とは、それ自身の財としての価値を高めるものでもあった。

第三章では、遊女の前身と考えられている遊行女婦を、「性」的な存在としてではなく、精神的な側面から捉えることを試みた。遊行女婦は聖にして賤なるものであり、それが持っている境界性とは、両性具有的な、あるいは性別を越えていくような越境性である。その境界性両義性を、「うたう」行為のうちに成立せしめていることと指摘した。

最後の第四章では、本来在地にあるべき女性が境界を越えて行くことに注目し、それは共同体が生み出した幻想であることを述べた。

このように、本書は「性」に関する考察であり、その「性」には様々な意味の「性」があることを再度強調しておきたい。「性」とは母性・父性の「性」であり、男性・女性の「性」でもある。それは男女の交わりという「性」でもあり、そのような「性」は世界を活性化する力を宿した、マジカルで神聖なものであった。やがてその「性」は社会化され商品化されて流通の対象となり、そのように商品化されてなお、それには世界を活性化するマジカルな力が存在していた。それはまさに「貨幣」的な存在であり、境界をやすやすと超えて流通していくもののことであった。

そして、「性」における交換を考える時、それは「貨幣」の問題と決して無縁ではないことを述べておこう。本書では言及することができなかったが、交換や交易の対象となるものは、ある意味において贅沢で非日常的なモノである。縄文時代の交易で、最も遠くまで流通し広範囲に渡って移動していったのは、祭具であるという。日常使用するものには交換する価値がないのである。

つまり、交易の発生において最も必要とされるのは、人々の間で共通して価値が認められる財と、それを共同体外部へと流通させていく王の力、「国家」である。反対の言い方をするならば、モノは流通することによってその価値を見出されていくのであり、「貨幣」もまた、流通してはじめて価値が生じるものであった。そしてその「財」として流通した最初のモノは、呪的力を秘めた祭具と、おそらく「性」ではなかったかと想像する。

そのように考えれば、「国家」の発生と交易の関係は、「性」と交換の問題として捉え返されるのではなかろうか。

第Ⅰ部

母性と父性

第一章　神話としての「一夜孕み」

はじめに

記紀風土記の中には、一夜にして子を授かる「一夜孕み」の伝承が度々登場する。そしてそれは神婚であることの印として捉えられてきた。「一夜」を「わずか一夜にして」と解釈し、そのように通常ではあり得ないことは、それが神のなせる業であったからだと考えるのである。

しかしそのような解釈は、なぜ「一夜」の妊娠が可能であったのかということの説明にはなっていない。その妊娠が可能となったのは「一夜」であったにもかかわらず、「一夜」が示す意味についてはこれまで言及されてこなかったように思う。

おそらくこの「一夜」とは、いつでも存在する「一夜」ではなく、ある特別な「一夜」であったろう。そこには何か特別な力が秘められている。その「一夜」のマジカルな力によってこそ、「孕み」は可能になるのであり、まさにその「一夜」は「孕み」という形として認識されていた。古代人は時間というものを必ず具体的事物として、ものの変化として捉えていたのである。

このように「一夜孕み」の幻想の背後には、現代人とは異質な古代人の時間意識が存在している。では「一夜」の幻想を支える時間意識とはどのようなものだったのだろう。身体化された時間を読み込むことによって、「一夜孕み」は新しく解釈することができるのではないか。これは女性の視点から神話を読み換える新しい試みでもある。

一　神婚としての「一夜孕み」

従来「一夜孕み」とは、来臨する神と一夜の契りをかわし、一夜にして子を孕むことであった。一度の交わりにおいて子を授かることは、それが神との神婚であることを示していて、その典型的な例として『古事記』上巻コノハナサクヤビメの伝承がある。

> ここに天津日高日子番能邇邇藝能命、笠沙の御前に、麗しき美人に遇ひたまひき。ここに「誰が女ぞ。」と問ひたまへば、答へ白ししく、「大山津見神の女、名は神阿多都比賣、亦の名は木花の佐久夜毘賣と謂ふ。」とまをしき。また「汝の兄弟ありや。」と問ひたまへば、「我が姉、石長比賣あり。」と答へ白しき。ここに詔りたまひしく、「吾汝に目合せむと欲ふは奈何に。」とのりたまへば、「僕は得白さじ。僕が父大山津見神ぞ白さむ。」と答へ白しき。故、その父大山津見神に、乞ひに遣はしたまひし時、大く歡喜びて、その姉石長比賣を副へ、百取の机代の物を持たしめて、奉り出しき。故ここにその姉は甚凶醜きによりて、見畏みて返し送りて、ただその弟木花の佐久夜毘賣を留めて、一宿婚したまひき。…故、後に木花の佐久夜毘賣、參出て白ししく、「妾は妊身めるを、今産む時に臨りぬ。この天つ神の御子は、私に産むべからず。故、請す。」とまをしき。ここに詔りたまひしく、「佐久夜毘賣、一宿にや妊める。これ我が子には非じ、必ず國

つ神の子ならむ。」とのりたまひき。ここに答へ白ししく、「吾が妊みし子、もし國つ神の子ならば、産むこと幸くあらじ。もし天つ神の御子ならば、幸くあらむ。」とまをして、すなはち戸無き八尋殿を作りて、その殿の内に入り、土をもちて塗り塞ぎて、産む時に方りて、火をその殿に著けて産みき。

（『古事記』上巻）

ニニギノミコトがコノハナサクヤビメと結ばれる経緯を語ったくだりである。笠沙の御前に降り立ったニニギノミコトが、美しいヲトメ、コノハナサクヤビメに出にい求婚すると、その父神は姉のイワナガヒメと二人を差し出した。ところが姉があまりに醜かったので、ニニギノミコトはコノハナサクヤビメだけをとどめて一夜の契りをかわした。その後臨月となったコノハナサクヤビメが子を生むことを告げたところ、ニニギノミコトは一晩で妊娠するのはおかしいと疑い、疑われたコノハナサクヤビメはこの子が国つ神の子であれば生むことはできないだろうと言って、建てた産屋に火をつけて子を出産する。生まれてきたのは、いわゆる海幸彦・山幸彦と呼ばれるホデリノミコト・ホヲリノミコトとホスセリノミコトであった。

ニニギノミコトは偶々出会ったコノハナサクヤビメにその名を尋ね、尋ねると同時に姉がいることをも知る。多くの天皇がヲトメたちに名を尋ねることによって結ばれていくように⑴、名を尋ねるという行為は求婚することに同じであり、かつ彼女が姉のいる妹であることは、神婚としてはとても重要なことであった。『古事記』では「弟木花佐久夜毘賣」と「弟」が冠された表記がなされており、その「弟」とは若い意で、ヤマトタケルの后「弟橘比賣」や『肥前国風土記』松浦郡の「弟日姫子」同様、神聖な女性であることを示す記号でもある。さらにその「弟」の意味は、コノハナサクヤビメには草木のような短い命しか与えられていないことによってよりいっそう明確にされている。若く生命力あふれるヲトメこそが神と結ばれるべき存在であり、その生命力に満ち溢れていることが一夜にして妊娠することに繋がっていくからである。これがもし姉のイワナガヒメであったならば、一夜にして身ごもることはありえなかったに違いない。

つまり一夜にして身ごもる「一夜孕み」の幻想は、そのヲトメの生命力あふれる「若々しさ」に支えられていた。今までの神婚の定義は、「神の嫁」としてのヲトメが「弟」と呼ばれる若さを持っていなければならなかった、その理由を説明しきれていないだろう。神がその嫁としてのヲトメに若さを求めるのはなぜなのか。それは若さ即ち生命力が神聖さを示すからではなく、「一夜孕み」を可能にする最も必要な条件が若さであったからに他ならない。若さは「孕み」へと繋がっている。

一夜にして妊娠する話は、先に挙げたニニギノミコトとコノハナサクヤビメの婚姻譚の他、『日本書紀』雄略天皇元年条にもある。ある夜天皇に召された童女君は身ごもり子を産むのだが、天皇は一夜にして身ごもったことを疑い、その子を養育しようとしない。それを一夜に七度召したのなら当然だと臣下が諭し、天皇はその子を皇女として認めたという。

このように、古代において「一夜孕み」が神婚の証しであることは、いわば常識となっていた。笑い話のような結末となっていたとしても、一夜にして身ごもることは神婚であった。疑われてなおその子がニニギの子であることを示す誓約も、それが神婚であることを示している。

それでは何ゆえに神婚には「一夜孕み」が求められるのだろうか。処女の孕みは何を意味するのだろう。

「一夜孕み」即ち神婚であると図式化されるそれ以前の論理は、一見どこにも語られていないように思われる。それが神婚であることの真の意味、「孕み」の問題は、今まで問われることすらなかったのではないか。そこで「一夜孕み」がなぜ神婚となるのか、それを探る手がかりを求めて神話の深層に降りていくことにしよう。

二　「一夜」に秘められた力

「一夜孕み」の意味について考えるにあたり、まず「一夜」の「一」が何を指し示しているのか考えてみたい。『古事記』や『風土記』を見渡すと、神や人の数を数えることはあるものの、動物や植物の数を一つ二つと数えあげることは少ないように思われる。他の言語に比べ日本語では、それが単数なのか複数なのかはっきりしない。おそらくそれは、あるものの存在を語る時、在るかないかが問題であってそのものの数は問題とならないからだろう。在るかないか、それが多いか少ないかだけが意識にのぼる思考構造なのである。

そのような中において、「一つの鹿、此の丘に走り登りて鳴きき」（『播磨国風土記』賀古郡日岡条）「一つの馬走り逸げき」（『播磨国風土記』飾磨郡英馬野条）「一つの鹿、み前に立ちき」（『播磨国風土記』託賀郡比也山条）と表現されていることは、「一」の意味を探る上で重要であろう。「一」が実数となるのは、例えば「一歩」「一丈」など数字の下に助数詞がつく場合であって、ここでいう「一」が実数ではないことは明らかである。

では一体「一」にはどのような意味があるのだろう。『出雲国風土記』意宇郡安来郷の毘売埼伝承の表現に注目してみよう。

即ち、北の海に毘売埼あり。飛鳥の浄御原の宮に御宇しめしし天皇の御世、甲戌の年七月十三日、語臣猪麻呂の女子、件の埼に逍遥びて、邂逅に和爾に遇ひ、賊はれて皈らざりき。その時、父の猪麻呂、賊はれし女子を濱上に斂めて、大く苦憤り、天に號び地に踊り、行きて吟ひ居て嘆き、晝も夜も辛苦みて、斂めし所を避ることなし。是する間に、数日を経歴たり。然して後、慷慨む志を興し、箭を磨り、鉾を鋭くし、便の處を撰びて居りて、即ち、擡み訴へまをしけらく、「…良に神霊有らませば、吾に傷はしめ給へ。ここをもて神霊の神たるを知らむ」とまをせり。その時、須臾ありて、和爾百餘、静かに一つの和爾を囲繞みて、徐に率て依り来て、居る下に従きて、進まず退ず、猶囲繞めるのみなり。

(『出雲国風土記』意宇郡)

これは、海辺を歩いていた娘がワニに食べられてしまい⑵、怒った父親は全出雲の神々に願って復讐をはたすという伝承である。はじめ「邂逅に和爾に遇ひ」とあったワニは、猪麻呂が神々に願って探しあてた後は「一和爾」となり、「そのワニ」であることを示している。単にワニであったものが、その事件を起こしたまさに「そのワニ」という意味に変化する時、「一」という文字は冠されるのである。

つまり「一鹿」「一馬」「一和爾」の「一」が意味するのは、「一匹の」ではなく「その」という意味であり、多くの中から選ばれた特別な存在であることを表している。その論理を「一夜」に当てはめてみるならば、「一夜」とは一晩という意味ではなく「ある特別な夜」という意味であり、選ばれた聖なる時間ということになるだろう。

それではその「一夜」は、具体的にどのような場面において登場するのであろうか。「一夜」という言葉を探してみると、それが語られる場面は『播磨国風土記』に二例あり、一つは、次に挙げる揖保郡萩原の里の張間井伝承である。


萩原の里。土は中の中なり。右、萩原と名づくる所以は、息長帯日賣命、韓国より還り上りましし時、御船、此の村に宿りたまひき。一夜の間に、萩一根生ひき。高さ一丈ばかりなり。仍りて萩原と名づく。即ち、御井を闢りき。故、針間井と云ふ。其の處は墾らず。（『播磨国風土記』揖保郡）

神功皇后が新羅征伐より帰還してこの村にとどまったところ、一夜にして萩が生い茂った。ゆえにその土地は萩原と名づけられたという伝承である。

ここで注目すべきは、萩の異常なまでの成長の早さである。一夜にして萩が成長したことは神功皇后の聖性を示しているのだが、その異常成長は彼女の天皇としての徳によるものではあるまい。この聖性は女性であることによって保証されている。神功皇后の聖なる何かが土地にのり移り、土地の霊力は増加する。そして増加した土地の霊力によって萩は一夜の間に異常な成長を遂げた。女性ならではの何かが萩の異常成長として現れたに違いなく、おそらくそれは女性の子を産む力、「孕み」の力であり、その女性ならではの「孕み」が萩を一夜にして成長させたのだろう。

あるいは反対に、萩の異常成長を豊饒の表現として捉えなおすこともできるだろうか。萩が生えた所に井を掘り、その周辺は聖地として開墾せずにおくが、その井の水によって田は潤う。潤った田が実り多い豊かなものであったことは、張間井に続く「酒田」「傾田」「陰絶田」などの地名起源譚からも理解でき⑶、一夜にして成長した萩は、どこかで稲の豊饒に繋がっている。そうであるからその井は神聖視され、やがて播磨の国名にまでなり、張間井として伝承化されていくのだろう。

では「一夜」の二つ目の用例、讃容郡のサヨツヒメの伝承についてはどうであろうか。

讃容といふ所以は、大神妹妋二柱、各、競ひて國占めましし時、妹玉津日女命、生ける鹿を捕り臥せて、其の腹を割きて、其の血に稲種きき。仍りて、一夜の間に、苗生ひき。即ち取りて殖ゑしめたまひき。爾に、大神、勅りたまひしく、「汝妹は、五月夜に殖ゑつるかも」とのりたまひて、即て他處に去りたまひき。故、五月夜の郡と號け、神を賛用都比賣命と名づく。今も讃容の町田あり。即ち、鹿を放ちし山を鹿庭山と號く。

（『播磨國風土記』讃容郡）

伊和大神はその妻であるサヨツヒメと国占めをした⑷。サヨツヒメが生け捕りにした鹿の腹を割き、その血を苗代として稲を蒔くと稲は一夜にして発芽し苗となった。伊和大神はそれをみて、五月の夜に植えたことよと敗北を認めその地を去った。

この伝承の、特に稲を血に浸すことをめぐっては様々な意見があり、そうすることによって稲が早く発芽したとする解釈や(5)、あるいは生き血の霊力を祈る呪術と捉える説などがある(6)。全てを呪術と片付けてしまうそのような解釈の中で、ひとり永藤靖は鹿の腹を割くというサヨツヒメの狩猟神的要素に着目し、女神の死から五穀が誕生する一種のハイヌエレ型神話としてこの伝承を捉えている(7)。サヨツヒメとは稲に関わる「サ」を接頭語に持つ豊饒の女神であると同時に、サヨの「ヨ」は夜に種を播いたことから夜を示すと考え、夜・狩猟・豊饒・食物といったコードで結ばれた月神であったとしている。しかも、「サ」は一方で鉄を意味することや、この伝承に続いて鹿を放った山を「鹿庭山」と呼ぶことが語られ、鉄に関わる地名がこの地域に散見できることから、稲と鉄の文化複合がこの伝承に見られると指摘する。

稲の伝播の背後には、土地を開墾するために必要不可欠な鉄器の存在があり、鉄と稲が密接な関係にあることは、この伝承を見るまでもなく明らかなことである。稲作農耕にとって鉄器は、その生産性を向上させた画期的革命的な発明品であった。従って鉄の属性をも持つ狩猟の女神が鹿の生血に稲を浸す行為は、鉄と稲が深く結びついていることを暗示し、かつその行為によって豊饒は約束されたのだと考えることができるだろう。

また、稲と鉄を結びつけるのはサヨツヒメの属性ばかりではない。鹿もその両方と深い関係にある。鹿は腹についた白い斑点から稲を象徴する動物として考えられると同時に、その皮からは鉄の生産には欠かせない鞴が作られる。稲・鉄・豊饒・狩猟のコードはここでもくり返されている。

さらに女神と鹿によって示される神話コードの反復は、くり返された果てに「生」と「死」の反復螺旋構造に行き着くことになるだろう(8)。殺害されたオホゲツヒメの屍から五穀が誕生するように、殺害された鹿の生き血によって稲の成長は促進される。鹿の生き血が稲種に作用したからなのか、それが五月の夜であったからなのか、あるいはその両方からなのか、稲は異常な成長を遂げた。死すべき女神は自らの手で鹿を生け贄とすることで自らの豊饒性を鹿に托す。否、鹿のもとより持っていた豊饒性が増すのである。女神もしくは鹿の死から約束されるのは人間の「生」を支える穀物の豊饒であり、「死」と「生」の間には「豊饒」が横たわっている。

ここにきて重要なことに気づくであろう。「死」と「生」とその間に横たわる「豊饒」は、稲の生育サイクルと人間のそれとが重層化された結果現われ出でる生命のリズムではなかったか。とすれば「死」と「生」の間に横たわっているのは「孕み」であり、「豊饒」はすなわち「孕み」なのではないのか、と。

保坂達雄によれば、琉球の民間伝承の雨乞い儀礼で歌われる歌謡に、天の神がその妻と交わると雨雲が発生し、地上に雨をもたらすという語りがあるらしい(9)。その指摘はヤマトではなく沖縄のことではあるものの、「孕み」について多くのことを示唆している。保坂は雨が降るメカニズムを天の神夫婦の性交から生み出される一種の豊饒として捉え、豊饒をもたらす雨に子孫を産む行為を重ね合わせていて、「豊饒」をキーワードに降雨と夫婦の営みは等しいものとする。そのような雨乞い幻想は「孕み」が如何なるものかを説明しているだろう。「孕み」は豊饒を示すものであり、この豊饒は子孫繁栄の豊饒であると同時に稲の豊かな実りなのである。

次に挙げる『肥前国風土記』神埼郡船帆郷の伝承でも、懐妊と雨乞いが同じコードで結ばれていることが理解できる。

又、御船の沈石四顆、其の津の邊に存れり。此の中の一顆は、高さは六尺、径は五尺なり。一顆は、高さ八尺、径は五尺なり。子無き婦女、此の二つの石に就きて、恭び禱祈めば、必ず任産むことを得。一顆は、高さは四尺、径は五尺なり。顆は、高さ三尺、径四尺なり。亢旱の時、此の二つの石に就きて雩し、并祈れば、必ず雨落る。

（『肥前国風土記』神埼郡）

景行天皇の乗った御船の碇四つが神埼郡のとある津に残され、そのうちの二つの石に祈ると子が授かり、残りの二つに祈ると雨が降ると語られている。石の信仰として子産み石と雨乞い石があって、およそ結びつきようもない二つの信仰を繫ぐのは、ここでも「孕み」という豊饒であった。

そのように考えれば、先に挙げた伝承で伊和大神とサヨツヒメの交わりは、直接語られないどころか示唆されることすらないが、その背後には「孕み」が隠されているといえるだろう。今まで見落とされてきた「一夜」こそが、生命サイクルを解き明かす鍵、「孕み」を暗示しているのである。夫婦の間で行われた国占め競争は、両者の争いを示すかに見えて、サヨツヒメの田植えを物語るものであった。今でも田植えとは早乙女によってなされるものである。何ゆえに若い娘たちが稲を植えるのかといえば、それは彼女たちの女性としての「孕み」の力を稲に託すからである。

サヲトメ、サツキ、サヨツヒメ、それらの「サ」はまさに稲のことであり、先に挙げたコノハナサクヤビメにしても、『日本書紀』一書では別名「神阿多都比賣」「吾田鹿葦津姫」「豊吾田津姫」と表記され、田と関係深いことがわかる[10]。さらにそれに続いて「卜定田を以て、號けて狭名田と曰ふ。其の田の稲を以て天甜酒を釀みて嘗す」とあることから、稲の精霊としてのコノハナサクヤビメを想像することもできる。サヨツヒメやコノハナサクヤビメといった稲の精霊ともいうべき女神の「孕み」が、稲そのものの「孕み」として幻想されているのである。

そしてその「孕み」は、男神によって与えられることを忘れてはなるまい。男女の交わりは、稲の受粉と重ねあわされて捉えられていた。歌垣が示すように、古代において男女の交わりは稲の豊饒を願う予祝であり、稲の豊饒そのものであった。歌垣の一夜が半年後の豊饒を約束するに等しく、ここでの「一夜」は、伊和大神とサヨツヒメの「一夜孕み」を婉曲的に指していて、鹿の腹割きの呪術によってさらなる豊饒の「孕み」へと導かれていく。腹は子を宿す子宮や「孕み」を連想させ、それが稲の異常成長と結びつけて語られるのである。サヨツヒメの「ヨ」は「夜」であり、その「夜」はまさに「孕み」の時間であって、一夜の「孕み」がサヨツヒメの聖なる夜「サヨ」の真に意味するところなのであった。

このように一夜の異常成長は、女神の「一夜孕み」として捉えることによってはじめて理解され得るのだろう。妊婦をかたどった土偶が豊饒儀礼に使われたと想像されるように、土偶の「孕み」は女神の「孕み」であり稲の「孕み」でもあった。ここでは鹿の腹を割く行為に孕んだ女神の死と再生が象徴されていて、一夜にして孕む女神は稲の豊饒を意味し、稲の精霊そのものでもある。女神の生命は稲の生成に同じであり、女神は植物が循環していく生命のサイクルの中に生きている。その稲の「孕み」が女神の五月夜の「孕み」として、二重に幻想されているのであった。

三　「一夜孕み」と父性

ところで、国占め競争に負けた伊和大神はサヨツヒメのもとを去っていったのであるが、なぜ男神は去ったのだろう。男神の退去は何を物語っているのだろうか。

『播磨国風土記』にはもう一つ、「孕み」に関わる伝承が伝わっている。七日七夜の間に稲が成長したと語る伝承である。

荒田と號くる所以は、此處に在す神、名は道主日女命、父なくして、み兒を生みましき。盟酒を醸まむとして、田七町を作るに、七日七夜の間に、稲、成熟り竟へき。乃ち、酒を醸みて、諸の神たちを集へ、其の子をして酒を捧げて、養らしめき。ここに、其の子、天目一命に向きて奉りき。乃ち、その父を知りき。後に其の田荒れき。故、荒田の村と號く。

（『播磨国風土記』託賀郡）

この土地の女神であるミチヌシヒメノミコトは、父なくして子を生んだ。神意を判ずる儀礼に必要な酒を作るために田を作ったところ、その田の稲は七日七夜のうちに成熟した。その稲を醸した酒を集った神々に捧げさせると、その子はアメノマヒトツノミコトのところにきて、自分の父はアメノマヒトツノミコトであることを知る。その後その田は荒れ、荒田と呼ばれるようになったという。

ここで語られている七日七夜の成長は、神へ捧げられる酒を造るにふさわしい聖なる印とだけ解されてきた。単に成長が早いことをいう説話的文辞だというのである(11)。勿論神の霊力が作用して稲の急速な成長が可能となったのではあるけれど、しかしそれでは、なぜ稲が七日七夜の成長を遂げたのか、その理由が不明瞭ではないか。

七日七夜の成長には隠された意味があるはずだ。

その七日間の成長を可能にしたのはミチヌシヒメノミコトという、その土地の霊力を一身に受けた女神である。土地の精霊ともいうべき女神による田植え。それはまさにサヨツヒメ伝承と同じプロットではないか。かたや一夜であり、かたや七日七夜という違いはあるものの、同じく女神による田植えである。となれば、五月夜の一夜の成長のように、あるいは萩の一夜の成長のように、ここにも「一夜」の幻想が隠されているのではないか。急速な稲の成長は女神の「孕み」の力によって増進されたに違いない。七日七夜の成長は聖なる印だけではなく、それ以上に、豊饒を暗示するものなのである。

またこの伝承は、『山城国風土記』逸文に伝わる賀茂社の起源譚と、同工異曲の物語として捉えられている。

…賀茂建角身命、丹波の國の神野の神伊可古夜日女にみ娶ひて生みませるみ子、名を玉依日子と曰ひ、次を玉依日賣と曰ふ。玉依日賣、石川の瀬見の小川に川遊びせし時、丹塗矢、川上より流れ下りき。乃ち取りて、床の邊に挿し置き、遂に孕みて男子を生みき。人と成る時に至りて、外祖父、建角身命、八尋屋を造り、八戸の扉を竪て、八腹の酒を釀みて、神集へ集へて、七日七夜樂遊したまひて、然して子と語らひて言りたまひしく、「汝の父と思はむ人に此の酒を飲ましめよ」とのりたまへば、即て酒坏を擧げて、天に向きて祭らむと爲ひ、屋の甍を分け穿ちて天に升りき。乃ち、外祖父のみ名に因りて、可茂別雷命と號く。

（『山城国風土記』逸文）

賀茂社伝承では丹塗矢型の神婚である前半に続いて、父を知らない子が父を追って昇天する話が語られる。川遊びをしていたタマヨリヒメは流れてきた丹塗矢を拾い、寝室においたところ身ごもり男の子を産んだ。その父親が判明しないため祖父神が七日七夜の宴を開き、その子に父と思う神に盃をささげよと言うとその子は天に向かって盃を投げ、天に昇っていった。

ここには、稲の成長期間と宴の期間という違いはあるものの、聖なる時間としての「七日七夜」や、父を知らない子が酒を捧げることによってその父を知るという二つの類似がある。従ってこれらは同根の伝承として捉えられ、出自のわからない道主日女命は、賀茂氏に繋がる系譜ではないかとも推測されている[12]。

そして荒田伝承が賀茂社伝承と結びつけて考えられることによって、これまで辿ってきた「一夜孕み」の幻想は三輪山型伝承と呼ばれる異類婚姻譚へと誘われていく。『古事記』神武天皇条で語られる、賀茂伝承同じく丹塗矢によるイスケヨリヒメの懐妊も、崇神天皇条のイクタマヨリビメの懐妊も、一夜の交わりとしては語られていないし、その背後に稲の精霊と神との聖婚をみることもできないものの、彼女たちの「孕み」はやはり聖なる時間における豊饒という「孕み」であろう。さらに折口信夫がいうところの、新嘗の祭りに訪れる来訪神がその家の巫女でもある処女と一夜を同衾して穀物の豊饒を予祝する[13]、そういう「一夜孕み」の神婚がここで幻想されはじめるのである。まさに稲の豊饒は性の営みの結果もたらされる「一夜孕み」であった。

その「孕み」は、三輪山型と分類される『常陸国風土記』那賀郡の伝承の中に、初めて明確に「一夕」の出来事として語られる。

茨城の里。此より北に高き丘あり。名を哺時臥の山といふ。古老のいへらく、兄と妹と二人ありき。兄の名は努賀毗古、妹の名は努賀毗咩といふ。時に、妹、室にありしに、人あり、姓名を知らず、常に就て求婚ひ、夜來りて晝去りぬ。遂に夫婦と成りて、一夕に懐妊めり。産むべき月に至りて、終に小さき蛇を生めり。明くれば言とはぬが若く、闇るれば母と語る。是に、母と伯と、驚き奇しみ、心に神の子ならむと挾ひ、即ち、浄き杯に盛りて、壇を設けて安置けり。一夜の間に、已に杯の中に満ちぬ。更、瓮に易へて置けば、亦、瓮の内に満ちぬ。此かること三四して、器を用ゐあへず。母、子に告げていへらく、「汝が器宇を量るに、自ら神の子なることを知りぬ。我が屬の勢は、養長すべからず。父の在すところに從きね。此にあるべからず」といへり。時に、子哀しみ泣き、面を拭ひて答へけらく、「謹しみて母の命を承りぬ。敢へて辭ぶるところなし。然れども、一身の獨去きて、人の共に去くものなし。望請はくは、矜みて一の小子を副へたまへ」といへり。母のいへらく、「我が家にあるところは、母と伯父とのみなり。是も亦、汝が明らかに知るところなり。人の相從ふべきもの無けむ」。爰に、子恨みを含みて、事吐はず。決別るる時に臨みて、怒怨に勝へず、伯父を震殺して天に昇らむとする時に、母驚動きて、盆を取りて投げ觸てければ、子え昇らず。因りて、此の峰に留まりき。盛りし瓮と甕とは、今も片岡の村にあり。其の子孫、社を立てて祭を致し、相續ぎて絶えず。

（『常陸国風土記』那賀郡）

茨城の里にヌカビコとヌカビメという兄妹がいて、その妹の寝所にある男が通うようになる。その男は夜来て昼には帰って行くだけの、正体不明の男である。やがてヌカビメはその男と夫婦となり、一夜に妊娠して小さな蛇を産んだ。その子蛇は夜だけ母とのみ話をし、清浄な杯に盛って育てられた。成長にともない器を大きくし、三回、四回と繰り返していくうちに、もはやどの器でも間に合わなくなった。そこで母は子に向かい、父神のいるところに行きなさいと告げる。子は哀しみ泣くけれど、父のもとへと去ることを承諾する。承諾するも一人の従者をつけて欲しいと願うのだが、母はこの家にはつけるべき従者などいないと言う。すると子蛇はそれを恨み、別れるに及んで伯父ヌカビコを震殺して天に昇ろうとした。ところが、養われていた盆を母に投げつけられて天に帰ることができなくなり、晡時臥の山にとどまったという。

この伝承においてはじめて、「一夕」に「懐妊」と明記され、三輪山型とよばれる神婚譚が「一夜孕み」であることが明らかとなる。ある特別な「一夜」、聖なる時間に孕むことは、その「一夜」の霊力を取り込むことである。それは、「遂に夫婦と成りて、一夕に懐妊めり」となる以前に、既に男は「常に就て求婚ひ、夜來りて晝去へりぬ」と夫婦の関係は成立していたけれども、妹が妊娠しなかったことに示されているだろう。男女の関係があったにもかかわらず、妊娠したのはある「一夜」なのであった。

素性のわからぬ男は神であり、神は夜だけ女のもとに通う。すると夫婦となったその一夜に女は身ごもった。通う男はただ「人あり」と語られるだけで、三輪山伝承において丹塗矢であったり蛇であったりすることとはなんと異なっていることか。賀茂社伝承にしろ三輪山伝承にしろ、父神に関する記述が多少なりともなされているのに比べ、ここでは父神に対する関心がない。男は女を妊娠させるためにのみ語られているといってもよいだろう。あるいは、一夜孕みの神婚譚の彼方に必ず「あやし」が現前する場所があって、蛇の子を生む「あやし」が神の子の証として受け入れられているという坂本勝の表現を借りるのなら(14)、男自身が女を孕ませる「あやし」の存在であった。

つまり、晡時臥山伝承においてクローズアップされているのは母と子の関係であり、父は疎外された存在であった。共同体外部の者と思われる男がヌカビメのもとに通いはじめた後も、兄と妹との共同生活は続いている。それればかりではなく、ヌカビメが懐妊した後は、父である男について語られることすらない。そこにあるのはあくまでも母と子の関係であり、兄と妹の関係なのである。どこにも「父」の姿はない。あくまでも血の繋がった母系家族だけが登場していて、「父」は「あやし」の存在として、母と子の関係には介入せず、巧妙に排除されているようにさえ思われる。母と子の関係においては、ヌカビコ・ヌカビメという兄妹の関係は損なわれることなく、父性を排した母性原理の中で共同体は成立し、秩序は保たれている。

しかし後半部にきて、話は思わぬ展開を遂げることになる。賀茂伝承に同じく父を知らずに生まれた子が、その父を訪ねて天空へと帰っていくという雷神のモチーフが語られ、しかも子蛇は父のもとへ帰るにあたりヌカビコを震殺してしまう。兄妹という血縁の上に成り立っていた共同体に異変が生じ、「父」は多くが語られない「あやし」の存在であったにもかかわらず、子蛇を通してその存在を主張しはじめる。天上にいる蛇神、雷神であった父神の、その父の属性が母の兄を殺害したのであり、父と子の関係が濃密になることによって、母方の共同体を支える兄妹の関係は壊され、母子の血の繋がりは断たれてしまうのである。

思いおこせば、どの三輪山型伝承でも父なし子の父は、蛇であり丹塗矢であり雷ではなかったか。蛇も丹塗矢も雷も男性を象徴する神話的記号であり、それらはやがて鉄と結びついて語られる。荒田伝承のアメノマヒトツノミコトは目が一つの鉄の神だといわれているように[15]、蛇は水神であり鉄神であった。水・鉄は稲の豊饒を約束する記号でもあり、水・蛇・矢・雷・鉄はめぐり巡って稲の豊饒へと導かれていく。そうはいっても、鉄は稲作農耕を支える農具であると同時に、破壊を生む武器ともなり、それが象徴するのは、あくまでも女性原理とは相容れない、「破壊」を生む荒々しい男性原理である。母と語らう子蛇は女性原理に貫かれた稲のサイクルのうちに存在していたが、父のもとへと帰ろうとする子蛇には、父の属性である「破壊」をもたらす激しさしかない。子蛇の歎き悲しみは怒りへと変わり、母の庇護のもとを離れて稲のサイクルを一気に突き破り、天へとかけ昇っていこうとする。

このようにこの伝承のうちには、母と父の両方の属性を受け継いだ子蛇の姿が描かれている。父を知らない子と母の関係は稲の生育サイクルであり、母から子へと受け継がれていく生命は母性によって貫かれた豊饒の原理である。母と子の関係は同化の関係であって対立の関係ではなく、母は胎内で命を育み、産み落とした後でさえ自分の分身のように子を思い、へその緒が切られてなお自分の身体の一部の如く子と繋がっている。そのどこまでも同化しようとする関係は、まさに稲と稲種の関係であった。

一方、蛇・矢・雷・鉄として表現される男神は、女神との関係において「孕み」という豊饒を支えもするけれど、子との関係においては対立しか生まない。子にとって父は、はじめて出会う自分以外の何かである。父を認識すれば、そこには自他を区別する対立が生じてしまい、破壊を生むことになる。一たび「孕み」がなされたならば父神は不要の存在であり、むしろ父と子の関係は不毛な関係で、農耕のサイクルにとっては望ましくないものであった。

したがって、国占め競争に敗北した伊和大神が女神のもとを去っていったのは、「父」が必要とされないからであった。稲の「孕み」に父神は必要であるが、稲の生長に父神は不要であり、むしろ父の存在は母と子の関係を破壊し、稲の生長を妨げてしまうものなのである。

荒田伝承で父が知れた結果田が荒れてしまったのも、「孕み」の母性原理に亀裂が入ったからだろう。循環する稲の生成サイクルに父性が関与してしまったのなら、もはや稲の豊饒はありえず、田は荒れた不毛の地となってしまうのではないか。勿論その子の父がアメノマヒトツノミコトという鉄の神であったから、その田が荒れてしまったと考えることもできるだろうし、この荒田は「新田」で新しく開墾された土地であるという解釈もあってよい[16]。しかし、稲の豊饒原理が拒否したものは、田を荒地に変えてしまう鉄ではなく、それに代表される稲以外の生命サイクル、即ち父性原理ではなかろうか。

父性を排除した母性こそが、稲の生育サイクルを支えている。「一夜孕み」の幻想を支えるのは、母性原理に貫かれた稲の生育サイクルであり、その生育サイクルに父性が介入したならば、豊饒は不毛へと転じてしまうのであった。

四　日光感精神話にみる「一夜孕み」

ところで「孕み」について考える時、どうしても避けては通れない話がある。日光感精神話である。最後に日光感精神話について簡単に触れておきたい。

また昔、新羅の國主の子ありき。名は天之日矛と謂ひき。この人參渡り來つ。參渡り來つる所以は、新羅國に一つの沼あり。名は阿具沼と謂ひき。この沼の邊に、一賤しき女晝寢しき。ここに日虹の如く耀きて、その陰上に指ししを、また一賤しき夫、その状を異しと思ひて、恒にその女人の行を伺ひき。故、この女人、その晝寢せし時より妊身みて、赤玉を生みき。（『古事記』中巻）

これは『古事記』で語られる天之日矛伝承の前半部である。新羅国のある沼のほとりで賤しい女が寝ていると、その陰部に日光が差し込み、女は妊娠して玉を産む。その玉は一人の賤しい男の手を経て天之日矛に渡り、寝室に置くと美しい女になったので、天之日矛の妻となったという話である。

ここにも「孕み」の問題が隠されている。賀茂社伝承と比較してみると、賀茂伝承の女は「玉依日売」という神聖なヲトメであるが天之日矛伝承の女は「賤しき女」、妊娠の契機となったのが前者では「丹塗矢」で後者では「日」、産まれた子が前者では「男子」であったが後者では後に美女となる「玉」という違いはあるものの、「丹塗矢」もしくは「日」によって女が身ごもったことは同じである。

そこで考えてみたいのは、矢と日光は同じ神話的記号でこそないが、同じ論理の上にあるということである。虹の如く輝く日光と丹塗矢には「差し込む」という類似があり、それらは女を「孕み」へと誘う同じ機能を持っている。となれば、日光に感精して身ごもることは、三輪山型伝承に同じく「一夜」の幻想に包まれた、女という「豊饒」である。女と日光の交わりは稲の豊饒を予祝する呪術であり、「丹塗矢」も「日」も男性を表す神話的な記号であれば、それらによる妊娠は一度の交わりにおいて身ごもる「一夜孕み」と捉えられるだろう。

福岡県前原市にある弥生後期の平原遺跡から発掘された、女性祭祀者と思われる埋葬者は、その頭を西に足を東に向けて横たわっていたと考えられている[17]。遺跡からは同時に数多くの割れた鏡も発見され、まさに鏡は太陽を象徴する祭具であり、彼女が太陽を祀る巫女であったことは想像に難くない。そしてその巫女は、東から昇る太陽が陰部に差し込むようにして葬られている。日光感精神話のごとく、陰部を日光に貫かれているのである。ここには日光を受けて「孕む」女神の姿がある。

太陽とそれを祭る巫女の関係は、太陽とその光を受けて孕み成熟していく稲の関係であった。女神の「生」は稲の「生」と重ね合わされ、豊饒儀礼において、稲の豊饒は女神の「孕み」として予祝される。その姿が、日光感精神話の女の姿に投影されているのである。勿論、日光感精神話そのものの中からは、稲の豊饒を直接示唆するものを読み取ることは出来ない。しかし、例えば前原遺跡のような考古学的な資料を補うことによって、日光感精神話のうちに秘められた、日の光を受けて妊娠する稲の女神の姿を想像することもできるのではないか。

さらにその「孕み」は、予祝儀礼としての歌垣の「一夜」に投影されていることも付け加えよう。歌垣の一夜はまさに「一夜孕み」の豊饒を取り込むことであり、歌垣の一夜は、人が植物の生育サイクルにもどって過ごす聖なる時間であった。

あるいはその「孕み」は、来訪神とヲトメの「一夜」に託され、やがてそこからは子の出産が語られない「一夜婚」が登場する。子の出産が語られなくとも、その背後にあるのは「孕み」の聖なる夜の幻想なのである。それは稲が生育するようにして生き死んでいった、古代人の生命サイクルでもあった。

むすび

「一夜孕み」という幻想の背後には、一晩という短期間に成長を遂げる植物の異常成長があり、それはすなわち稲の豊饒を暗示するものであった。稲の豊かな実りは一夜の孕みの中に秘められている。神とヲトメの婚姻は稲の受粉に重ねあわされて、豊饒なる「一夜」として幻想されていた。その豊饒を約束する「一夜」はある特別な聖なる時間であり、したがって一夜にして妊娠するヲトメとは、稲の精霊そのものなのだろう。そのルーツを遡れば日光に感精する女性祭祀者であり、さらには妊婦をかたどった土偶である。ゆえに、その孕みは稲の豊饒を願う予祝でもあった。つまりヲトメの妊娠も、豊かな実りという点においては稲の豊饒と同等なのである。

そしてそのような認識の上に存在するのが、古代人の時間意識であった。彼らの時間とはまさに稲の生育サイクルに他ならず、そのようなサイクルの中でしか時間を捉えていなかったに違いあるまい。柳田国男が、山の神が田の神となり再び山の神となる農耕のサイクルが人の生の営みに同じであると指摘するように、農耕民としての日本人は稲の生育サイクルの中に生きてきた。稲は発芽し成長して花が咲き、そして多くの実を結んで枯れていく。そのように人も生まれ成長し、やがて老いて死んでいくのである。その「生」の営みは、稲の「生」と重ねあわされて認識され、植物的な死と再生の中に彼らは生きていた。

また、このような植物的時間のサイクルは、父性を排除した女性原理の中において成立し得るものであった。やがて「一夜孕み」譚は父を求めて昇天する「子」について語りはじめる。父性の介入によって、それまでの稲の豊饒幻想に支えられていた母性的共同体は破壊され、新たな秩序、父性原理が誕生することになるのであった。

注

（1）例えば『古事記』で雄略天皇は、川辺で出会った赤猪子に名を尋ね、そのうち迎えにくると約束する。
（2）この「逍遥」は神の降臨を待つ処女の、神遊びの行為として捉えることもできる。それは『山城国風土記』逸文賀茂伝承で、玉依日売が川辺で遊んでいたことに同じであろう。
（3）酒を作った田、その酒船が傾いた田、饗宴の際陪従が処女の陰部を絶った田、という地名起源であるが、そのどれもが、稲が豊かに実った結果の「酒」であり「饗宴」であった。したがってこれらの田は、酒が多く作れるほど収穫の多い良田であったと推測できる。
（4）この「大神」が果たして伊和大神なのか疑問視されているが、ここでの「大神」は伊和大神のことであると解釈する。
（5）秋本吉郎校注『風土記』（日本古典文学大系）岩波書店、一九五八年
（6）植垣節也校注・訳『風土記』（新編日本古典文学全集）小学館、一九九七年
（7）永藤靖「鹿の血と鉄」（『日本神話と風土記の時空』）三弥井書店、二〇〇六年
（8）単なる反復構造としなかったのは、「生」と「死」の二点間を単純往復するのではないと考えるからである。同じコードの繰り返しであっても、その出発点と帰結点には微妙なずれが存在している。「女神の死」から豊饒が約束される神話世界が「鹿の死」の中に投影されているといっても、それは同じ「豊饒」とはならない。オホゲツヒメの死からは五穀が誕生するが、鹿の死は稲の成長を促進させるに過ぎず、「豊饒」の質は異なっている。
（9）保坂達雄「誕生と降雨―雨乞い謡における観念の古層―」（『古代学研究所紀要』6）明治大学古代学研究所、二〇〇

七年

（10）松岡静雄『日本古語大辞典』(刀江書院、一九六二年)によると、「吾田」はアガタ、豪族の私有田のことであり、そこから「県」へとなったらしい。

（11）（６）に同じ。

（12）神代上第六段一書に、宗像三女神を「今、海の北の道中に在す。号けて道主貴と曰す」とあり、宗像神と関係がある女神と考えることもできる。

（13）折口信夫「ほうとする話」（『古代研究』（折口信夫全集第二巻））中央公論社、一九五五年

（14）坂本勝「一夜孕み譚の行方」（『古事記の読み方―八百万の神の物語』）岩波書店、二〇〇三年

（15）（６）に同じ。なお、アメノマヒトツノミコトは鍛冶の神であるが、ここでは広く鉄神と捉えておく。

（16）（６）に同じ。

（17）原田大六『実在した神話―発掘された「平原弥生古墳」』学生社、一九九八年

第二章　雷神に象徴される父性
――『山城国風土記』逸文・賀茂伝承を中心に――

はじめに

前章でも触れたが、女性原理に育まれた「一夜孕み」譚は、やがて父を求めて昇天するモチーフを語りはじめるようになる。それまでの母性的共同体は、父の介入によって新たな段階へと進み、父性原理に貫かれた国家が誕生するのである。

では、父性とは一体どのようにしてたちあがってくるのだろうか。この章では「一夜孕み」譚でもある『山城国風土記』逸文の賀茂伝承を中心に考察をすすめることにする。

これまで賀茂伝承は、前半後半のそれぞれが他の伝承と類似していると指摘されるに過ぎなかった(1)。類似とはすなわち、伝承前半部で語られる、丹塗矢より変身した男との婚姻という視点からの三輪山伝承との類似と、伝承後半部で語られる、父を求めて昇天するというモチーフからの『播磨国風土記』荒田伝承や『常陸国風土記』晡時臥山伝承との類似、という二つである。それらはただ似ているというだけの指摘であり、しかもこれら二つの類似は別々に指摘されていて、重ね合わせて考えられることもなかったように思われる。

そこで前半と後半とで分けて考えられてきた賀茂伝承の解釈を一つのものとして捉えなおし、父と子の関係としての父性に注目してみたい。荒々しい雷神に象徴される父性とは何か、そしてその父性は神話の中でどのように機能していくのか。それを考えることによって賀茂伝承は新たな姿を見せはじめ、父性が共同体をどのように変容させていくのかを知るてがかりともなるであろう。

一　聖婚伝承としての賀茂伝承

はじめに『山城国風土記』逸文、賀茂伝承の本文を掲げる。

山城の國の風土記に曰はく、可茂の社。可茂と稱ふは、日向の曾の峯に天降りましし神、賀茂建角身命、神倭石余比古の御前に立ちまして、大倭の葛城山の峯に宿りまし、彼より漸に遷りて、山代の國の岡田の賀茂に至りたまひ、山代河の隋に下りまして、葛野河と賀茂河との會ふ所に至りまし、賀茂川を見迥かして、言りたまひしく、「狭小くあれども、石川の清川なり」とのりたまひき。仍りて、名づけて石川の瀬見の小川と曰ふ。彼の川より上りまして、久我の國の北の山基に定まりましき。爾の時より、名づけて賀茂と曰ふ。賀茂建角身命、丹波の國の神野の神伊可古夜日女にみ娶ひて生みませるみ子、名を玉依日子と曰ひ、次を玉依日賣と曰ふ。玉依日賣、石川の瀬見の小川に川遊びせし時、丹塗矢、川上より流れ下りき。乃ち取りて、床の邊に挿し置き、遂に孕みて男子を生みき。人と成る時に至りて、外祖父、建角身命、八尋屋を造り、八戸の扉を竪て、八腹の酒を醸みて、神集へ集へて、七日七夜樂遊したまひて、然して子と語らひて言りたまひしく、「汝の父と思はむ人に此の酒を飲ましめよ」とのりたまへば、即て酒坏を擧げて、天に向きて祭らむと爲ひ、屋の甍を分け穿ちて天に升りき。乃ち、外祖父のみ名に因りて、可茂別雷命と號く。謂はゆる丹塗矢は、乙訓の郡の社に坐せる火雷神なり。可茂建角身命、丹波の伊可古夜日賣、玉依日賣、三柱の神は、蓼倉の里の三井の社に坐す。

（『山城国風土記』逸文）

カモタケツノミノミコトとイカコヤヒメとの間に生まれたタマヨリヒメは、石川の瀬見の小川で川遊びをしていて、上流より流れてきた丹塗矢を拾う。その矢を持ち帰って寝室に置くと、タマヨリヒメは妊娠し男子を出産する。その子が成人した時、祖父であるカモタケツノミノミコトは、八腹の酒を醸して七日七夜の宴をひらき、その子は「父と思う人に酒を捧げよ」と言われ、杯を天に向かって捧げようとして天に昇っていった。それによってその子は、祖父の名に因んでカモワケイカツチノミコトと命名されたという。

この伝承で語られているタマヨリヒメの川遊びは、その後の話の展開から考えればそれが神遊びに近いものであったことは明らかである。タマヨリヒメという神霊が依り付く意の名を持つヲトメは、折口がいうところの「水の女」であり⑵、水辺において神の降臨を待っていたのだと解釈することができるだろう。そのような水辺のヲトメの姿は、多くの神話伝承の中に見出すことができる。

ホヲリノミコトがトヨタマビメと出会うのは井戸のかたわらであり、雄略天皇が赤猪子と出会うのも吉野川の川辺である。ニニギノミコトがコノハナサクヤビメと出会う笠沙の御前にしても『日本書紀』においては海辺と描写されており、神とヲトメが出会うのはいずれも水辺であった。『出雲国風土記』意宇郡安来郷毘売埼条では、ワニに食べられてしまった娘は「逍遥びて、邂逅に和爾に遭ひ」と、海辺で「逍遥」している時にワニに出会う。

ここで出会うのはもはや神ではなくワニであるけれど、ヲトメが海辺を逍遥していたという語りはなされ、神の降臨を待つヲトメの姿が残存している。

したがって賀茂伝承で上流から流れついた丹塗矢は、その拾われていく状況からしてそれはすでに神であった。水辺で神の来臨を待つヲトメに寄り憑く、神霊としての丹塗矢である。さらにそれが寝室に置かれることによって、ヲトメは神の子を身ごもることになる。寝室という閉じられたムロの空間はヲトメの「孕み」を象徴的に示していて、女性の子宮そのものとして幻想されている。ムロという子宮を思わせる閉じられた空間において、ヲトメは神の子を孕むのであった。

そしてこのヲトメの妊娠は、今まで指摘されている通り、『古事記』神武天皇条の三輪山型丹塗矢伝承に同じである。


然れども更に大后とせむ美人を求ぎたまひし時、大久米命曰しけらく、「此間に媛女あり。こを神の御子と謂ふ。その神の御子と謂ふ所以は、三島溝咋の女、名は勢夜陀多良比賣、その容姿麗美しくありき。故、美和の大物主神、見感でて、その美人の大便まれる時、丹塗矢に化りて、その大便まれる溝より流れ下りて、その美人の富登を突きき。ここにその美人驚きて、立ち走りいすすき。すなはちその矢を將ち來て、床の邊に置けば、忽ちに麗しき壯夫に成りて、すなはちその美人を娶して生める子、名は富登多多良伊須須岐比賣命と謂ひ、亦の名は比賣多多良伊須氣余理比賣と謂ふ。故、ここを以ちて神の御子と謂ふなり。」とまをしき。

（『古事記』中巻）

セヤダタラヒメが川の上にかかった厠にいると、丹塗矢が流れきて陰部にささる。丹塗矢を寝所に置くと、矢は忽ち美しい男になり、セヤダタラヒメは妊娠して女子を産んだ。

このプロットは賀茂伝承と変わりがなく、ここで示されているのは、共同体外部から流れ着いた丹塗矢によってヲトメが身ごもり、その出産した子が聖なる血を受け継いでいくという幻想である。丹塗矢の正体は三輪山の神であり、その神は崇神記においては蛇神であった。丹塗矢も蛇もその形状が長いという類似があり、それはまさに男性を示すシンボルである。そしてその丹塗矢に姿を変えた男神は、共同体外部より訪れるストレンジャーであることも忘れてはなるまい。この婚姻は血の正当性を主張する異類婚であり、聖なる血は外部性を持ってこそ共同体内部で特化した存在となるのである。そのためにヲトメの聖婚幻想は生まれたのだといってもよいだろうか。聖なる血を保証する聖婚は、またヲトメの「孕み」という点で女性原理に育まれた幻想でもあった。

聖なる血の幻想、それが賀茂伝承の根底に流れる思想ではある。しかし、それだけを語りたいのであれば、賀茂伝承後半の語りは不要だろう。異類婚の末誕生したオホタタネコが、流行した疫病を鎮めるべく祭祀を行い、その祭祀者としての正統性を示すために三輪山伝承の語りがなされているのとは異なり、賀茂伝承の後半の語りは始祖伝承と結びつくようでもない。神との間に生まれた子がカモワケイカツチノミコトとして祀られるようになったとはいえ、その末裔にまで話が及ぶことはなく、ただ社の起源が語られるに過ぎない。

では賀茂伝承が語ろうとしていることとは、一体何であろうか。伝承後半部と類似が指摘されているものと比較することから、それを探ってみよう。

二　父性の介入

賀茂伝承後半との類似が指摘されている『播磨国風土記』荒田伝承とは、次のような伝承である。

荒田と號くる所以は、此處に在す神、名は道主日女命、父なくして、み兒を生みましき。盟酒を釀まむとして、田七町を作るに、七日七夜の間に、稲、成熟り竟へき。乃ち、酒を釀みて、諸の神たちを集へ、其の子をして酒を捧げて、養らしめき。ここに、其の子、天目一命に向きて奉りき。乃ち、その父を知りき。後に其の田荒れき。故、荒田の村と號く。

（『播磨国風土記』託賀郡）

ミチヌシヒメは妊娠し、父のいない子を出産する。盟酒を醸すために田七町を作ると、七日七夜の間に稲が成熟した。生まれた子に神々への酒の奉仕をさせると、子は酒を捧げる段になって自分の父がアメノマヒトツミコトであることを知り、その後その田は荒廃したという。

神々に振舞う酒を作るための田作りおよび稲の急速な成長は、賀茂伝承で語られた「八尋屋」における八腹の酒の醸造と、神々との饗宴に関わるという点において通じるものがある。饗宴に不可欠の酒は、まず田を作るところからはじまるのであり、それは『日本書紀』で語られるコノハナサクヤビメの姿にもうかがえるだろう。コノハナサクヤビメは『日本書紀』第九段一書（第三）では別名「神吾田鹿葦津姫」とあり、「卜定田を以て、號けて狭名田と曰ふ。其の田の稲を以て、天甜酒を釀みて嘗す」と、田を作って神に奉る酒を醸している。

また別の一書（第六）では、コノハナサクヤビメは「八尋殿」で機を織っていたところをニニギノミコトに見初められており、「八尋殿」とは神の来臨を待つ場、いうなれば先の伝承中にあった寝室と同等のムロであることが理解できる。

そのヲトメの籠りの場でもあった「八尋屋」において醸された酒は、それゆえに神々を祀るための神聖な酒であり、神に豊凶をたずねるための盟酒でもあった。酒は神に捧げる霊力あるもので、神の意思を告げる媒介かつ手段でもある。そのような饗宴を賀茂伝承の中にも荒田伝承の中にも見出すことができ、両伝承中にある「七日七夜」という時間は神々が支配するマジカルな時間を表していた。「七日七夜」の稲の成長も饗宴も、それ自体が神の霊力の顕現なのである。と同時に、この宴が人の力を越えた時空間として出現していることを示唆してもいた。

そのようにして用意された宴において、子は酒を捧げることによって父を知る。父を知るにはある特別な力、非日常の力を借りなければならないのである。生まれた子の父を本当に知っているのは母だけであり、父はいつも隠された存在である。父は母ほどに強い絆で子と結ばれていず、父という存在は日常においては存在し得ないのかもしれない。したがって、ニニギノミコトは一夜に孕んだ子を自分の子ではないと疑う(3)。コノハナサクヤビメが燃えさかる産屋の中で出産したことは誓約であり、荒田伝承で盟酒を捧げることに同じであろう。父とは、非日常の力、誓約を通じて明かされていくものなのであった。

また、この宴を子の立場から解釈するのであれば、ここに成人式をみることも可能だろうか。宴において、単に「子」とあった存在から、カモワケイカズチノミコトと命名された「成人」へと変化を遂げている。「子」は宴の非日常的な力を借りることによって、自分のアイデンティティを確立していくのである。名も無き「子」という存在からカモワケイカズチノミコトという名ある存在への成長は、「個」としての存在への目覚めでもあり、それは母との離別であり巣立ちでもあった。

このように、神とヲトメの婚姻という男女の関係から、父を知るという父子の関係へと語りの視点は移っていくのであるが、ここで父神の存在に注目し、父神の性格について考えてみたい。

賀茂伝承と三輪山伝承に共通に語られている父神の姿は丹塗矢であり、それは男性を象徴するもので神話的記号として蛇に同じであることはすでに述べた。どうやら父神は蛇神であるらしい。それでは荒田伝承の父神は蛇神として描かれているのかというと、そうではない。アメノマヒトツノミコトという鉄神である。その神は、伝承前半に女神の元へと通う姿を語られることもなく、ただ父がわからなかった子の「父」として登場する。男女の関係ではなく父子の関係の上で語られる存在であり、父性の象徴としての鉄神であった。

鉄神としての父神は三輪山伝承の中にも見出すことができる。セヤダタラヒメという名がタタラを意味することから、三輪山の神は鉄と何かしらの関係があるといわれている。事実、大神神社すぐ隣にある穴師神社は鉄神を祀っており、その辺り一帯から砂鉄が採れるなど、三輪山周辺が鉄と関係深いことがうかがえる(4)。三輪山の蛇神は、その形状から剣とも変換可能なものであり、その材質としての鉄とは不可分な関係にあった。

つまり、荒田伝承と三輪山伝承二つに共通して導きだせる父神の姿とは、「蛇神＝剣」というコードで示された鉄神であり、時に破壊をもたらしてしまう存在であった。男性的な破壊力はこれらの中で直接語られることはないものの、例えば荒田伝承最後に語られる、田が荒れ果てて荒田となったという様相は(5)、産鉄の地特有の荒廃した大地を想起させる。鉄の採れる地は、赤土の露出した稲など育たぬ不毛の大地である。その豊饒とは一見無縁な鉄神が、父子の関係において語られる男神の属性だと考えられるのである。

そしてその鉄神の不毛さは、水神としての蛇神が豊饒をもたらすこととは対象的であった。八俣大蛇伝承において蛇神が示すのは、クシナダヒメを生け贄として要求するような、荒々しい大河の破壊力であったとしても、あくまで水神としての霊力である。八俣大蛇の尾からクサナギの剣が発見されることや、この大蛇のモデルとされている斐伊川は砂鉄の産地であることなどから、この神話の深層に鉄神としての大蛇を見出すことができるとはいっても、稲の女神と結ばれるべき水神という構図が損なわれることはない。稲に実りをもたらす水神として、稲の豊饒を保証するものとして蛇神は描かれている。稲と水の結びつきは豊饒を生み、それはいわば自然の摂理であった。

ところが、男神が水を司る蛇神ではなく鉄神として描かれる時、自然の摂理はゆらぎはじめる。鉄の不毛さが豊饒のサイクルを壊すからではない。破壊を秘めた男性原理が突出してしまうからでもない。自然の摂理とはまた別の法則が働きはじめるのである。

例えば、荒田伝承においても、ミチヌシヒメは田を作り、酒を醸すことから稲の女神であると考えられ、その女神はアメノマヒトツミコトと結ばれて「七日七夜」の稲の急速な成長を可能にした。稲の女神は鉄神の子を身ごもってこそ、より豊かな実りを約束する。鉄は不毛の大地を象徴し、本来は稲に豊饒をもたらすものではない。しかし、鉄ではなく鉄製農具となったその時、それは想像をはるかに超えて多くの収穫をもたらすことになる。鉄器の発明が農耕に革命的な進歩をもたらしたその点において、鉄は稲に豊饒を約束するのであって、ここに約束されている豊饒とは、自然の摂理によって保証されているのではない。自然の摂理に対する「文化」とも呼ぶべきものが、さらなる豊かさを生むのである。自然そのままでは豊饒をもたらさないものを、より豊かな実りを約束する道具へと作りかえる、それは「文化」と名づけられた人間の知恵であった。

男女の関係において示されていた男神は蛇神という水を司る神であり、そこにあったのは稲の豊饒を約束する女性原理、自然の摂理である。ところが、父子の関係において男神は鉄神としての性格を強くし、神話に通底していた自然の摂理から逸脱しはじめる。一歩間違えれば不毛を生んでしまうという危険を、説話は抱え込みはじめるのである。別の言い方をすれば、極めて危うい均衡の上に成り立った危険な関係が父子の関係であり、その危うい父子の関係そのものが自然の摂理とは異なる「文化」であった。

三　共同体を破壊する父性原理

それでは、男女の関係から父子の関係へと移行してきた賀茂伝承は、その先どこに行き着こうとしているのだろうか。賀茂伝承後半部との類似が指摘されるもう一つの伝承、『常陸国風土記』晡時臥山伝承から、考えていくことにしたい。その伝承もまた、天にいる父を頼って子が昇天しようとするモチーフを語っている。

> 茨城の里。此より北に高き丘あり。名を晡時臥の山といふ。古老のいへらく、兄と妹と二人ありき。兄の名は努賀毗古、妹の名は努賀毗咩といふ。時に、妹、室にありしに、人あり、姓名を知らず、常に就て求婚ひ、夜來りて晝去りぬ。遂に夫婦と成りて、一夕に懐妊めり。産むべき月に至りて、終に小さき蛇を生めり。明

くれば言とはぬが若く、闇るれば母と語る。是に、母と伯と、驚き奇しみ、心に神の子ならむと挾ひ、即ち、浄き杯に盛りて、壇を設けて安置けり。一夜の間に、已に杯の中に満ちぬ。更、瓮に易へて置けば、亦、瓮の内に満ちぬ。此かること三四して、器を用ゐあへず。母、子に告げていへらく、「汝が器宇を量るに、自ら神の子なることを知りぬ。我が屬の勢は、養長すべからず。父の在すところに従きね。此にあるべからず」といへり。時に、子哀しみ泣き、面を拭ひて答へけらく、「謹しみて母の命を承りぬ。敢へて辞ぶるところなし。然れども、一身の獨去きて、人の共に去くものなし。望請はくは、矜みて一の小子を副へたまへ」といへり。母のいへらく、「我が家にあるところは、母と伯父とのみなり。是も亦、汝が明らかに知るところなり。人の相従ふべきもの無けむ」。爰に、子恨みを含みて、事吐はず。決別るる時に臨みて、怒怨に勝へず、伯父を震殺して天に昇らむとする時に、母驚動きて、盆を取りて投げ觸てければ、子え昇らず。因りて、此の峰に留まりき。盛りし瓮と甕とは、今も片岡の村にあり。其の子孫、社を立てて祭を致し、相續ぎて絶えず。

（『常陸国風土記』那賀郡）

ヌカビコとヌカビメという兄妹の、妹であるヌカビメのもとに、夜だけある男が通い、ヌカビメは一夜に孕み蛇の子を産む。その子蛇を杯に盛って育てるが、大きくなりすぎて家で養育することができなくなり、母が父のもとへ帰るよう子蛇に勧めると、帰るにあたり従者をつけて欲しいと頼むが聞き入れられない。怒った子蛇は伯父ヌカビコを震殺して天に昇ろうとし、母に盆を投げつけられて昇天できず晡時臥山にとどまり、その後、その子孫はそこに社をたて瓮と甕を祭った。

この伝承と賀茂伝承との類似が指摘できるのは、土地の女と正体不明の男との間に生まれた子が、やがて父のいる天に昇ろうとするという点である。ここに至って、父神を求めて子が昇天するモチーフにおける、雷神としての父神の姿が鮮明となるだろう。

賀茂伝承でも丹塗矢の形状から父神が蛇であることは暗示されていたが、ここでは生まれてきた子が蛇そのものである。蛇は神話的記号としては豊饒をもたらす水神であり、この伝承の背後には、子蛇を祭ることによってもたらされる豊饒が横たわっている。杯を用いての祭祀は、秋の収穫を神に捧げる高杯を想起させ、子自身が新嘗の実りを象徴しているといえる。ヌカビメの一夜の「孕み」はその後の子蛇の一夜の成長として繰り返され、その成長の急速であることは荒田伝承で示された「七日七夜」の稲の成長に同じである。稲の成長と同等のものとして、子蛇の成長は幻想されているのである。そしてその成長の早さは神がかった力を示し、豊饒へと導かれていくはずであった。

ところが、この晡時臥山伝承はそのような豊饒を物語ろうとはしない。夜な夜な母と語らう子蛇の、そのような母子の親密な関係は、子蛇自身の巨大化によって断ち切られてしまう。子蛇はもはや子蛇ではない何かへと姿を変えつつあるのだ。その変身を遂げた後の姿は、この伝承の最後に「震殺」という言葉に表現されている。子蛇は天にいる父のもとへと昇ろうとして雷神となったのである。母と子の関係にあった時、子蛇はおそらく、稲に豊饒をもたらす水神のような存在であったが、母との絆を断ち切られ父と関係を結ぼうとした時、子蛇は父なる性へ、即ち雷神へと変化を遂げた。子蛇が成長し雷神となって天へと駆け上っていく様は、例えば中世説話『するゑひろ物語』の中で語られる、小蛇が長じて龍となり、雲や雨を起して日を覆う存在になることを思わせる(6)。

子蛇から雷神への成長は、雷を轟かせ雨風をよぶ龍神の姿として、引き継がれていくのであろう。

そのように父のもとへと帰る子に雷神をみることは、賀茂伝承にも可能であった。賀茂伝承の父はそもそも雷神であり、子自身も名からして雷神である。賀茂伝承の父探しは、子蛇が雷神となって昇天することに同じく、雷神への変身を意味しているのである。

それではその雷神とは、一体どのようなものなのだろうか。

次に挙げる伝承には、興味深い雷神の姿が描かれていている。これは『塵袋』に記載されている伝承で、『常陸国風土記』逸文としては認めがたい点もあり、古代の資料として取りあげるには問題があるが、雷神とは如何なるものなのか考える上では多くのヒントを与えてくれるだろう。


常陸國記ニ、昔、兄ト妹ト同日ニ田ヲツクリテ、「今日オソクウヱタランモノハ、伊福部神ノワザハヒヲカブルベシ」ト云ケルホドニ、妹ガ田ヲオソクウヱタリケリ。其ノ時、イカツチナリテ、妹ヲケコロシツ。兄大ニナゲキテ、ウラミテ、カタキヲウタントスルニ、其ノ神ノ所在ヲシラズ。一ノ雌雉トビ来リテカタノウヘニヰタリ。ヘソヲトリテ雉ノ尾ニカケタルニ、キジトビテ伊福部ノ岳ニアガリヌ。又其ノヘソヲツナギテユクニ、イカツチノフセル石屋ニイタリテ、タチヲヌキテ、神雷ヲキラントスルニ、神雷オソレヲノヽキテ、タスカラン事ヲコフ。「ネガハクハ、キミガ命ニシタガヒテ、百歳ノノチニイタルマデ、キミガ子孫ノスヱニ雷震ノオソレナカラン」ト。是ヲユルシテコロサズ。キジノ恩ヲヨロコビテ、「生々世々ニ徳ヲワスレジ。若シ違犯アラバ、病ニマツハレテ生涯不幸ナルベシ。」トチカヘリ。其ノ故ニ其ノ所ノ百姓ハ今ノ世マデ雉ヲクハズトカヤ。此ノ事ヲカケル所ニ、取テ

績麻ヲ俗伝倍蘇繋二其ノ雉ノ尾一云ヘリ。　（『常陸国風土記』逸文）

兄妹が田植え競争をし、負けた妹が雷に打たれて死んでしまう。兄はその仇を討とうとし、雷神の居場所を雌雉の尾につけた績麻によって知る。その績麻を辿っていく方法はまさに三輪山型伝承に同じであり、その雷神が石屋に居ることも蛇神の姿を髣髴とさせる。

また、震殺された妹に、雷神に捧げられた生贄の姿を見出すのであれば、それは八俣大蛇伝承に同じだといえる。神話的には供犠は婚姻するに等しく、この妹は本来雷神と結ばれるべき存在であったのかもしれない。兄妹の関係から語られる妹はいつもシャーマニックな存在で、神の来臨を待つヲトメの姿をこの妹にみることもできるだろう。来臨する神と結ばれるべき妹は、供犠として雷神に捧げられたのであり、田植えの際に出現したことからすると、この雷神は水神であった。水神に供犠として捧げられたヲトメの姿がこの伝承の背景にもあり、そのヲトメの犠牲とは豊作を願うためのものであった。ここで雷神が示すのは、田を潤し豊饒をもたらす水、水神としての霊力なのである。

つまり雷神は豊饒と無縁ではない。雷は雨をよび、雨は田を潤して稲の成長を促す。稲妻は稲の夫（つま）と考えられているように(7)、稲妻轟く秋に稲は豊かに実る。雷がもたらす豊饒の雨は稲の実りを約束するのである。イザナキ・イザナミのまぐわいは、雷雲の中で引き合うようにして放電される稲光であると原田大六が考えたように(8)、『日本霊異記』冒頭の説話において雄略天皇と后の密事が雷なる時になされているように(9)、夫婦の営みは雷雲の発達していく様と重ね合わせて捉えられていた。天の神夫婦の営みが雨をもたらし豊饒を生むと考えられていたことは、沖縄の雨乞い儀礼の中にも見出すことができる(10)。そもそも『日本霊異記』冒頭の説話では、スガルによって捕えられた雷神は蛇体であり(11)、雷神は蛇という水神と同一視されていたではないか。

しかし、雷としてまずイメージされるのは、空気を震わせ大地を切り裂いて走る稲妻であり、それが示すのは「震殺」という言葉に示されているような荒々しい破壊である。雷神が決して女神として描かれることがないように、それが象徴しているのは破壊を引き起こす男性原理に他ならない。「父」が水神としての蛇ではなく雷神として語られる時、そこには男性原理、父性が存在しているのである。そしてその父性とは、対立であり破壊であり、激しさであり畏怖であった。

このように、子が父を求めて昇天する伝承において、それ以外の異類婚姻譚では追及されなかった「父」が語られていることがわかるだろう。「丹塗矢→蛇→鉄→雷」と変化したその果てに、女のもとに通ってきた正体不明の男が、父なるものとして存在しはじめる。それまでの「男」がヲトメを孕ませるという関係においてのみ存在していて、子との関係において捉えられることなく正体不明のままであったこととは異なるのである(12)。「子」は「母」のもとを去って「父」なる存在へと変化し、その「子」によって「父」の正体は明かされる。いわゆる異類婚姻譚が女性原理のもとに眺められていたとするならば、これらの伝承は父性の側からの視点を獲得しているのだろう。「母」にかわって「父」の支配する、男性原理の世界は広がっていく。

また、父性に支配された世界は男性原理のままに存在しているのではないことを再度強調しよう。例えば、鉄が農具として作られたならより多くの収穫を約束し、雷が豊饒の雨を降らせるように、豊饒を支えるようなものとして父性は機能している。「父」なる存在は、ヲトメに子を授けるという豊饒性を持つのである。雷神に象徴される父性とは、単なる男性原理なのではない。「不毛」を「豊饒」に作りかえる「文化」、女性原理とは異なる豊饒を約束するものなのである。

ところで最後に、賀茂伝承と晡時臥山伝承、績麻伝承の三伝承それぞれの冒頭に、ヒメ・ヒコという名をもつ兄妹が登場することを指摘しておきたい。ここに、ヒメが祭祀をヒコが政治を掌るという古代の共同体が存在している。そのヒメ・ヒコ共同体に異人としてのある男が通いはじめる。男と結ばれる女がヒメ・ヒコと対になっている「妹」であることは、今まで注目してこなかった賀茂伝承の別の側面を照らし出すだろう。

ヒメヒコ制という共同体祭祀形態を「妹」の妊娠は破壊してしまうのである。賀茂伝承でタマヨリヒコの死は語られず、後々賀茂神の祭祀を行ったのはタマヨリヒコの末裔と考える説もあるが[13]、晡時臥山伝承との類似から考えれば、ヌカビコ同様震殺されたのだと想像することもできる。ある男の登場は「兄」の殺害を引き起こし、共同体を根底から覆そうとする。ある男は共同体を通り過ぎていくだけの異人ではなく、共同体に新しい力をもたらそうとする存在である。それは共同体の枠組みを超えた、国家という新しい力かもしれない。女性原理に育まれた共同体から父性原理によって貫かれた国家へと、パラダイムは変化していくのではなかろうか。

ヒメ・ヒコという兄妹の関係から異類婚という男女の関係を経て、母と子の関係を断ち切った父と子の関係へ。そのように共同体が変化を遂げていったことを、賀茂伝承は語っているのであった。

注

（1）秋本吉郎校注『風土記』（日本古典文学大系・岩波書店、一九五八年）、植垣節也校注・訳『風土記』（新編日本古典文

学全集・小学館、一九九七年）の注の中で、それぞれ類似する伝承が指摘されている。
（2）折口信夫「水の女」（『折口信夫全集』2）中央公論社、一九九五年
（3）自分の子ではないと疑うもう一つの例である雄略天皇の場合、誓約が行われることはなく、一晩に七度も召したなら当然だと臣下に諭されてその子を認知する。それはもはや笑話でしかなく、一夜の妊娠は聖婚ではなくなりはじめている。
（4）谷川健一編『日本の神々―神社と聖地』4大和、白水社、一九八五年
（5）植垣節也校注・訳『風土記』（新編日本古典文学全集・小学館、一九九七年）では、「田荒れき。故れ、荒田の村と号く。」を盟酒の話とは別の地名伝承と捉え、アラタは新しく開発された田の意であるとしている。
（6）勝俣隆「中世小説に於ける竜蛇の描写について」（『長崎大学教育学紀要』64）長崎大学、二〇〇二年
（7）『広辞苑』第三版（岩波書店、一九八七年）によると、稲の結実の時期に多いことから、稲妻によって稲が実るとされたという。
（8）原田大六『雷雲の神話』三一書房、一九七八年
（9）『日本霊異記』上巻第一「雷を捉へし縁」に、天皇と后が共寝をしている時に、チイサコベノスガルがそれとは知らずに御殿に入ってしまい、天皇はその恥ずかしさと腹立たしさからその時鳴りはじめていた雷を捉えてくるようにスガルに命じた、という話が伝わっている。
（10）保坂達雄「誕生と降雨―雨乞い謡における観念の古層―」（『古代学研究所紀要』6）明治大学古代学研究所、二〇〇七年
（11）『日本書紀』雄略天皇七年七月条にも同じ記事がある。
（12）例えば、『肥前国風土記』松浦郡弟日姫子伝承では、恋人の大伴狭手彦に似た正体不明の男は半身蛇で半身人間である化

け物であって、それが神の零落した姿であることは理解できるものの、どこの何という神なのか、明かされることはない。また、『日本霊異記』中巻第三十三縁では、驕り高ぶった富豪の娘が結婚相手を高望みするあまり、立派な贈り物をした若者と結ばれたと思いきや新婚初夜に指一本だけ残して喰われてしまうことが語られており、ここでの男は人間を喰らう化け物、鬼であるかと噂されるが、その正体は不明なままである。

（13）上代文献を読む会編『風土記逸文注釈』翰林書房、二〇〇一年

第三章　母性の欠如あるいは父と子の対立

——ホムチワケから目弱王へ——

はじめに

精神分析の一般論ではあるが、子とは本来母を求めるものである。母の胎内で育まれた十ヶ月は、命の芽生えたばかりの最初の記憶として深層心理の中に深く刻まれ、血の繋がりは母子の絆として認識される。しかし、母と子の蜜月がいつまでも続くわけではなく、子はやがて母以外の世界として父の存在を知る。子は父を強く意識するようになり、母を独占しようとして父を疎ましく思い、その結果父と子の対立が生じることは、ここでいうまでもないことだろう。母を恋しく思うあまりに父を憎み、父と対立するのである。それをフロイトは、父を殺し母と交わって王となったギリシャ悲劇にちなんでエディプスコンプレックスと名づけ、父と子の対立が母をめぐる対立として生じていたことを示したのであった。

それでは古代日本文学において、父と子の対立はどのように語られているのだろうか。記紀神話や風土記の伝承を考えてみるならば、それは父子の対立というよりはむしろ母との関係において、母性の欠如として語られているように思われる。母を知らない子は永遠に幼児のままの姿にとどまろうとし、いつまでも母の姿を追い求める。その母性の欠如からくる母体回帰の欲求を、成人になりきれない幼児性を父は嫌って疎ましく思い、父と子の関係は悪化してしまうのであった。

そしてこの父子の対立は、皇位継承の問題とも深く関わっていることを忘れてはなるまい。父から子への継承を保証するものは、「直接的な血」の絆ではない。血液判定も遺伝子鑑定もない古代において、子の本当の父を知っているのは母のみであり、父は子の中に自分と似た姿を見出そうとするだけだ。自分と同じ「血」を探し求め、「血」の濃さを推し量ることしかできない。父は常に子に対して疑いを持ち続けているといえようか。そこにはすでに父と子のせめぎあいがある。力比べ知恵比べ、騙し合いがある。そもそも王の交代には、それまでの王の殺害という一幕が用意されていたではなかったか。父から子への継承は、いつでも父殺しの幻想を抱えているのであって、父と子は対立する運命にあるものなのである。

そこでこの章では、母性の欠如から父と子の対立が生じ、父殺しの幻想が皇位継承の問題へと発展していくことについて考えてみたいと思う。

一　父を疎外する「血」

母恋しさのあまり父に疎まれるという話は、すでに『古事記』神代において語られている。母を慕って泣くスサノヲは次のように描写されている。

故、各依さしたまひし命の随に、知らしめす中に、速須佐之命、命させし國を治らさずて、八拳須心の前に至るまで、啼きいさちき。その泣く状は、青山は枯山の如く泣き枯らし、河海は悉に泣き乾しき。ここをもちて悪しき神の音は、さ蝿如す皆満ち、萬の物の妖悉に發りき。故、伊邪那岐大御神、速須佐之男命に詔りたまひしく、「何由かも汝は事依させし國を治らさずて、哭きいさちる。」とのりたまひき。ここに答へ白ししく、「僕は妣の國根の堅洲國に罷らむと欲ふ。故、哭くなり。」とまをしき。ここに伊邪那岐大御神、大く忿怒りて詔りたまひしく、「然らば汝は此の國に住むべからず。」とのりたまひて、すなはち神逐らひに逐らひたまひき。

（『古事記』上巻）

鬚が長く伸び、成人になるまで泣き続けたスサノヲは、与えられた海原を治めることなく母イザナミを慕ったので、父であるイザナキによって根の国へと追放される。統治されなくなった国に悪神たちがはびこったからである。ここにあるのは母を慕って泣く幼子のようなスサノヲの姿だけであり、父と子の対立と呼べるほどのものは存在していない。

しかし、その幼子のように泣くだけのスサノヲに対し、父イザナキは追放という強硬な態度をとる。スサノヲが国を統治することを放棄したためだとしても、スケープゴートとして悪しき神たち、すなわちこの世の罪とともに流したのだとしても、この仕打ちにはどこか腑に落ちないところがある。ギリシャ神話のクロノスのように[1]、やがて自分を殺すことになる息子に怯えたとでもいうのであろうか。

確かにその後スサノヲは、『日本書紀』においてはアマテラスに怪我を負わせ、『古事記』ではハタオリメ、『日本書紀』一書ではアマテラスの妹とするワカヒルメを殺害している。あるいは記紀神話の天石屋戸籠りを死からの再生と捉えるならば、スサノヲがアマテラスを死に追いやったのだと解釈することもできるだろうか。そのような女神の殺害という暴力性を、スサノヲの本質にみることは可能である。したがってここでイザナキは、「青山」を「枯山」のように枯らしてしまうスサノヲに、世界を混沌へと陥れかねない暴力性を感じ、その母を慕う姿に反逆の予兆、父殺しの幻をみたのかもしれない。

同じくその暴力性ゆえに父に疎まれた話といえば、ヤマトタケルが思いおこされる。ヤマトタケルもまた父景行天皇に嫌われ、熊襲征伐にひき続き東国平定を命じられている。その時、ヤマトタケルは伊勢の神に仕えていた叔母ヤマトヒメのもとを訪れて、このように嘆くのであった。

天皇既に吾死ねと思ほす所以か、何しかも西の方の悪しき人等を撃ちに遣はして、返り参上り來し間、未だ幾時も経らねば、軍衆を賜はずて、今更に東の方十二道の悪しき人等を平けに遣はすらむ。これによりて思惟へば、なほ吾既に死ねと思ほしめすなり。（『古事記』中巻）

ヤマトタケルは何ゆえに自分が父に嫌われているのか、その理由がわからないでいる。父の命に従い西征に赴き、父のために戦ってきたというのに、時を経ずしてすぐに東征を命じられるのはなぜなのか。父に愛されない哀しみを叔母に訴える。景行天皇が息子を遠ざけたのは、朝夕の大御食に参上しない実の兄を殺してしまったその乱暴さゆえであり、それは「泥疑」という言葉の解釈の違いに端を発した父と子の決定的な断裂でもあった(2)。大御食に参上しない兄を「泥疑教へ覚せ」と言った景行天皇の言葉を逆手にとって、ヤマトタケルはもぎとった兄の手足を「ねんごろに」薦に包んで棄てた(3)。あるいは景行天皇が兄の荒ぶる心を「泥疑」せよといったことに対して、ヤマトタケルはその荒ぶる行動そのものを、良かれと思って「泥疑」ただけなのかもしれない（4）。いずれにせよ、景行天皇にとってヤマトタケルは、皇位に対して二人が互いにライバルにある緊張を孕んでいるからなおのこと追放されるべき存在であり（5）、その暴力性には武力による王の交代劇の予感のようなものがあった。そうではあるが、もしかしたら景行天皇は、その暴力性を怖れたというよりも、西征の時よりすでに叔母を頼り、「御衣御裳」を給わって熊襲征伐に成功するヤマトタケルの姿に、母イザナミを慕って泣くスサノヲを見たのかもしれない。母性的な血縁を慕い求める、その強い絆に父は何よりも恐怖を抱いたのではなかろうか。

実際には叔母ヤマトヒメは景行天皇の妹であるから、そこには父と同じ「血」しか流れていず、父が疎外感を感じるような血縁の結び付きは存在しない。それにもかかわらず景行天皇が疎ましく思ったのは、「血」の絆を頼り、あたかも母子のように見えてしまう叔母と甥の親密な関係である。ましてヤマトヒメは伊勢神宮に仕える斎宮であり、シャーマニックな力を備えた女性であれば、そのような女性との不可解なまでの結びつきが、やがて自分に反旗を翻しかねない怖れとして景行天皇の目に写ったとしても何の不思議もあるまい。ヤマトタケルとヤマトヒメという、ヒメヒコ制を思わせる対の名も、ヒコを守護する「妹の力」を暗示しているようにも思われる。あるいは、ヤマトヒメはヤマトタケルのアニマと捉えることもできようか（6）。父景行天皇は叔母ヤマトヒメの前で涙する、そんな我が子が疎ましくて仕方がない。それはエディプスコンプレックスとは異なって、子から向けられた父に体する憎しみや敵対心ではなく、父から子へと向けられた感情であり、その根底には父殺しに脅える父親の姿がある。どうやら父にとって、母と子の強い絆、血縁的繋がりは不可解なものであり、恐怖なのであった。

二　母性の欠如

ところでこの母と子の絆の強さは、一章でも取り上げた『常陸国風土記』茨城里晡時臥山伝承のヌカビメと子蛇のように、密接な母子の関係として語られることもあるが、神話においては、母不在によって引き起こされる母性への思慕として描かれることの方が多いように思われる。『古事記』垂仁天皇条のホムチワケ伝承を、その例としてあげてみよう。

故、その御子を率て遊びし状は、尾張の相津にある二俣榲を二俣小舟に作りて、持ち上り來て、倭の市師池、輕池に浮かべて、その御子を率て遊びき。然るにこの御子、八拳鬚心の前に至るまで眞事とはず。故、今高往く鵠の音を聞きて、始めてあぎとひしたまひき。ここに山邊の大鶙を遣はして、その鳥を取らしめたまひき。故、この人その鵠を追ひ尋ねて、木國より針間國に到り、また追ひて稲羽國に越え、すなはち旦波國、多遅麻國に到り、東の方に追ひ廻りて、近つ淡海國に到り、すなはち三野國に越え、尾張國より傳ひて科野國に追ひ、遂に高志國に追ひ到りて、和那美の水門に網を張りて、その鳥を取りて持ち上りて獻りき。故、その水門を號けて和那美の水門と謂ふなり。またその鳥を見たまはば、物言はむと思ほせしに、思ほすが如くに言ひたまふ事なかりき。

（『古事記』中巻）

ホムチワケは母の命と引きかえに誕生し、神聖な稲城に火を放ったがために口のきけない皇子として成長する。

「八拳鬚心の前に至るまで眞事とはず」という描写は、スサノヲの「八拳須心の前に至るまで、啼きいさちき」に同じであり、母を知らずに生まれ育ったこと、すなわち母性の欠如が、口がきけなかったり泣き続けたりといった幼児性として表現されている。ホムチワケの「眞事とはず」は、スサノヲの「啼きいさちき」同様、母性の欠如に起因することは明らかである。母がいないために、市師池や輕池に浮べた二俣小舟をゆりかごのようにしてホムチワケが養育されていたのも、二股の木自身がその形状の相似から女性の局所を意味し(7)、池が母なるものへと繋がっているからだろう。子宮の代用として池はホムチワケを養育する。しかも市師池や軽池の「軽」「市」は、複数の共同体の境界的な場に生まれた交易的な場であり(8)、そのような地で養育されることによってはじめて母のかわりはつとまるのである。しかし、ホムチワケは母性の欠如を補いきることができず、大人になってなお言葉を発せられないでいた。

それでは、どのようにしてホムチワケは母性の欠如を補ったのだろうか。

「高往く鵠の音を聞きて、始めてあぎとひしたまひき」と、空高く飛んでいく白鳥を見てはじめて口をうごかした。白鳥を見ることによって失われていた言葉は回復されようとする。白鳥とは、例えば『豊後国風土記』速見郡に伝わる餅の的伝承が示すように(9)、神話的記号では穀霊を示しているのであれば、すなわちこの白鳥は、稲城に火を放ったため飛び立ってしまった穀霊に他ならない(10)。稲城から飛び去ったのは同時に母の魂でもあったから、穀霊と白鳥は母性を象徴するものとして語られているのであって、そこには鳥によって魂を呼び戻す「タマフリ」の呪術があるだろう。失われていた穀霊を取り戻すことによってホムチワケは母性の欠如を補い、言葉を手に入れたのである。

あるいは、ホムチワケと同じプロットを持つ『出雲国風土記』仁多郡の伝承でも、成人しても言葉の発せられないアヂスキタカヒコは、船に乗って八十嶋をめぐって養育されており、その言葉を得たきっかけは聖なる泉の発見とそこでの禊であった。ここでは禊によって欠如していた母性が補完されていて、それが言葉の獲得として語られている。この泉はまさに母の子宮であり羊水であって、それらはホムチワケ伝承の市師池や軽池と同じ機能を果たしている。母性を示す水は、それなくしては栽培されない稲とも密接に関わり、白鳥もまた水辺に生きるものとして水と結びついていることからすれば、母性は水、穀霊、鳥として表現されるものであった。

また、ホムチワケが失っていた言葉とは父性を象徴するものであり、古代においてそれは力そのものでもあった。言葉には言霊という霊的な力が宿っており、「言」は「事」であって、言葉として発せられたことは現実に起こると信じられていた。したがって言葉はむやみやたらと口にだして語られるものではなく、それを発することができるのは王だけであった。『播磨国風土記』揖保郡の言擧阜伝承で、「韓国」より帰還した神功皇后が、謀反を企んでいる香坂王と忍熊王と戦おうとしたその時に、兵に向って「慇懃、言擧げな為そ」と命じたのも、言葉を発するという行為が王にのみ許された行為であったからである。つまりホムチワケが失っていたのは、言葉であるとともに王としての資質でもあった。

さて、白鳥によって母性の欠如を補完し、言葉を発したかのようにみえたホムチワケであるが、ただそれを見ただけでは言葉を獲得することにはならなかったことを、付け加えねばなるまい。白鳥を捕らえようとして針間、稲羽、旦波へ、あるいは東へと向かって尾張、科野を経て高志に到り捕獲するも、ホムチワケは思うように話すことができない。ある夜の天皇の夢に出雲神が現れ、ホムチワケが話せないのは出雲神のせいであることがはじめてわかる[11]。早速出雲に向かったホムチワケは、ようやくその地で言葉を得ることができた。黄泉の国との境である黄泉比良坂は、今の出雲の伊賦夜坂であると『古事記』で語られているように、出雲とは、黄泉の国への入り口であると考えられていた。その黄泉の国はスサノヲにとっての「妣の国」であるばかりでなく、ホムチワケにとっても亡き母、サホビメが住む世界である。出雲には母の面影がある。そうであるから、母性の欠如ゆえ失われていたホムチワケの言葉は、母の面影ある出雲において獲得されねばならなかったのだろう[12]。

そしてそれに続いてヒナガヒメと一夜を過ごしたとあることは、ホムチワケが成人男性に成長したことを示していて、王としての力を得た証となるはずであった。すでに一章でのべたように、一夜の交わりは王であることの保証としてある。

ところが、ヒナガヒメが蛇だと知るとホムチワケは逃げ出してしまい、婚姻は失敗に終わる。ヒナガヒメとの間に御子が誕生することもなく、ホムチワケは即位して天皇となることもなかった。「一夜婚」は「一夜孕み」とはならなかったのである。

なぜホムチワケは言葉を得て成人したにもかかわらず、ヒナガヒメから逃げ出してしまったのだろう。実はヒナガヒメが蛇であることは、母サホビメへと繋がっている。吉田敦彦によれば、サホビメは蛇の化身であるらしい。サホビコ反逆の予兆を知った夢の中に登場する錦色の小さな蛇は、天皇の御首を狙って振りかざされた紐小刀であり、その紐小刀を振りかざしたサホビメ自身であるという[13]。ヒナガヒメはサホビメの性質そのままを引き継ぐもの、亡き母の幻影であり、それとの交わりは失っていた母性のさらなる補完でもあった。

それはまた、スサノヲがヤマタノヲロチを退治して、稲の化身であるクシナダヒメと結ばれることの裏返しでもある。一方は蛇を退治して王となり、一方は蛇を恐れて王となることはなかった。女神を蛇との融合から救い出しこれと結婚することで王となるのだとするならば[14]、女神を蛇との融合から救い出せなかったことが、ホムチワケの即位できなかった原因ということになろうか。別の言い方をするならば、女神のうちにある蛇性、すなわち母性が、ホムチワケの婚姻の失敗を誘引したということだろう。ここにはエディプスコンプレックスとは異なる日本神話の特色がある。オイディプスの物語では、オイディプスの父殺しはあくまでも「父」を継承し、母との婚姻によって「母」を征服することであったけれど、ホムチワケの場合、母なるヲトメとの婚姻は失敗に終わり、「母」を克服することができなかった。ホムチワケは母から自由になれず、それゆえに「一夜婚」は豊饒なる「一夜」とはならなかった。母との強い絆を断ち切ることができず、反対にその強い母子の絆がホムチワケを幼児のままにとどめ、王となることを妨げたのである。グレートマザーの影響下にあって「永遠の少年」であり続けようとするホムチワケがいる[15]。問題はここにある。

皇位を継承したのは腹違いの景行天皇であって、ホムチワケが天皇とならなかったのは、謀反を起した兄とともに母サホビメが死んでいったからだと一般的には考えられている。母の罪がホムチワケの即位を妨げたと考えるのが、歴史としては当然のことではあろう。

そうではあるが、このホムチワケにスサノヲを重ねあわせて見るのであれば、父垂仁天皇が恐れたのは、もしかしたらホムチワケ自身の反逆ではなかったか。母性の欠如を補ってなお母を慕い、母の呪縛から自由になれないホムチワケに恐怖を感じたのではなかろうか。「夫と兄と孰れか愛しき」と尋ねられ、「兄ぞ愛しき」と答えた母サホビメを死に追いやったのは自分であり、それに気づいた息子がやがて自分を殺すであろうと垂仁天皇が考えたとしても、何の不思議もないだろう。サホビコとサホビメという兄妹の血の繋がりを、ホムチワケとサホビメという母子の血の繋がりに置き換えて、ホムチワケの中にサホビコを見たのではないか。母を慕うあまり父を排除しようとするのではないかと、垂仁天皇は怖れたのである。あるいは、「稲城」が記紀に登場する四ヵ所ではいずれも戦闘の場で語られていることから、稲城を破ることは在地豪族の穀霊、食生基盤を奪うことを意味しており、古代王権の伸張強化をはかると同時に皇位継の問題がそこに絡んでいるのであれば[16]、ホムチワケはその出生からすでに皇位を脅かすものとして存在せしめられているのかもしれない。

そのような父の怖れは、次に示す『古事記』の安康天皇の言葉に端的に現れている。

安康天皇は同母弟と大日下王の妹を娶わせようとするものの、使者にたてた根臣の姦計ゆえに大日下王を誤解のうちに殺してしまう。安康天皇は大日下王の正妻を后としたのであるが、后と先夫との間に生まれた目弱王のことが気になって仕方がない。ある時、昼寝中の「神床」で后に向かって、何か思うところはないかと尋ねる。この時の昼寝は、垂仁天皇がサホビメの膝の上で寝ていたことに同じだろう[17]。神聖な場所での睡眠は、夢を得るための祭式的行為であり[18]、そこで得られた夢はすなわち神託であった。物語はすでに政治的な色彩を帯びている。そうであるから、后が何も不安はないと告げると天皇は次のようにいう。

吾は恒に思う所あり。何ぞといへば、汝の子目弱王、人と成りし時、吾がその父王を殺せしを知りなば、還りて邪き心あらむとするか。

（『古事記』下巻）

安康天皇は、真実を知ったならば目弱王は自分を殺すに違いないと心配している。ここで殺害されたのはホムチワケ伝承とは異なって母ではなく父であり、したがって母性への思慕が直接語られることはなく、安康天皇は単に「父の敵討ち」を怖れているかのように見える。しかし、本来父殺しには母性への思慕があるものであり、ましてや安康天皇は義理の父であればなおのこと、ここでの父殺しは母を取り戻すことであった。義理の父殺しが亡き父の仇打ちである以上に母の奪回であるからこそ、安康天皇は目弱王を怖れるのである。そしてその不安は的中し、この二人の会話を聞いていた目弱王は安康天皇を殺害してしまう。この殺害を神聖な神床で昼間から妃と共寝をしていた神罰だと捉える説もあるが[19]、すでに人の時代となった『古事記』下巻の物語であれば、むしろ「敵討ち」という倫理がこの物語の表層を覆っていると考えるべきだろう。

そして目弱王の倫理には、父の敵討ちが天皇の殺害でもあるという、孝行が不忠に直結するような矛盾があり、その行動にはその時の感情のおもむくままに行動する「本能的情意的傾向」があって、それを「原始的自然児的倫理精神」であると考えるならば[20]、その倫理の裏側にはエディプスコンプレックスがある。やはり子は父を殺害し、母を奪おうとするものなのである。

そのような父の怖れが父と子の対立を生み、皇太子でありながら皇位につけない王子の物語が誕生する。ヤマトタケルの悲劇もその底流には父と子の対立があり、巧妙に隠されてはいるが、その対立の引き金には母性への思慕があった。ホムチワケのその後が語られず、即位することがなかったのも、子によって殺されてしまうかもしれないという父の怖れがそれを妨げたからであり、成人することを拒み続けたホムチワケにサホビメとの母子の絆の強さを見たからである。父と子の対立、それは飽くなきまでの母体回帰への欲求に起因していたのであった。

子を怖れる父の姿を神話の中に探し求めてみると、それは次にあげる『播磨国風土記』餝磨郡の十四丘伝承にも語られている。

昔、大汝命のみ子、火明命、心行甚強し。ここを以ちて、父の神患へまして、遁れ棄てむと欲しましき。乃ち、因達の神山に到り、其の子を遣りて水を汲ましめ、未だ還らぬ以前に、即て發船して遁れ去りたまひき。ここに、火明命、水を汲み還り來て、船の發で去くを見て、即ち大きに瞋怨る。仍りて波風を起して、其の船に追ひ迫まりき。ここに、父の神の船、進み行くこと能はずして、遂に打ち破られき。

（『播磨国風土記』餝磨郡）

これは、現在の姫路に点在する十四の丘の地名起源譚である。オホナムチはホアカリの気性が強情でその行いが荒いことを患え、捨ててしまおうと考える。因達山の神のために水汲みをさせている間に、船を出して置いていこうとすると、ホアカリは発船していくのをみて怒り、波風を起こしてその船に追いつき破壊してしまった。

ここで語られているのは父が子を棄てようとする話であり、なぜ子を恐れたのかといえば、スサノヲやヤマトタケルに同じく、その子が「心行甚強し」であったからである。そしてその子の気性の荒さ乱暴さは父の船を破壊するほどのものであり、オホナムチ自身この伝承の最後に「惡き子を遁れむと為て、返りて波風に遇ひ、太く辛苦められつるかも」と妻に語っているように、子は父を苦しい目にあわせてしまう。捨て子という状況のもとで子は破壊的な行為に及び(21)、父殺しにまではいたらないものの、父に対立し反逆する子の暴力性がここでも敬遠されている。

次にあげる『出雲国風土記』大原郡海潮郷の伝承もまた、父に刃向かう子の姿を伝えている(22)。

古老の傳へていへらく、宇能治比古命、御祖須美禰命を恨みまして、北の方、出雲の海の潮を押し上げて、御祖の神を漂はすに、此の海潮至れりき。故、得鹽といふ。（『出雲国風土記』大原郡）

なぜ御祖神を恨んだのか、それまでの経緯は語られてはいないけれども、先にあげた十四丘伝承と比べてみるならば、疎まれ辛くあたられたことに対して恨みを抱いたであろうことは想像がつく。しかもその父に対する抵抗の仕方が、自由に海潮を操ることによってであることは注目に値する。ホアカリにしてもウノヂヒコにしても、海を自由自在に操っている。海とは生命の根源であり、母なる存在であることを思い起こせば、ここに母性の力を、母との絆を見ることもできるのではなかろうか。母と強い絆で結ばれた子が父に反旗を翻せるのであり、母なる力を秘めた「子」と父殺しに怯える「父」という父子の対立構図を、この伝承にも見出せるのである。

三　父殺しと皇位継承

さてここで、母なるものとの絆とは何であるかを改めて考えてみよう。母の命と引きかえに生まれたスサノヲやホムチワケにとって、母は憧れのようなものであった。母を知らぬ子には母体回帰の欲求があり、それは泣き続け口がきけない幼児性として表現されていた。彼らには、父に疎まれたとしても、積極的に父と対立するような強い感情はない。ただただ母が恋しいだけ、どのようにして大人になればよいのか分からないだけであった。

ところが父は、母恋しいだけの存在として子を見ていない。母の死が父のせいだと知ったならば、子は必ずや自分に刃向かうようになると考え、我が子を遠ざけようとする。その子が自分の後継者であるから殺すまではしないものの、父は愛憎相反する思いを抱えて子を疎ましく思う。ヤマトタケルを疎んじる景行天皇然りである。

やがて疎ましく思われた子は、父に対して抵抗しはじめる。ホアカリやウノヂヒコは、遠ざけようとした父を反対に懲らしめており、目弱王となると、義父が実の父を死に追いやったことを知るや否や殺害してしまう。母性の欠如は、父との対立の引き金となっている。母子の絆ゆえの父殺し、その根底には「血」に怯える父の姿があり、それは夫婦の関係が兄妹の血縁を越えた時に新たに生まれた弊害でもあった。

それでは、父と子の対立はその後何処に向かっていくのだろうか。

安康天皇を殺害した目弱王の話にはその続きがある。天皇の同母弟である大長谷王子（雄略天皇）が目弱王の父殺しを知り、二人の兄のもとをそれぞれ訪ね、このことをどう思うかと問う。ところが兄は二人ともそれを大して気にとめていない。そのような態度に腹を立てた大長谷王子は二人の兄を殺し、臣下のところに逃げこんでいた目弱王を殺害する。さらには、従兄弟にあたる忍歯王をも、いわばだまし討ちのようにして殺してしまう。それは兄安康天皇の敵討ちのようにみえて、それを口実とした兄弟殺しであることは明らかである。

ここで注目しなくてはならないことは、目弱王の罪は父殺しではなく天皇の殺害だと大長谷王子が述べることである。「一つには天皇にまし、一つには兄弟にますを、何か恃む心も無くて、その兄を殺せしことを聞きて、驚かずて怠なる」と、まず「天皇にまし」という言葉が先にくる。目弱王の父殺しは大長谷王子にとっては兄の殺害にあたるのだが、それを身内の殺害と言わず「天皇の殺害」と語っている。単なる父殺しが「天皇殺害」となった時、それに続く肉親の殺害、天皇の位を脅かすような兄弟従兄弟全ての殺害は皇位をめぐる争いへと変化していくのである。「天皇の敵討ち」という大義名分を盾にとって、自身による兄弟殺しを正当化するのだろう。父子の対立であったものが皇位継承の問題へと発展し、皇位継承の問題は兄弟の対立へとすりかわっていく。そこにはもはや母子の絆は存在しない。父子の対立もない。新しい王による王殺しという、王位の交代劇があるわけでもない。皇位継承をめぐる兄弟間の争いがあるだけだ。目弱王の「父殺し」は大長谷王子に兄弟殺しの名目を与え、その即位に正当性を付与するための布石に他ならない。そのようなかたくななまでの不当性の排除は、古代王権のおける「正」の論理なのだろう[23]。

そういえば古代において皇位継承は、兄弟間でなされるものであった。皇統譜をみると、神武天皇から仁徳天皇までは直系への皇位継承であったが、履中天皇以降天武までは弟への譲位となっていることがわかる。皇統譜はその信頼できる部分に関する限りはじめから兄弟相承であって、父子継承の系譜は史実として認めがたいと井上光貞も述べている[24]。直系への継承は神代記におけるアマテラスからニニギへという理想としてあるのであって、史実としては兄弟間での皇位継承が原則であった。正確にいうのであれば、天皇の後を長兄である大兄が継ぎ、次にその弟が継いでいくが、その兄弟の世代が終われば大兄の子の系統に皇位が継承されていく、という大兄制が皇位継承法の一つとして行われていた。つまり、兄弟継承を骨子としながら父子継承を取り入れ、その二つの方法が総合されたものが古代の皇位継承であった。

しかしそのような兄弟による皇位継承は、やがて直系の父子による皇位継承へと変化することになる。天武天皇から持統天皇を経て、文武天皇、聖武天皇へという相続が目論見られたように、后の産んだ長子の継承こそが正統であるという考えが生まれる。そしてその直系への皇位継承の根底には、兄弟による分治という考えがあったように思う。イザナキから生まれた三貴子それぞれが高天原、食国、海原を治めたように、兄弟あわせて統治するというような支配形態が、皇位継承を支えるようになるのであり、選ばれたある一人、即ち天皇を、兄弟が補佐するという分治による国土支配である。

例えば、応神記には次のような兄弟による分治が語られている。

応神天皇が三人の息子に兄と弟とどちらが可愛いか尋ねると、一番上の大山守命は兄が可愛いと言い、二番目の大雀命はいまだ成人していない一番下の子が心配で可愛いものだと答える。すると父応神天皇は我が意を得たりと、このようにいう。「大山守命神は山海の政をせよ。大雀命は食國の政を執りて白したまへ。宇遅能和紀郎子は天津日継を知らしめせ」と。これによって、兄弟による分治が決められる。

父天皇の崩御後、大雀命はその命に従い末弟に皇位を継承させようとするが、大山守命はそれに納得していない。天下を我がものにしようと弟を殺すべく兵を集め、それを知った大雀命は大山守命を反対に返り討ちにしてしまう。大雀命と宇遅能和紀郎子は皇位を譲り合うが、宇遅能和紀郎子が崩御したため大雀命が皇位について仁徳天皇となった。

父が三人の息子にそれぞれ統治すべきところを命じたように、分治による支配がまず試みられる。この山海・食国・天津日継の三分治は、まさに三貴子の海原・食国・高天原に対応しており、それぞれの統治すべき場所が同じ重さをもって語られていないことは明らかである。天津日継が統治の要であり、それを支えるものとして山海や食国はある。まず中心に象徴としての王がいて、それを支えるようにして兄弟が具体的な支配を行う。それは、祭祀を行う王と実務的な政治を行う兄弟が、それぞれの職分をもって国土を支配するということでもある。

そもそも古代国家は、ヒメヒコ制を引き継いだような祭政分かれての支配形態であった。例えば邪馬台国においては、姉が祭祀、弟が政治を担当していたと『魏志倭人伝』に伝えられており、次に例としてあげる崇神紀では弟が祭祀、兄が武力による支配にあたったとされている。

四十八年の春正月の己卯の朔戊子に、天皇、豊城命・活目尊に勅して曰はく、「汝等二の子、慈愛共に斉し。知らず、曷をか嗣とせむ。各夢みるべし。朕夢を以て占へむ」とのたまふ。二の皇子、是に、命を被りて、浄沐して祈みて寐たり。各夢を得つ。会明に、兄豊城命、夢の辞を以て天皇に奏して曰さく、「自ら御諸山に登りて東に向きて、八廻弄槍し、八廻撃刀す」とまうす。弟活目尊、夢の辞を以て奏して言さく、「自ら御諸山の嶺に登りて、繩を四方に絚へて、粟を食む雀を逐る」とまうす。則ち天皇相夢して、二の子に謂りて曰はく、「兄は一片に東に向けり。当に東國を治らむ。弟は是悉く四方に臨めり。朕が位に継げ」とのたまふ。

（『日本書紀』崇神天皇四十八年正月）

これは夢占によって皇位継承を決めたという話である。御諸山に登り東に向かって槍を突き上げた兄は武力による東国支配にあたり、同じく御諸山に登り四方に繩をはって粟を食べようとした雀を追い払った弟は皇位についた。四方に縄をはることは四方に気を配ることだという解釈もあるが[25]、この縄をはって雀を追いやっていることはまさに神田の雀を追い払うにことであって、おそらくそれは農耕祭祀であったろう。

ここで何よりもまず注目すべきは、農耕祭祀を行うシャーマニックな霊力が武力に優先されているということである。統治するということは、武力による平定ではなく、平定された後いかに豊かな国土にしていくかであった。大地に豊饒を約束するのはその王の霊力であって、そのようなシャーマニックな力こそが天皇に必要とされていた。例えば『日向国風土記』逸文・知舗郷条に、未だ昼夜の別明らかでない時に高千穂に降り立った神が、稲千穂を抜いて籾とし四方に投げ散らしたところ、天地が分かれて日月が照り輝いたという伝承が伝わっている。この伝承からもわかるように、稲の祭祀は天地開闢に先んじて存在する、何にもまして重要なものなのであった。

このように考えていくと、皇位継承とは稲の祭祀の継承でもあることに改めて気づかされる。稲が成長して豊かな実りとなっていくように、自然のサイクルのうちに生きていた古代人にとって、王は稲の精霊そのものとして君臨すべきものであった。王は稲を管理するこの国土の統治者にして、稲の精霊そのものなのである。稲を体現したかのような王こそが求められ、それゆえの稲の祭祀儀礼であり、その祭祀の継承であった。まさにそれが、稲穂の「ホ」が冠された神々や御子たちの系譜ではなかろうか。

このように父殺しの幻想を抱えた父と子の対立は、皇位継承という名目を得て兄弟の殺害へと発展していくことになる。その時そこにはグレートマザーが立ち入る隙もなく、「血」の絆によって結ばれていた母子の関係は切断され、「直接的な血」の系譜はもはや効力を持たない。皇位を継承する者という意味の「ホ」が冠された御子たちが受け継いでいくのは「稲」による統治であり、稲の精霊たる王の資質である。それは幻想としての「血」

であり、そのような相続が「日嗣」に他ならない。母性の欠如に根ざした父と子の対立は、日嗣皇子としての「ホ」の御子の物語へと引き継がれていくのであった。

注

（1）クロノスは、生まれたばかりの我が子が自分を殺してしまうと考え次々に飲みこんでしまうが、ガイアによって隠され生き残ったゼウスによって殺されてしまう。

（2）三浦佑之『万葉人の「家族」誌—律令国家成立の衝撃』講談社メチエ、一九九六年

また吉井巌は、この二つの「泥疑」を同音意義語だとする（「ヤマトタケル物語に関する一試案」（『天皇の系譜と神話』二）塙書房、一九六七年）。

（3）西郷信綱「ヤマトタケルの物語」（『文学』37（11））岩波書店、一九六九年

（4）西條勉「ヤマトタケルの暴力—構造化するテクスト」（『日本文学』41（8））日本文学協会、一九九二年

（5）（3）に同じ。

また、ヤマトタケルの兄は父が召そうとした二人のヲトメを横取りしていて、その親子関係にも父の妃を奪うという緊張関係がある。それは一方で皇位継承をめぐる問題でもあれば、ヤマトタケルも含めたこの三人の親子関係には、父と子の対立としての皇位継承の問題が存在しているといえるだろう。

（6）林道義『日本神話の英雄たち』文春新書、二〇〇三年

アニマとは、カール・グスタフ・ユングが提唱した心理学用語で、男性の人格のうちに存在する、無意識の女性的な側面

のことをいう。男性が持つ全ての女性的な性質がこれにあたる。

（7）吉田敦彦「『古事記』のホムチワケ説話に見る神話的時間の反復性」（『国語と国文学』64（5））東京大学国語国文学会、一九八七年

（8）永藤靖「世界像を創出する力―出雲のアジスキタカヒコの神話について―」（『日本神話と風土記の時空』）三弥井書店、二〇〇六年

（9）富を得て驕り高ぶってしまった者が餅を的にしたために、餅に宿っていた穀霊が白い鳥となって飛び去ってしまったという伝承。これと同工異曲のものとして、『豊後国風土記』逸文・餅の的、『山城国風土記』逸文・鳥部の里、『山城国風土記』逸文・伊奈利社の伝承がある。

（10）永藤靖「稲倉の火・稲魂の伝承」（『古代説話の変容』）勉誠社、一九九四年

（11）この伝承と同工異曲の『尾張国風土記』逸文・吾縵郷条では、ホムチワケが口をきけないのは出雲の多具の国の神であるアマノミカツヒメの祟りであるとされている。

（12）出雲において白鳥が捕獲されたのは、『出雲国造神賀詞』にあるように、出雲が「鳥のタマフリ」と関係深かったからだと多田元は指摘する（「本牟智和気御子伝承の構想―「出雲」と「高志」とをめぐって―」（『国学院大学大学院紀要』（17）国学院大学、一九八六年）。

（13）（7）に同じ。

（14）（7）に同じ。

（15）河合隼雄『母性社会日本の病理』講談社文庫、一九九七年

（16）森昌文「サホビコ譚と雄略紀十四年四月の条―日下部氏を通して―」（『国文学研究』86）早稲田大学国文学会、一九八五年

（17）神田秀夫「垂仁天皇と沙本毘売との物語」（『古事記の構造』）明治書院、一九五九年

（18）西郷信綱『古代人と夢』平凡社、一九七二年

（19）本居宣長（倉野憲司校訂）『古事記伝』岩波書店、一九四〇年

（20）濱田清次「目弱王の物語」（『文藝研究』20）日本文藝研究会、一九五五年

（21）永藤靖「もう一つの創世神話―『播磨国風土記』における〈落下〉のモチーフ―」（『日本神話と風土記の時空』）三弥井書店、二〇〇六年

（22）「御祖」とは、『古事記』においてそれが母親を指すように一般的には母親のことであるが、『出雲国風土記』においては仁多郡でもアジスキタカヒコの父オホナモチノミコトを「御祖」と記しており、ここでの「御祖」は父親であるとする秋本吉郎の注に従う（秋本吉郎校注『風土記』（日本古典文学大系・岩波書店、一九五八年）。

（23）森昌文「古事記・目弱王の乱にみる安康像と雄略伝承」（『国文学研究』85）早稲田大学国文学会、一九八五年

（24）井上光貞「古代の皇太子」（『天皇と古代王権』）岩波現代文庫、二〇〇〇年

（25）坂本太郎・家永三郎・井上光貞・大野晋校注『日本書紀』（日本古典文学大系・岩波書店、一九六七年）の注。

第四章　「ホ」の御子の物語
――その神話的解釈――

はじめに

古代において皇太子は日嗣御子と称されていた。日嗣とはまさに日を継ぐこと、太陽神アマテラスの直系という意味である。天高く輝いてこの世を照らし、豊かな実りを約束する太陽の如く、国を治める王のイメージなのであろう。と同時に、太陽の運行によって暦を知り、それを稲作に生かす術をも知っていて、いわばシャーマンであり、見識者にして知恵者、技術者でもある存在であった。

そのような日のイメージは、世界に共通する王のイメージではある。しかし、日本の古代においてそれは、直系への皇位継承を支えるべく後から創りあげられたものであったように思われる。注意深く記紀神話を読むのであれば、アマテラスから子、孫へと受け継がれていったのは、天から降り立った稲穂の化身としてのイメージである(1)。アメノオシホミミノミコト、アマツヒコヒコホノニニギノミコトという具合に、まず「ホ」すなわち「穂」の継承があって、そこには日を継ぐものという意味は存在しない。むしろそこにあるのは、焔の「ホ」の継承、火の継承であった。

そもそも「ホ」とは尖った先端のことを指し、「穂」は「秀」と同源で、その意味は秀でていること、外に現れ出ることだとされている(2)。また一方でその「ホ」は「火（ホ）」のことでもあり、「穂」は「火」に通じていた。おそらく「穂」は「火」に同じであるという発想の根底には、先が尖っているものという、焔と稲穂の形状からくる類似があるのだろう。まさに「ほのほ（焔）」は「火の穂」であった(3)。

したがって記紀神話には、その名に「ホ」が冠された御子は稲の化身にして火の御子であるという不文律が存在する。単にその形状のアナロジーでしかなかったはずの焔と稲穂が堅く結びつけられて、燃え盛る火の中で生まれる「ホ」の御子の物語が誕生するのである。その例を示せば、神代ではホデリノミコト・ホスセリノミコト・ホヲリノミコト、人の代ではホムチワケノミコトということになろうか。火中で産みおとされた御子たちは、火の御子にして稲穂の化身であることを、すでにその異常な出生のうちに物語っていた。

また、焔や稲穂の持つイメージを喚起するまでもなく、本来「ホ」が「秀」であったことからすれば、「ホ」は生命力溢れる様を示す言葉であったことは明らかであり(4)、王自身が豊饒を約束する穀物神でもあったことがわかるだろう。記紀神話に色好みの王の伝承が語られるのも、多くの女性に求婚し、多くの子をなすことが、豊饒を約束する王の資質として求められていたからである。

このように、稲の化身である「ホ」の御子は、火を継ぐ系譜として語られていたのであるが、やがてその「火」は太陽の「日」を意味するようになって「日嗣」という概念が生まれることになったと想像する。上代日本語では日は甲類で火は乙類、決して混同してはならないけれど、アマテラスの直系への皇位継承が語られはじめる時、火の御子は日の御子になるのである。

この章では、「ホ」の御子の物語が「火継」から「日嗣」へと変化していった過程を神話として解釈することを試みる。アマテラスからニニギノミコトへの皇位継承は持統天皇から文武天皇へのそれが投影されたためであるという歴史的作為の問題ではなく、あくまでもその神話的解釈として、「ホ」の御子の物語を考えてみたいと思う。

一 「火」の機能

はじめて「ホ」の神が『古事記』に登場するのは、アマテラスとスサノヲの誓約の段で、その神の名はアメノオシホミミノミコト、アマテラスの左の御角髪にまいていた玉から誕生した。その後再びその神の名が登場するのは、天孫が治めるべき地だとして葦原中国に降臨する時であり、実際にはその息子の神である、アマツヒコヒコホノニニギノミコトが降臨していくことになる。

このはじめて葦原中国に降臨してくる際に登場する親子の神が、ともに「ホ」と「天」という文字を名にもっていることは、まさに天孫族が「ホ」の一族であることを示していて興味深い。しかもその「ホ」は「穂」という表記であり、天から降りてくる稲穂のイメージがこれら二神の中にはある。つまり初めから「ホ」は、稲を体現した天孫族である印としてであった。

ところでこの「ホ」は、稲穂の「ホ」であると同時に焔の「ホ」でもあった。コノハナサクヤビメはニニギノミコトに一夜に孕んだことを疑われ、その疑いをはらすべく燃え盛る産屋の中でホデリノミコト、ホスセリノミコト、ホヲリノミコトを生む。あるいは、夫である天皇を裏切って兄の元へと戻ったサホビメが、追手に火をかけられた稲城の中でホムチワケを生むことも火中出産と考えてよいだろう。これらの御子に共通して冠されている「ホ」は、燃え盛る焔の「ホ」なのである。となれば、稲は火の中から生まれたことになる。

しかし、ここで語られる火中出産から生まれる「ホ」の御子たちの物語は、単に火から稲が生まれたという、食物生産の物語ではあるまい。火中出産から生まれた「ホ」の御子たちは、もっとイデオロギー的な存在であった。火の両義性から考えれば、彼らが火中で生まれたことには、神話的に深い意味があるはずだ。

それでは火は、一体どのようなものとして神話の中で描かれているのだろうか。記紀神話において火は、イザナミから誕生している。

アメノヌボコから滴り落ちた雫でできたオノゴロジマに、イザナキとイザナミは降り立った。二柱の神は初め失敗してヒルコを生むが、その方法を改めてからは淡路島、四国、隠岐、九州、本州と、次々に島を生んでいく。

島生みの次にイザナミが生んだのは、石の神や土の神、砂の神や、家屋の神、海の神、山の神であり、そこで語られているのは、島の誕生から人の住む環境が整えられていくまでの様である。国土ができ、草木が生え、人間の生活がはじまる過程は旧約聖書も同じであり、世界がどのようにしてはじまっていったのかを示している。その最後に火の神カグツチを生んでイザナミは死んでいった。

…次に火之夜藝速男神を生みき。亦の名は火之炫毘古神と謂ひ、亦の名は火之迦具土神と謂ふ。この子を生みしによりて、みほと炙かえて病も臥せり。たぐりに生れる神の名は、金山毘古神、次に金山毘賣神。次に屎に成れる神の名は、波邇夜須毘古神、次に波邇夜須毘賣神。次に尿に成れる神の名は、彌都波能賣神、次に和久産巣日神。この神の子は、豊宇氣毘賣神と謂ふ。故、伊邪那美神は、火の神を生みしによりて、遂に

神避りましき。（『古事記』上巻）

イザナミが死んでいこうとする時に、嘔吐物からは鉱山と鉄を神格化したカナヤマビコ・カナヤマビメが、屎からは粘土を神格化したハニヤスビコ・ハニヤスビメが、尿からは灌漑用の水の神であるミツハノメと生産神であるワクムスヒが誕生する。

ここで注目すべきは、神話的時空が構築されていく最後に火が誕生し、それとともに火があってはじめて役立つ道具となる金属、粘土が生まれることである。まさに神話は文化がたちあがってくる瞬間を語っている。火は暖かい照明として人に役立つばかりではない。それを用いることによって鉄器や土器といった便利な道具が作られる。火が象徴するのは「文化」そのものであった。

そしてその便利で文化的な火は、霜月祭など多くの祭の中で、その祭の庭の中心で燃えているように、世界の中心に置かれるものでもある。火は灯されることによって中心を創出する。そのように考えれば、世界の中心に位置し、「文化」そのものとして君臨する王は、火から誕生したとしても何の不思議もあるまい。火から生まれた王が火を統括し、文化を築いていくのである。

あるいは、出雲国造交代に際して「火継式」と呼ばれる神事が行われることを例として、火の役割について考えてみよう。

「火継式」とは、熊野大社鑚火殿において燧臼・燧杵を用いて火をおこし、その火によって調理した食事を神前に供えるとともに国造自身も食べる神事である。この神事で鑚出された火は、その後も国造の館の斎火殿で保存され、国造在任中はこの火によって調理したものを食べることになる。たとえ家族であってもその料理を口にすることは許されない。この「火」は「霊」のヒに通じ、その霊力ある火によって調理されたものを食べることによって、代々受け継がれてきた国造の霊魂を自らの中に取り込むのだという(5)。おそらくこの神事は新嘗祭の火鑚行事の変形であり(6)、火は調理に使われる竈の火であって、その「火」を継いでいくことが王位継承の象徴であることが理解できるだろう。

そもそもこの儀式にも登場する燧臼・燧杵は、オホクニヌシが国譲りをする最後に語られている。

…出雲國の多藝志の小濱に、天の御舎を造りて、水戸神の孫、櫛八玉神、膳夫となりて、天の御饗を献りし時に、祷き白して、櫛八玉神、鵜に化りて、海の底に入り、底の赤土を咋ひ出でて、天の八十平瓮を作りて、海布の柄を鎌りて、燧臼に作り、海蓴の柄をもちて燧杵に作りて、火を鑚り出でて云ひしく…

（『古事記』上巻）

国を譲って出雲の多藝志の小浜に社を建て鎮座したオホクニヌシは、クシヤタマノカミを膳夫にした。そのクシヤタマノカミは海中より取り出した土で神饌を盛るヒラカを作り、海藻から神饌を料理するための火を起こす燧臼と燧杵を作る。その時の火は、神に捧げる食物を料理するためのもの、竈の火である。その火で調理された神饌は、神と神、あるいは神と人を結ぶものであり、共食することによってその絆はより固くなるのであった。ここでは火が両者を結ぶ媒介としての重要な機能を果たしている。

そういえば先に挙げた『古事記』国生みの条でも、火は金や土を違うものへと加工していく仲介者としての役割を果たしていた。どうやら火には「媒介」という側面があり、モノを別の何かに変容させる力があって、そのように考えれば、火は中心に燃えているばかりではないよう思われてくる。仲介者としての役割を担うということは、それが二つのモノの、あるいは変化していった二つの状態の中間に位置するということであり、逆の考え方をするならば、火はどこか境界的な存在でもあるといえるだろう。イザナミから火が生まれた神話にしても、その後イザナキとイザナミが生と死の国に分かれて住むようになったのであるから、火が二人を分け隔てるものとして機能していることがわかる。イザナミを慕って訪れた黄泉国の暗闇で灯されたユツツマグシの火にしても、イザナミの腐乱していく様をうつし出し、もはやともに生きることの不可能さをイザナキに示したではなかったか。火はイザナキとイザナミを分け隔てるものとして灯されていた。『肥前国風土記』総記で語られる肥国の起源譚でも火は国境に燃えていて、境界の象徴としてある。火には境界を創出していく力もあるのだ。

二　王権の両義性

火とは何か、ここで定義をするとすれば、火とは文化を築き、便利な道具となって人に使われると同時に、全てを焼き尽くしてしまう破壊力を持っていて、文化を混沌へと陥れかねない野性の力を秘めたものでもあるということになるだろう。人が野性から区別されるようになったのは、火を自由に使いこなす技術を手に入れてからのことであり、火によって人は人となった。火とは便利な道具であり、モノを変容させる「媒介」であり、それ自身がすでに「境界」としての存在でもある。つまり「中心」とともに「境界」を創出する二面性が、火には存在する。

そしてそれは山口昌男がいうところの、「中心化と非中心化」の問題でもある。火の問題ではなく権力一般の問題として述べているのだが、山口によれば、権力とは「中心化と並行して潜在的に蓄積される非中心化」を行う力を内在していて、権力を手にした者は世界を閉じようとして中心化を行っていくが、その中心化の原動力として非中心化に向かって進んでいく者、すなわちトリックスターの犠牲を必要とし、中心化と非中心化を一手に引き受け両方とも担ってしまうダイナミズムとしての装置を、権力は持っているという(7)。

王そのものの中で、「中心」を作り出す文化的な面と、その絶大な権力を支えるためには必要不可欠な「非中心」へと向かっていく破壊的な力がせめぎあっていて、その両者あってこそ王は王たる資格を保有しているということになろうか。そのような「中心」と「非中心」の対立は、火における「中心」と「境界」を創出する二つの力に相当するものであり、火と王権はともに相反する力を秘めたものであった。

このように王が火中から生まれてくる物語は、王権というものを極めて象徴的に語っている。火を継ぐものとしての「ホ」の御子たちには、そのような王の本質を示すスティグマがはじめから刻印されていたのである。それは多くの民族が燃える火によって邪気を払い、火に内在する神性を賦与することができると信じていたことにも繋がるだろう(8)。反対に火によって、王の資質は賦与されるということでもある。

また、火が登場する他の例を記紀神話に求めるなら、オオクニヌシの物語もそれに該当するだろうか。オオクニヌシは根の国で、野を焼かれて九死に一生を得るような経験をする。このような死と復活の物語を基礎づけているのは、成年式が特殊化された、シャーマン的首長の即位式であると西郷信綱がすでに指摘している通りであるが(9)、ここで火が果たしている役割について考えるならば、火がまさに死から再生への媒介として機能していることがわかる。火の洗礼を受けて王が誕生することは、火中から生まれる「ホ」の御子の物語に同じである。

ヤマトタケル東征譚でも、ヤマトタケルは焼津で火攻めにあい、叔母より与えられていた火打ち石で向かい火をおこすことによってその難を逃れていて、そこにも同じく通過儀礼における火の役割を見出すことができる。ヤマトタケルは即位することなく死んでいくけれど、この東征での幾つかの試練は、王の資格を得るためのものであった。

ここで重要なのは、ヤマトタケルがヤマトから東国へと、中心から外へ向かって移動していることである。ヤマトタケルは中心から離れ、外へと向かう非中心化を行う力そのものであり、ある意味でトリックスターとして死ななければならない運命にあった。ヤマトタケルは景行天皇の影として非中心化をおこなっていたのであり、景行天皇とヤマトタケルの両者合わせてはじめて一つの王としての姿は完成されていた。

そのように考えてみると、例えば中大兄皇子が行った皇太子政治は、まさにこのヤマトタケル物語の繰り返しと考えてよいだろう。中心に動かぬものとして存在する天皇と、非中心化を推し進め、それによって中心化の力を強めるトリックスターとしての皇太子という関係がそこにはある。ヒツギの本来の意味が「火継」であるとしたら、これら皇太子の中に「火」のもつ両義性を見出しえることは当然のことかもしれない。

しかし両義的な「火」を継いでいく王の姿は、やがて神話や歴史の中から消えていくことになる。「火継」ではなく「日嗣」として、皇位継承は語られはじめる。

それでは「日」とはどのようなものであったのだろうか。火とのアナロジーや稲穂との関連から発想された言葉であったとしても、そこにはまた新たな王のイメージが生まれているはずだ。

例えば、ギリシャ語で王の意である「レックス」は、その語源に「はかる」という意味があるらしい。この「はかる」は穀物などの量をはかることであり、升ではかることによって、王はその土地の収穫高、すなわち土地の豊かさを認識し、それによってその土地からの穀類の奉納を税として要求したという[10]。そのようにして王はその土地を統治していくのであり、「はかる」ということは統治していくことの第一義としてあった。モノを計ることによってはじめて交易は可能となり、王の力とはモノを流通させていく力だとすれば、「はかる」ことにおいて王が支配する「国家」は誕生したのだろう。

また、王とは「ヒジリ」すなわち日を識る人のこと、時間をはかる人でもあった。「はかる」のは穀物の収穫だけではなく時間でもあって、時間をはかり暦を作ることにおいてこの世を支配していくのが王であった。王は時間と空間を支配する存在なのである。そして時間を管理するということは、農暦を作って収穫高を把握することのみにあらず、人々の生活全てを管理することに等しい。今でもエスキモーは空腹時か獲物が獲れた時にしか食事をしないというが、そのように自然の中に生き、王によって支配されることのない狩猟民族にとっての時間は、王の支配下にある人々にとっての時間とはなんと異なっていることか。たとえ十時に空腹を感じたとしても十二時まで食事をしないというのは時間による管理であり、その時間は文化が生み出した規制や規則でもあった。時計にしたがって生きることは文化が発達した結果生じることであり、それは王による支配であることを忘れてはならない。

このように、「日嗣」とは時を支配することでもあり、そのような力を手に入れることによってはじまる王の統治は、それまでの「火」に象徴されていた両義的な力による支配とはまた別の支配であった。神話的な世界で両義性を所有していた王が、文化が築かれていくに従い、管理者統治者として君臨していくということであろう。それが「火継」から「日嗣」への変化のうちに語られているのであり、太陽神アマテラスの後継という意味でもあった。

三　母殺しの幻想

ところで、「ホ」の御子の物語の中で、もう一つ注目したいことがある。火中出産の中、母の命を引き換えにして「ホ」の御子たちは誕生しており、しかも彼らの母親たちには共通して「水」の要素があることである。コノハナサクヤビメの場合、彼女は『日本書紀』によれば海辺でニニギノミコトと出会っていて、それは彼女が「水」と深い関係にあることを示している。ホムチワケの場合にしても前章で触れたように、夢に現れた小蛇がサホビメ自身であるならば、母サホビメには「水」を掌る力があるといえるだろう。その「水」を象徴する母が王の証である「火」によって焼き殺されて、「ホ」の御子は誕生する、という法則が存在しているかのようだ。「水」が「火」に征服されて「稲」の御子が誕生するというべきか。

ではそれは一体何を意味しているのだろう。その法則にはどのような神話的深層心理があるのだろうか。

「ホ」の御子に同じく、母イザナミの命と引き換えに生まれたスサノヲの、八俣大蛇退治の例からそれについて考えてみよう。

故、避追はえて、出雲國の肥の河上、名は鳥髪といふ地に降りたまひき。この時箸その河より流れ下りき。ここに須佐之男命、人その河上にありと以為ほして、尋ね覔めて上し往きたまへば、老夫と老女と二人ありて、童女を中に置きて泣けり。…また「汝が哭く由は何ぞ。」と問ひたまへば、答へ白ししく、「我が女は、本より八稚女ありしを、この高志の八俣の大蛇、年毎に來て喫へり。今そが來べき時なり。故、泣く。」とまをしき。…ここに速須佐之男命、すなはち湯津爪櫛にその童女を取り成して、御角髪に刺して、その足名椎手名椎神に告りたまひしく、「汝等は、八鹽折の酒を釀み、また垣を作り廻し、その垣に八門を作り、門毎に八棧敷を結ひ、その棧敷毎に酒船を置きて、船毎にその八鹽折の酒を盛りて待ちてよ。」とのりたまひき。故、告りたまひし随に、かく設け備へて待ちし時、その八俣大蛇、信に言ひしが如來つ。すなはち船毎に己が頭を垂入れて、その酒を飲みき。ここに飲み酔ひて留まり伏し寝き。ここに速須佐之男命、その御佩せる十拳劒を抜きて、その蛇を切り散りたまひしかば、肥河血に變りて流れき。…

（『古事記』上巻）

スサノヲは、毎年娘の生け贄を要求する八俣大蛇の退治に成功する。この大蛇は水神であり、したがってここで生け贄として差し出されるクシナダヒメの本来の姿は水神に仕える巫女であって、生け贄となることはその水神の嫁となることであった。水神に召されるヲトメの名が、『日本書紀』では霊妙なる稲の化身という意味の「奇稲田姫」と記述されることは、この水神が稲作との関係において捉えられていること示している。水の恵みがあってはじめて稲は成長し豊かに実るのであれば、「水」は豊饒なる自然の象徴である。かつこの大蛇がやがて「切り散りたまひしかば」と、切り刻まれて殺されることには、ハイヌウェレ神話と同じ幻想があるという(11)。切り刻まれて埋められることによって豊饒は約束されるのであり、そのように考えれば大蛇は一方で穀物神でもあった。

また、ここで大蛇という化け物として水神が描かれていることは、時に氾濫を起こし猛威を振るう自然の一面を示していて、この大蛇は水神であり穀物神であると同時に「自然」そのものを示す、混沌とした存在であったことが理解される。

その「自然」を象徴する大蛇をスサノヲは殺害し、クシナダヒメとめでたく結ばれることになる。大蛇の影響下にあった「水」の女性を、荒々しい「自然」である蛇から救いだしたということになろうか(12)。そしてそれは一方で、スサノヲが「母」の影響下から巣立っていったことを表していた。

そもそもスサノヲには、母を慕って青山を枯らすほど泣いたと描写されることから、穀物神的な一面があると言われている。ギリシャ神話で穀物神デメテルが泣いたために、世界が不毛になり飢饉となったことに同じであり、世界の神話の中で母に可愛がられる少年神が穀物神であることからも、それは証明されるという(13)。

となれば、ともに穀物神であるという点において、大蛇とスサノヲは擬似的な母子関係にあると考えてよいだろう。そのような少年神スサノヲがまさに母なる大蛇を退治し、成人した男性としてクシナダヒメと結ばれて王となるのであって、それが大蛇退治に隠されたもう一つのテーマであった。殺害された大蛇は子離れしないでいた「母」であり、混沌とした「自然」であり、それを克服することによってスサノヲは自我に目覚めた成人男性に成長していくのである。成人するには「父」のみではなく「母」をも殺さなければならないということなのだろう。

あるいは、大蛇から救いだされたクシナダヒメは、大蛇に仕えた巫女であれば大蛇の一部であったことになり、スサノヲは「母」なる大蛇を殺害し、それと結ばれることで自立した「個」になったと解することもできる。つまり大蛇退治は、「水」に象徴される「自然」すなわち母性を克服する物語でもあり、そこには成人男性となるための母殺しのモチーフ、母を殺し母と結ばれる幻想が隠されていたのである。

このように考えてくると、実は火中出産の神話の深層心理にも、この「母」殺しの幻想があることに気づかされる。ホヲリノミコトにしてもホムチワケにしても直接母を殺害したわけではないが、その命と引き換えに生まれてきた経緯からすれば、彼らは間接的に母を殺したことになるだろう。彼ら自身がすでに父なる「火」の性質を受け継いだ「ホ」の御子であれば、彼らが生まれた時にすでに母殺しはなされていたといえるかもしれない。彼らはすでに選ばれた者として、君臨すべき王として、「母」を殺害して生まれてきたのである。

そしてホヲリノミコトの場合、スサノヲの例に同じく「水」の女性であるトヨタマビメと結ばれて王となった。トヨタマビメは海神の娘であるから、そこには海の彼方の他界からもたらされる豊饒幻想があって、彼女自身の中にも穀霊神的な要素があるだろう(14)。「母」なる穀霊神を殺害し、再びその「母」なる穀霊神と結ばれるという図式が、ここにも描かれているのである。

また、それに続けて語られるトヨタマビメの出産にも、火中出産と同じ構造があることを付け加えよう。産屋に火をつけることはなかったものの、出産の際に正体を見られて海神国に帰っていくことは、その結果母がいなくなるという意味で火中出産に同じである。しかも生まれてきたウガヤフキアヘズノミコトは、育ての母である叔母タマヨリビメと結ばれて、二人の間に神武天皇が誕生している。ある意味でウガヤフキアヘズノミコトは「母」を殺し「母」と結ばれているのである。さらに、その生まれてきた神武天皇の名が『日本書紀』一書では「神日本磐余彦火火出見尊」であることは、この御子が火中出産から誕生した「ホ」の御子であることの何よりの証である。このようにその名に「ホ」を冠した御子の物語は、「母」を殺し「母」と結ばれる幻想を抱えて、神話の深層心理のうちに引き継がれていくのであった。

四　「火継」から「日嗣」へ

それでは改めて最後に問いかけよう。「ホ」の御子の物語とは何か。

精神分析的に解釈すれば、それは「母」を殺し「母」と結ばれることによって成人していく過程を描いた物語であった。「母」という「自然」を克服していくことが王となるためには必要不可欠なことであり、「母」殺しはいわば「母」離れのイニシエーションでもあった。

また神話として捉えるならば、それは母なる「水」が父なる「火」によって焼き殺され、「稲」の化身が生まれる幻想であった。おそらくそれは、全ての稲作農耕民族が持ち得る幻想であったろう。その「稲」の化身がやがて世界に君臨する王となった時、「火」の意味が「日」の意味へと変化していったのである。「火」を継ぐ者は「日」を識る者、時間を管理する者となった。ここに皇位継承者としての「日嗣」が誕生する。そのような変化を神話は直接語ることはないが、「ホ」の意味や「火」の両義性、「日」の中に込められた時間観念や支配思想を考えあわせれば、なぜこのような御子たちの物語が、神代から人の代にかけて橋渡しをするように語られているのかもわかるだろう。「国家」がたちあがる時、モノを計り時間を管理するものとしての王が必要なのである。

あるいは、この皇位継承の物語をこのように捉えてもよい。母なる「水」すなわち「自然」が、父なる「火」すなわち「文化」によって征服される物語、「自然」が「文化」にとってかわられるという、父性が母性を凌駕していく物語である、と。

確かに皇位継承というシステムは父系相続であれば、この物語を支配しているのは父性原理ではある。しかし日本の神話は、そう簡単には父性原理に貫かれた「国家」を誕生させてはくれない。必ずドロップアウトしてしまう御子を用意する。

例えばホムチワケは、すでに「母」を殺害して生まれてきたとするならば、成人して即位するためには「母」と結ばれさえすればよかった。それにもかかわらず、ヒナガヒメの正体が蛇であると知るとホムチワケは逃げ出してしまう。ホヲリノミコトがトヨタマビメと結ばれ王となったこととは反対に、即位して王となることはなかった。父なる「火」を受け継いで生まれながらも、ホムチワケは「母」との絆を断ち切ることができないのである。「母」を克服することができず、母性的な世界にとどまり続けているかのようだ。

このことをして河合隼雄は、日本の社会は母性社会だと指摘する。母なるものと決別することができず、父性が育ちきらない社会であるというのである(15)。確かに、戦前の家父長制でさえ、自我が母性から飛び立ち得ないことの裏返しでしかなく、母子の絆は強い。

しかし、それは、神話世界が未だ原初的な母性原理の世界にとどまり続けていることを意味しているのではないだろう。母性とも父性ともいえない、その中間に存在するのが日本の社会、記紀神話の世界ではなかろうか。ホムチワケの物語の根底にも父との対立があったように[16]、父性の介入あってなお母性的な世界にとどまっている。父性が母性を完全に支配できないでいるだけなのである。

そのような母性を林道義は「共同体意識」と名付けているのだが[17]、ある瞬間暗黙の了解として登場する母性原理が、記紀神話の根底には流れている。このように記紀神話は、西洋の神話が父性的な社会の段階にあるのとは異なって、いつでも母性的社会へ回帰してしまう危険性を抱えているのであった。

注

（1）吉井巌も、「ニニギノミコト—ヒコホホデミノミコト—ウガヤフキアエズノミコト—イワレヒコ（ホホデミ）」と連なる系譜には、来臨神としての本質があるとする（「火中出産ならびに海幸山幸神話の天皇神話への吸収について」（『天皇の系譜と神話』二）塙書房、一九六七年）。

（2）『広辞苑』岩波書店、一九五五年／『時代別国語大辞典』上代編、三省堂、一九六七年

（3）『広辞苑』岩波書店、一九五五年

（4）林道義『日本神話の英雄たち』文春新書、二〇〇三年

（5）谷川健一編『日本の神々—神社と聖地』7山陰、白水社、二〇〇〇年

（6）このことから宮廷の日継を説くのは間違いだと西郷信綱は指摘する（『古事記註釈』2、平凡社、一九七六年）。

（7）山口昌男『天皇制の文化人類学』岩波現代文庫、二〇〇〇年

（8）松村武雄『日本神話の研究』3、培風社、一九五五年

（9）西郷信綱『古代人と夢』平凡社、一九七二年

（10）（7）に同じ。

（11）（4）に同じ。

（12）吉田敦彦「『古事記』のホムチワケ説話に見る神話的時間の反復性」（『国語と国文学』64（5））東京大学国語国文学会、一九八七年

（13）（4）に同じ。

（14）川上順子「豊玉毘売神話の一考察」（『日本文学』22（8））日本文学協会、一九七三年

（15）河合隼雄『母性社会日本の病理』講談社文庫、一九九七年

（16）前章参照。

（17）（4）に同じ。また林は、無意識を「無意識」・「共同体意識」・「共同体無意識」の三つに分けて考え、「共同体無意識」とは普段意識の表層には現れないものの、何かことが起こるとそれがさも共通の認識のように思われる意識のこと、いわば「暗黙の了解」のようなもので、「無意識」とは異なるものとする。

第Ⅱ部　「動く男」と「動かぬ女」

第一章　色好みの王
──オホクニヌシと伊和大神──

はじめに

色好みといえば、まず光源氏を思い描くように、それは数多くの女性と関係を持つこと、主に男性に対して用いられる言葉のように思われる。「色っぽい」という形容が主に女性になされるのとは対象的に、である。

そもそも色好みという言葉は古典にも多く見られる古語であって、一般的には好色の意であり、卑しむべきものとして捉えられていた。これを折口信夫は、王が持つべき恋愛や結婚生活の理想を示す言葉と考えて、過去の日本人がもっていた美徳と解し、文学上の理念「いろごのみ」を提唱した。「いろごのみ」の「いろ」は本来等級や種別を表す意味で、「このむ」は嗜好に応じて選択することであり、異性であれば相手かまわず近寄っていく「すき」とは異なるものだという(1)。

辞書をみると、「色」は視覚に訴える色彩の意であり、そこから派生して容姿の美しいことやものの趣や調子の意となり、色情、欲情、情事といった恋愛を指し、情人や恋人、ついには遊女を言い表すようにまでなったとある(2)。おそらく、あるものの本質が外に滲み出るようなことに対して「色」は用いられていたのだろう。本来は男らしさと女らしさの両方を言い表す言葉であり、それがいつの間にか女らしさの意に用いられることが多くなって、色を好むのは男であると考えられるに至ったと想像する。

また、色好みが男性を形容する言葉であることは、「好む」という動詞にあるニュアンスを与えている。「好む」のは個人として好むのではない。種の保存といった遺伝子的なレベルの欲求も考えられるだろう。個人的な好悪を超えた行為として、色好みは存在していたのではないか。

古代国家成立以前の小国家ヤマトにとって、近隣国を支配下に治める手段は、その国の神に仕える巫女との婚姻であった(3)。王たるもの、多くの女性と婚姻関係を結び、時に領土を広げながら支配をゆるぎないものへとすることが期待されていたのである。つまり、古代日本文学の中において色好みは、王に対してなされた最大の誉め言葉でもあった。そのために、強大な力によって支配圏を拡大していった仁徳天皇や雄略天皇に、色好みの伝承は集中したのだとされる(4)。色好みは史実としてではなく、神話上伝承上の国土支配であったといえるだろうか(5)。

このように色好みと支配拡大との密接な関係は、今にはじまった指摘ではないけれど、その時色好みの神々が多くの名を持っていることにはあまり言及されなかったように思う。そこでこの章では、王の資質の一つとして求められていた色好みとは何か、色好みの神が多くの名を持っている点から考えてみたい。

一　オホクニヌシの色好み

古代において色好みの筆頭としてまず挙げられるのは、オホクニヌシであろう。オホクニヌシは訪れる先々で女神に妻問いをする。否、妻問うために各地を訪れてさえいるといってよい。

はじめになされたのは、稲羽のヤガミヒメへの求婚である。隣国とはいえ国境を越えての妻問いは、婚姻というものが本質的に共同体を越えるものとして考えられていたことを示している。それは兄たちと共に向かったものであり、未だ王としての資質に欠けていたこともあって、王としての妻問いとはいい難いものではある。が、隣国因幡との血縁を結ぶべくものとしての妻問いは、王にこそ求められていたものであり、兄たちとヤガミヒメをめぐって競い合うことが、すなわち誰が出雲の王たるかを見極めることにもなっていた。

末弟のオホクニヌシは、兄たちに従者のように扱われていた弱い存在であったにもかかわらず、ヤガミヒメに夫として選ばれ、そのために試練を課されることになる。兄たちの策略にかかって二度死に、その度に生き返りはするものの、その難を避けるべく根の国を訪れる。ところがその地でもスサノヲから数々の試練を与えられ、スサノヲの娘であるスセリビメの助けを借りてようやく試練を乗り越えることができた。最後にはスセリビメと宝とオホクニヌシという名を得て、王として出雲に帰還する。オホクニヌシとはこの国の主という王にふさわしい名であり、ヤガミヒメへの求婚も根の国訪問も、オホクニヌシが王となるための試練であった。

ここで留意しなくてはならないことは、その時々の名である。『古事記』によれば全部で五つの名をオホクニヌシは持っていた。オホナムチ、アシハラシコヲ、オホクニヌシ、ヤチホコノカミ、ウツシクニタマの五つである。なぜそのように多くの名を持つにいたったかというと、共通の理解として、各地で別々に信仰されていた神が一つに習合されていったからだという。おそらくその見解は正しい。

しかし、一つに習合されてもなおそれらの名が複数存在していて、しかも場面ごとに使い分けられていることには重要な意味がある。その時々の名の意味を考えて再度オホクニヌシ神話を読み返すのであれば、それぞれの求婚が何を目指していたか、より明確になるだろう。

オホナムチと呼ばれていた時、オホナムチは自ら進んで求婚したというよりは、ヤガミヒメから積極的に選ばれていた。毛皮を剥ぎ取られた兎を助けたことによってヤガミヒメとの婚姻が叶った経緯からすると、多くの兄をさしおいて選ばれたことに、オホナムチからの積極的な求婚があったとは考えにくい。そのように弱々しく消極的な性格であったオホナムチの「ナ」は、大地の意とも蛇の意ともいわれその意味は未詳であるが、いずれにせよそれは古くからあった土着神的な名であったと思われる。ヤガミヒメに選ばれたことによって数々の試練が与えられ、それを克服していくまでの名であり、その時のオホナムチは試練に耐える未成熟な神であった。王としての資質に欠けていたのである。

次に登場するのは根の国訪問譚、スセリビメによってアシハラシコヲと呼ばれている。スセリビメは「麗しき神」であるアシハラシコヲに一目で魅了され、積極的にアシハラシコヲの手助けをする。ヤガミヒメの場合に同じく、この時も「好む」のはむしろ女性の側であった。このアシハラシコヲという名には葦原中国の勇猛な男という意味があって、ここにはかつての弱いオホナムチの姿はない。アシハラシコヲを形容している「麗し」が、一点のくもりもない、この世のものでない美しさを言い表しているのだとすれば(6)、その尋常ならざる王の資質が容姿に滲み出ていたということになろうか。兄たちの迫害に耐えたことによって、アシハラシコヲはまさに色好みの「色」、王の資質を手に入れたということなのであろう。

しかしこの時のアシハラシコヲも、ある意味で受動的に婚姻を結んでいったことからすると、王となるためには女性の力、すなわち「妹の力」が必要不可欠で、女性に好まれた結果王になることを示している。「好む」という行為は、オホクニヌシ個人の感情を指しているのではない。求婚は王となる為の試練と直結していて、王の誕生を語る物語としてヤガミヒメやスセリビメへの求婚譚はあり、その女性を魅了する力が「色」なのであった。

その次に語られる名、王としてヌナカハヒメに求婚する時のヤチホコノカミという名には、二重の意味が込められている。ひとつには、多くの鉾の意であるヤチホコそのままに、武神としての意味である。強大な武力を備えることによってオホクニヌシたりえたことを示しているのだろう(7)。ヌナカハヒメが越の女神であることを考え合わせれば、はるばると越まで遠征に行ったのだと考えることもできる。国境を越えるということには、武力による闘争という、きな臭さが感じられないこともない。

と同時に、一方で鉾には神話的記号として男性を象徴する意味もある。多くの桙を持つということは、多くの女性と関係を持つということでもあって、ヤチホコノカミという名は多くの女神を妻とすることの暗喩でもあった。武神として遠征に赴いたにもかかわらず、その武力にもまさる「色好み」の威力を発揮したのだとも考えられるだろうか(8)。まさに「色好み」としての王の姿がここにはある。

逆の言い方をすれば、ヤチホコノカミとしての求婚には、武力による征服の物語が隠されており、求婚はいわば「闘い」でもあったということである。それは「逢う」が「闘う」であった時代の、いわば常識であったのかもしれない。記紀における男女の出逢いは、いつでも対等な関係としての出逢いであった。男女の出逢いに緊張感があるのは、武器による戦闘にもまして男女の出逢いこそ危険な事件であったからだといわれているように(9)、偶然に出逢った相手が何者か判別できないならば、「あふ」は「闘ふ」であり、そこには荒々しい暴力性が秘められていた。古代において「あふ」が、出逢いの相手を主語として「相手があふ」という表現をとるのも、そこには偶然で不意の出逢いに対する驚きが込められているからであろう。男性同士の戦闘も男女の出逢いも同じく「闘ふ」であり、遠征も婚姻もともに領土を広げるべくして行われるものであった。

しかしそのようなきな臭さはヤチホコノカミの求婚神話では払拭されていて、出雲からはるばると越まで妻問いに来た様は、『古事記』では次のようにうたわれている。

八千矛の　神の命は　八島國　妻枕きかねて　遠遠し　高志の國に　賢し女を　ありと聞かして　麗し女を　ありと聞こして　さ婚ひに　あり立たし　婚ひに　あり通はせ…

（『古事記』上巻）

ヤチホコノカミは国中のあちこちで妻を探し求めたが見つからず、心栄えよく美しい女性がいると聞いて、遠い越の国まで来たと、直ぐには応じないヌナカハヒメの家の戸を揺すってうたう。

それに対してヌナカハヒメは、

八千矛の　神の命　ぬえ草の　女にしあれば　我が心　浦渚の鳥ぞ　今こそは　我鳥にあらめ　後は　汝鳥にあらむを　命は　な殺せたまひそ…

（『古事記』上巻）

とうたい、求婚に応じるかのようでいながらも、その夜は逢わずに翌日の夜に逢ったという。

男性の求婚にすぐに応じないことは、『播磨国風土記』のナビツマ伝承や歌垣における掛け合いにも見られるように、求婚の際の約束ごと、儀礼的なものであったと考えられている。逃げ隠れ、関係を結ぶまでに時間がかかればかかるほど、その女性の価値が高いということなのであろう[10]。先のヤガミヒメの場合でも、はじめに訪れた兄神ではなく最後に来たオホクニヌシと結ばれていて、すぐに求婚に応じない女性の姿を見出すことができる。

また、家の戸を間にして二人が歌を交わすことは、イザナキとイザナミが千引き岩を挟んで対峙したことを想起させる。男女二人の住む世界の異質さが、境としの「戸」に象徴されているのではないか。ナビツマ伝承にしても歌垣にしても、そこで出逢う二人は同じ共同体に属してはいない。オホクニヌシがはるばると越の国に来たように、ナビツマ伝承の景行天皇も歌垣の男たちも自分の住む共同体を越えて妻を求めており、その境界を越えるという行為は、イザナキが生者の世界の境界を越えて死者の国に赴くことに同じである。新嘗の夜に男女が戸を境にして掛け合うのも、その時の女性が日常の存在とは異なる、聖なる神の嫁であることの証であろう。「戸」が示す境界性、それを隔てて存在する二つの世界の異質さに目を向けるのであれば、村外婚としての妻問いや色好みが、どのようなものであったかを知ることは容易い。異界のもの、すなわち自らが属する共同体とは異なる世界の住人との結合とそれによる豊饒が、婚姻には期待されている。ここにあるのはいわゆる異人歓待の幻想であり、外部との接触が共同体内部に活性化をもたらすのである。その内と外の境として「戸」は機能しており、「戸」を挟んでの対峙は異界のものとの接触を示しているのであった。

そしてその村外婚は、共同体の外の世界から訪れる男性とその土地の女性との婚姻として、語り継がれていくことになるのだろう。ヌナカハヒメの歌に続いてうたわれる、スセリビメの歌には、男が各地を訪れる様が次のように表現されている。

八千矛の　神の命や　吾が大國主　汝こそは　男に坐せば　打ち廻る　島の埼埼　かき廻る　磯の埼落ちず　若草の　妻持たせらめ　吾はもよ　女にしあれば　汝を除て　男は無し　汝を除て　夫は無し　綾垣の　ふはやが下に　苧衾　柔やが下に　栲衾　さやぐが下に　沫雪の　若やる胸を　栲綱の　白き腕　そだたき　たたきまながり　眞玉手　玉手さし枕き　百長に　寝をし寝せ　豊御酒　奉らせ

（『古事記』上巻）

オホクニヌシは男性であるから行く先々に妻がいるが、女性である私はあなた一人だけが夫であると、「打ち廻る」オホクニヌシと、その訪れを待つスセリビメという対比がきわやかにうたいだされている。それに続いて夫の訪れを待つ妻の心境が、苧衾や栲衾、あるいは淡雪を比喩にして、現実の生活に即した形で語られていく。多くの妻を持つ夫ゆえに待つ苦しさがあるとはいえ、その待ち遠しさは激しい感情としてたちあがってくるものではない。夫の訪れを待つ淋しさを、柔らかく包み込むようなおおらかさがこの歌にはある。

ところが、この歌の前に「嫡后須勢理毘賣命、甚く嫉妬したまひき」とあることから、この男女の関係を、母系制が既に解体して家父長的秩序が確立した後の「女性の男性への隷属」と見なす見解がある[11]。一夫多妻制における妻の嫉妬としてこの歌を解釈するということなのであろうが、そのように解釈してよいものだろうか。どうも肯けない。

ここに描かれているのは、あくまでも先々に妻がいる「動く男」と、夫はただ一人として「動かない女」の対比だけであって、一夫多妻における女性の嫉妬がうたわれているのではないだろう。この二人の間で交わされた歌のやりとりに、女性が男性より一段下のものとして、政略結婚の一つの駒のようにモノとして扱われた形跡はない。なぜ女性の側だけがただ一人の夫を待っていると考えてしまうのだろう。「訪れを待っている夫」がその夜その夜で異なっていたことがあってもよいはずだ。男性に多くの妻を持つ機会と可能性があったように、古代においては女性にも夫以外との交わりを持つことが、例えば歌垣の夜には許されていたではなかったか。歌垣における男女間の交わりは稲の豊饒を予祝する行為、生産の問題であって、そこには近代的自我に基づく愛情など存在しない。いわゆる夫婦の概念が現代とは違うのである。「性」はもっと開かれていた。

そのように考えれば、スセリビメの嫉妬は夫が多くの妻を持つことに対する嫉妬であったのか、ということ自身が疑問に思われてくる。例えば、オホクニヌシの根の国訪問譚最後に、ヤガミヒメはスセリビメを畏れて帰っていったとあることも、スセリビメの嫉妬のせいばかりではないだろう。ヤガミヒメもスセリビメ同様に自由に動くことができなかったのだとすれば、ヤガミヒメは国境を越えて出雲に入ってくることができなかったに過ぎないのではないか。

おそらく、スセリビメのヌナカハヒメへの嫉妬は、多くの妻を持つオホクニヌシに対する不満ではなく、境界を越えて動き得ない女性の性質への嘆きなのだろう。色好みの王としてのオホクニヌシの物語には、境界を越えて「動く男」とその土地に根ざして「動かない」女の対比がその背景としてあった。色好みの王には正妻の嫉妬がつきものだといわれる所以はここにある。

そしてその嫉妬は負の力ではなく、嫉妬が必ず和解されるものであるならば、より強い結合をもたらすものとして解すべきであろう。そのような、求婚・嫉妬・和解という筋立ては、王の婚姻の起源であり、王の権威を示すものでもあった[12]。

このように、オホナムチからアシハラシコヲ、オホクニヌシを経てヤチホコノカミへと名を変えていったオホクニヌシの色好みは、土着神が根の国で再生を果し、この世の王となって帰還して、さらに隣国を征服していく王の物語であった。それには婚姻によって結ばれた女神たちの「妹の力」が必要不可欠であり、その土地の女神を魅了したのが、まさに王の資質としての「色」なのであった。

二　伊和大神の国占め

それでは色好みの王は、境界を越え各地を回りながら、一体何をしようとしていたのだろうか。各地のヲトメと結ばれることでその巫女的な力を手に入れ、支配をより強固なものとしたのだが、ただそれだけなのだろうか。色好みの王の例として一般的に考えられている仁徳天皇や雄略天皇ではなく、『播磨国風土記』に登場する伊和大神の妻問いから、それについて考えてみたいと思う。伊和大神は播磨国を代表する神であり、また複数の名を持っていた。

まず『播磨国風土記』の中ではどのような神が活躍しているのか、全体を見渡してみると、郡によって活躍する主人公がそれぞれ異なっていることに気づくだろうか。中央に近い東側や海に面している地域、すなわち賀古郡、餝磨郡、美嚢郡、賀毛郡などでは大帯日子（景行天皇）や品太天皇（応神天皇）、於奚・袁奚（仁賢天皇・

顕宗天皇)、神功皇后など、天皇・皇后が登場する伝承が多く、それ以外の山間部である託賀郡、神前郡、宍禾郡、讃容郡などではアシハラシコヲやオホナムチ、伊和大神の伝承が中心となり、揖保郡など西の海岸部では、その両方が等しく活躍していることがわかる。おそらく、今とは異なって川を渡ることが容易ではなかった当時、播磨国は加古川を境として大きく二分されていたのだろう。否、むしろ共同体外部へ目を向ける必要がなかった生活環境において、苦労して川を渡ることはありえなく、川を隔てて二つの地域は異なる文化圏に属していたといえる。まさに畿内とは明石までを指していたように。

そのような分布から、中央に近い地域ではその影響を受けたために在地の神の活躍伝承が天皇のそれへと変わり、一方中央の影響を受けにくかった山間部では在地の伝承がそのままに生き残り、その中間地帯ではその両者が混ざり合ったのだと思われる。地域によって中央の影響力の濃淡があって、在地の伝承に変化が生じていく過程がここに見出せるだろう。

そのようにいうと、播磨国における伝承の変化は中央との距離によるように聞こえてしまうが、そうではない。出雲に近い地域には出雲の神々、海岸部を中心として外来神であるアメノヒボコがそれぞれ到来していて、播磨国全体に渡って神々は、時に習合し、時に夫婦や親子という血縁関係を通して系譜的に繋がっている。

中でも、伊和大神とオホナムチの習合はあたかも同一神のごとくに伝えられていて、例えば宍禾郡伊和里の伊和神社は、延喜式神名帳には「伊和坐大名持御魂神社」とあり、伊和大神とオホナムチは一つの神として祀られている。どう考えても同一神ではあり得ないこの二神が、なぜそのように習合されていったのであろうか。もともと地方の神であった伊和大神が大和の神であるオホナムチに置き換えられたとする説もあるけれど[13]、播磨国の神ともいうべき伊和大神が、出雲国の国作りの神であるオホナムチと習合されていったことには何か深い意味があるに違いない。

　そもそも本来の伊和大神とは、伊和村に鎮座する神であった。

伊和の村　本の名は神酒なり。大神、酒を此の村に醸みましき。故、神酒の村といふ。又、於和の村といふ。大神、國作り訖へまして以後、のりたまひしく、「於和。我が美岐に等らむ」とのりたまひき。
（『播磨国風土記』宍禾郡）

その地が伊和村と呼ばれるようになったのは、大神が酒を醸したからとも、国作りを終えて大神が「おわ」と発したからともいい、ここに見られる地名起源の発想は、『出雲国風土記』意宇郡冒頭の地名起源のくだりにほぼ同じである。『出雲国風土記』でも、国引きを終えた八束水臣津野命が「おゑ」と言ったことによって意宇郡と名付けられたとある。

　この語りの類似が出雲国と播磨国の関係深さを示していることは明らかであり、それゆえに、国作りの神として、オホナムチと伊和大神が同一視されていったのではあろう。「国作り」をキーワードにして両神は結び付けられたのである。オホナムチもまた「国作大己貴」であり「天下造らしし大神」であった。

　また、「酒」を「ミワ」と呼ぶことに因んで「イワ」村としたと伝える内容から、「イワ大神」はもと「ミワ大神」であり、それはすなわちオホナムチのことであるとする考えもあるが[14]、それにしては播磨国内に「ミワ」

に関連した伝承がなさすぎる。それに比べ「イワ」は他の郡にもその名が登場していて、「ミワ」が「イワ」になった可能性は低いだろう。

あるいは伊和大神の子神に、石龍比古（揖保郡）や玉足日子（讃容郡）、建石敷命（神前郡）がいることから、「伊和」は岩のことであるとされている。しかし、岩は古代においては「イハ」と読み「イワ（伊和）」とは発音しないという矛盾があり、伊和大神自身は岩や石との関連が薄いことも考え合わせれば、もともと伊和大神に岩や石の神格はなく、後になって系譜的に伊和大神と岩や石の神が結びついたのではないか[15]。『播磨国風土記』に石に関する伝承が多く残されているように、古代において播磨国西部は讃岐国と並ぶ石の産地である。支配がその地にまで及ぶようになって、伊和大神は石神の神格を手に入れたのだと思われる。

その他にも伊和大神をめぐっては、播磨国の豪族によって奉斎されていたオホナムチがアメノヒボコの渡来によって伊和の地に鎮座し伊和大神となったと考える説もあれば[16]、もともと地方の神であった伊和大神を大和の神であるオホナムチに置き換えたとする説[17]、その反対に、伊和大神とオホナムチの分布が重ならないことから同一神ではないとする説もある[18]。このように定説なく謎の多い神ではあるが、神の多くが土地の名を冠していることから考えても「伊和」はやはり地名であって、伊和大神は「ミワ」の神でも「岩」の神でもなく、伊和の地に鎮座していた神ではなかろうか。そもそも伊和村の伝承ではただ「大神」とだけ記されており、この神がこの地に鎮座したことによって、「伊和大神」の名を得たのだろう。

それではこの神はどのような性格を持っていたのだろうか。本貫の地である宍禾郡には次のような伝承が伝えられている。

A庭音の村 本の名は庭酒なり。大神の御粮、沾れて粡生えき。即ち、酒を釀さしめて、庭酒に献りて、宴しき。故、庭酒の村といひき。今の人は庭音の村といふ。

B稲舂岑　大神、此の岑に舂かしめたまひき。故、稲舂前といふ。……

C穴師の里 本の名は酒加の里なり。土は中の上なり。大神、此処に飡しましき。故、須加といひき。……

（『播磨国風土記』宍禾郡）

この三伝承でもいずれもただ「大神」とだけあって、それが伊和大神をさすのか、論が分かれるところではあるけれど、郡名を名付ける伝承においては「伊和大神」と明記されていること、先にあげた伊和村の伝承でも「大神」とだけあることから、宍禾郡において「大神」は伊和大神を指していると思われる。その伊和大神は、これらの伝承で、稲を舂いて米を炊き、酒を醸す神として描かれている。伊和村の伝承でも酒を醸していて、どうやらこの神は稲作と関係深い農耕神であったらしい。したがって農耕神である伊和大神は、稲を植えるための田地の確保も行っていた。例えば、揖保郡林田の里において

…伊和の大神、國占めましし時、御志を此処に植てたまふに、遂に楡の樹生ひき。故、名を談奈志と称ふ。

（『播磨国風土記』揖保郡）

とあるように、「御志」をたててその土地の占有を示している。この時の「国」が、国土という政治的な区分ではなく、稲の生える耕地、農業生産を行う場所であることを思えば[19]、国境を示した印が楡の木になったというこの伝承には、楡を植えて田の境とするような風習との関係があるのかもしれない[20]。あるいは讃容郡の賛用都比売命との国占めでは[21]、どちらが早く稲を植えるのかという田植え競争となっており、ここでも伊和大神が農耕神であったことがうかがえる。伊和大神は国占めによって田地にふさわしい土地を得ていて、その争いはいわば共同体間の耕地争いであった。

そのような共同体間での耕地争いは、次に挙げる揖保郡美奈志川条にも伝わっている。

美奈志川　美奈志川と號くる所以は、伊和の大神のみ子、石龍比古命と妹石龍比賣命と二はしらの神、川の水を相競ひましき。妹の神は北の方越部の村に流さまく欲し、妹の神は南の方泉の村に流さまく欲しき。その時、妹の神、山の岑を蹈みて流し下したまひき。妹の神見て、非理と為し、即て指櫛を以ちて、其の流るる水を塞きて、岑の邊より溝を闢きて、泉の村に流して、相格ひたまひき。爾に、妹の神、復、泉の底に到り、川の流れを奪ひて、西の方桑原の村に流さむとしたまひき。ここに、妹の神、遂に許さずして、密樋を作り、泉の村の田の頭に流し出したまひき。此に由りて、川の水絶えて流れず。故、无水川と號く。

（『播磨国風土記』揖保郡）

石龍比古命が山の岑を踏んで低くし、北にある越部の村に水を流すと、妹石龍比賣命は櫛をさして川の流れをかえ、南にある泉村に水をひく。すると石龍比古命は、泉村を流れる下流から西の桑原に水を流そうとした。妹石龍比賣命は怒って地下水路を作り泉村の田に水をひいたために、川の水がなくなって美奈志川と名付けたという。

ここでの水利権をめぐる争いは、「田の頭」に水をひいたとあることから、水田灌漑のためのものであったことが理解される。また、ここでも夫婦間の争いとなっていて、共同体レベルの水争い、耕地争いは、夫婦神による国占め競争として語られることが多かったのだろう。宍禾郡穴師里にも灌漑に関するような伝承が、先に挙げたCの引用に続いて語られている。

…伊和の大神、娶誂せむとしましき。その時、此の神、固く辞びて聴かず。ここに、大神、大く瞋りまして、石を以ちて川の源を塞きて、三形の方に流し下したまひき。故、此の川は水少し。…

（『播磨国風土記』宍禾郡）

伊和大神は、その土地の女神である穴師比売へ求婚するが失敗に終わり、それに腹をたてて川に石を落として流れを遮り、北方の御方村に水を流した。それ以来穴師川へと流れる水は少なくなったという。

この伝承のプロットは美奈志川伝承に同じであり、その類似からすれば、この伝承も水利権をめぐる争いを語っていると考えてよいだろう。求婚の失敗を語っているかのように見えて、実は水利権の争いを語っているのである。つまりここでの妻問いは耕地を求めていくことでもあり、その失敗は灌漑の失敗でもあった。土地の女神への求婚は、耕すべき土地を得、開墾する所行に同じということになろうか。

あるいは揖保郡佐比岡の伝承について考えてみよう。

佐比岡　佐比と名づくる所以は、出雲の大神、神尾山に在しき。此の神、出雲の國人の此處を経過る者は、十人の中、五人を留め、五人の中、三人を留めき。故、出雲の國人等、佐比を作りて、此の岡に祭るに、遂に和ひ受けまさざりき。然る所以は、比古神先に來まし、比賣神後より來ましつ。ここに、男神、鎮まりえずして行き去りましぬ。この所以に、女神怨み怒りますなり。然る後に、河内の國茨田の郡の枚方の里の漢人、來至たりて、此の山の邊に居りて、敬ひ祭りて、僅に和し鎮むることを得たりき。此の神の在ししに因りて、名を神尾山といふ。又、佐比を作りて祭りし處を、即ち佐比岡と號く。

（『播磨国風土記』揖保郡）

ヒメガミは、先に来たヒコガミを追いかけて神尾山まで来るが、すでにヒコガミは去った後だったのでひとりこの山にとどまり、十人中五人をとどめる通行妨害を行ったという。この「出雲の大神」とはどのような神なのかというと、その名が示しているように出雲から来た神であり、はじめはヒメガミ・ヒコガミという対の二神であった。果してこの「大神」が伊和大神のことなのか、それは不明であるが、「鎮まりえずして行き去りましぬ」とその地を再び去って行ったことは、賛用都比売命との間で行われた国占めの失敗を思わせる。出雲系の一部族による移住占居争いがここに投影されているともいえるだろう(22)。また、佐比とは鋤のことであることから、この神が開墾に関わる農耕神であったことは想像に難くない。となれば、この男神もまた耕地を求めて移動して行った開拓神であったと思われる。国占めをしながら定住することなく、新たな耕地を求めて移動し続けていた男神の姿をここに見たとしてもあながち間違いではあるまい。

男神を追いかけてくる話は賀毛郡腹辟沼にも伝わっていて、淡海の神は、夫の神を追いかけてくるが追いつけず、それを恨んで腹を割いたと伝えられている。去る男神を追いかけ、追いつけずに通行妨害を行えば佐比丘の女神になり、男神を恨み自らの腹を割けば腹辟沼の女神になる。置いていかれた女神の恨みははかりしれず、それはまさにスセリビメの嫉妬に等しい。「動く男」と「動かない女」の構図がここにもある。思えば男女間での国占め競争は、いつも女神の勝利に終わっていて、その地を去っていくのはいつでも男神ではなかったか。

このように、通行妨害譚と国占めによる求婚失敗譚は表裏一体の関係にあった。女神の側から見れば通行妨害の伝承であり、男神の側から見れば、妻を求め、新しい土地を求めて移動する開拓の物語であった。佐比丘や腹辟沼伝承に語られる夫婦の関係は、伊和大神と賛用都比賣命の関係であり、オホクニヌシとスセリビメの関係であり、在地に根ざしている女と、新天地を求めて動き続ける男の関係に置き換えられる。播磨国における国占めとはまさに色好みであったのだ。色好みはその土地の女神と結ばれ、宗教的な力を手に入れることばかりではない。反対に男神はその地を開拓し、その地に農耕の技術をもたらしもした。国占めを行いながら各地を移動し続けることこそが、伊和大神の色好みなのである。

そしてそのような移動し続ける男神の伝承を生んだのは、この播磨の地理的な環境に他ならない。『播磨国風土記』を読めば、播磨には実に多くの人々が多くの地域から移動してきていることがわかる。それは播磨が海陸両方において交通の要衝であったからであろう。伊予、讃岐、河内、摂津、難波、筑紫、新羅などからは船を用いた海路によって、出雲、因幡、伯耆などからは陸路によって人々は播磨に来た。出雲、吉備、大和という大国の狭間に位置すること、古代において重要な瀬戸内海交通の拠点であったこと、それらが影響しあって、人々や神はこの地への流入と交代を繰り返していたのである。

　例えば餝磨郡伊和の里条には「積幡《しさは》の郡の伊和の君等が族、到來たりて此に居りき。故れ、伊和部と號く」とあって、伊和の君一族がこの地に来たことがわかる。伊和大神は一所にとどまり続けることなく、国占めをしながら播磨国中を移動していたのである。それはその神を奉斎する人々の移動の物語でもあった(23)。

　また、そのような人々の移住は、考古学的な見地からも証明されている。播磨国内の住居跡遺物をみると、そこに生活していた人々は主に女性や子供を含まない男性の集団で、しかも一時的にそこに住んでいただけであることがわかるという(24)。

　したがって、移住を繰り返す神の開墾は、どちらが先にその地に到達するのか、という国占め競争として語られることになる。宍禾郡波加村の伝承では、伊和大神はアメノヒボコの方が先にきていたことを不思議に思い「度らざるに先に到りしかも」という伊和大神の言葉によって「ハカ（波加）」の地名が名づけられたとあり、競争そのものが占有の問題になっている。

　あるいは、実際に神が訪れるのではなく、神が身につけていたものが落ちて占有を示す次のような場合もある。

御方の里　土は下の中なり。御方と號くる所以は、葦原志許乎命、天日槍命と、黒土の志爾嵩に到りまし、各、黒葛三條を以ちて、足に着けて投げたまひき。その時、葦原志許乎命の黒葛は、一條は但馬の氣多の郡に落ち、一條は夜夫の郡に落ち、一條は此の村に落ちき。故、三條といふ。天日槍命の黒葛は、皆、但馬の國に落ちき。故、但馬の伊都志の地を占めて在しき。一ひといへらく、大神、形見と為て、御杖を此の村に植てたまひき。故、御形といふ。

（『播磨国風土記』宍禾郡）

アシハラシコヲとアメノヒボコは、志爾嵩から黒葛を足につけて投げ、その占有を示したという。ここでは身につけていた黒葛が落ちることによって土地の占有が示されていて、黒葛が神の分身だと考えるならば、落下物によるマーキングも来訪に等しい機能があるといえる。しかも落下伝承にはどこに落ちるかわからないという偶然性があって、神意を占い、その託宣を聴くといった側面もある。モノの落下には移動していくがゆえの偶然性が介在していて、必然的に行われる国作りとは異なっていた[25]。それが他の風土記には見えない、播磨国ならではの特徴でもあった。

思えば『播磨国風土記』には実に多くの落下伝承が語られているではないか。宍禾郡比良美の村伝承では大神の平帯が落ちたことによって地名が名づけられていて、それは足につけて飛ばした黒葛に等しく、その土地の占有を示していた。餝磨郡の十四丘の伝承に、オホナムチの乗った船が息子によって転覆させられ、その荷であった琴や箱、櫛が落ちて丘となったとあるのも、オホナムチによるこの地の占有があったことを暗に示しているのかもしれない。

つまり国占めは、その多くはモノの落下によるマーキングであり、土地占有であり、耕地争いのことでもあった。そしてこの落下物による国占めは、モノが落ちるという偶然に委ねられていて、落下伝承の偶然性は播磨国における人々の移動を示し、その流動性を象徴しているのであった(26)。

そのような人々の移動を背景にもつ国占めは、やがて共同体レベルの耕地争いから、政治的な「国」レベルでの国土争いへと変化していったのだと思われる。宍禾郡では、外来神であるアメノヒボコに対して、ある時は伊和大神が、ある時はアシハラシコヲが国占め競争を行っている。その国占めには、もはや耕地を求めて行われた共同体レベルの、のどかな国占めの面影はない。揖保郡粒丘伝承からは緊迫した両神のやりとりがうかがえる。

粒丘　粒丘と號くる所以は、天日槍命、韓國より度り來て、宇頭の川底に到りて、宿處を葦原志擧乎命に乞はししく、「汝は國主たり。吾が宿らむ處を得まく欲ふ」とのりたまひき。志擧、即ち海中を許しましき。その時、客の神、劒を以ちて海水を攪きて宿りましき。主の神、即ち客の神の盛なる行を畏みて、先に國を占めむと欲して、巡り上りて、粒丘に到りて、湌したまひき。ここに、口より粒落ちき。故、粒丘と號く。其の丘の小石、皆能く粒に似たり。

（『播磨国風土記』揖保郡）

韓国から来訪したアメノヒボコが一夜の宿を借りようとすると、アシハラシコヲは海中を示した。アメノヒボコはそれを苦ともせず、剣で海中をかき回してそこに宿った。その姿を見てアシハラヒコヲは恐れをなし、先に国占めをしようと粒丘にのぼって食事をするが、米粒が口からこぼれ落ちてしまったという。

ここでアシハラシコヲが先に粒丘を占拠し、食事をしたとあるのは戦闘に備えてのことだろう。米粒が口からこぼれ落ちてしまうのも、強い相手への恐怖を表しているのだと思われる。神前郡粳岡にはこの二神の闘いが伝わっていて、そこでも軍のために稲をつき、積み上げられた糠の山から地名が名付けられたとある。また、宍禾郡奪谷伝承でアシハラシコヲとアメノヒボコが谷を奪いあったとあるのも、国占めという言葉こそないが国占め競争であったに違いない。アメノヒボコと国占め競争をするアシハラシコヲには、闘って国土を守る神の姿があり、それはその時の神の名が、この葦原中国での勇猛な男という意のアシハラシコヲであったことにも表れている[27]。外来神に対峙する時は、「国」を代表するアシハラシコヲでなければならないのである。

このように伊和大神も幾つかの別名を持っていて、その時々によって名を変えたことには特別な意味があった。はじめはただ「大神」とのみ呼ばれていた神が、伊和の地に鎮座してからは「伊和大神」になり、開墾が進み国作りを終える頃になれば「オホナムチ」に習合される。そして対外的な闘いにおいては、この国の勇者たる「アシハラシコヲ」でなければならない。習合されて岩の神にもなれば、鉄の神の属性も帯びる。しかしてその本来の姿は、灌漑を行う農耕の神であり、何よりもまず移動していく神であったと想像する。出雲より来た神と表現されることもあったように、播磨国に根ざした土着神ではなかったのである。落下という「偶然」の赴くまま、新天地を求めて移動を繰り返していたのではないか。それが伊和大神の色好みであり、色好みの本質は、移動しつづける「男」の性質そのものでもあった。

ところで、国占めは巡行と極めて似ていることを最後に指摘したい。来訪による国占めも、土地に訪れることによってその支配を確認する巡行も、その土地の占有を示すという点においては同じ機能がある。ただ、国占めはその土地の占有を示す初めての来訪であり、巡行は既に占有し終えた土地への再訪という違いがある。したがって支配は国占めという占有から、巡行という支配継続へと接続して語られるべきものであった。

播磨国においても、例えば林田里の国占め伝承に続く松尾阜条では巡行が語られているように、国占めに引き続いて巡行が行われていた。しかし、その時、国占めは伊和大神によってなされているが、巡行は品太天皇によってなされていて、主語が異なっていることを見落としてはならない。実は『播磨国風土記』において巡行するのはほとんどが天皇であり、伊和大神の巡行は揖保郡阿豆村に伝わるのみである。神々の国占めは天皇の巡幸に引き継がれていったということになろうか。土地を占有し開墾するのは神々であるが、その支配を引き継いでいくのは天皇なのである。その支配の構図は、まさに出雲神話の国譲りの構図に同じである。

つまりオホクニヌシの国作りも伊和大神の国占めも、やがて天皇に譲り渡される国土生成の物語として読むことができるのである。それが伊和大神とオホナムチの習合として、象徴的に語られているのではなかろうか。そしてその国土生成を支えたのは、戦闘による国土の確保と、色好みによる国土の保全であり、まさに折口信夫がいうように「戦争と、恋愛とは、古代において一続きの考え」(28)であった。

むすび

色好みとは何か。それは王が在地の娘と結ばれていく、単なる恋物語ではない。王としての資質である「色」が多くの女性を魅了し、その女性の「妹の力」によってさらに王として君臨することであった。その土地の女性との婚姻は、とりもなおさずその土地と友好関係を結ぶことであり、支配下におさめていくことでもあった。妻を求めることは、極めて政治的に重要なことでもあり、色好みという求婚は「闘い」であった。

一方在地の側からすれば、色好みの王によってその土地には農耕技術がもたらされ、開墾が進められていった。色好みの王によってもたらされるのは、王の子孫ばかりではなく、技術革新による土地の豊饒そのものでもあった。そもそも男女の性的行為が国土生成と農耕生産の豊饒を意味する古代世界において、農耕生産と征服は一続きのものとしてあったのだろう(29)。色好みの王には開拓神としての姿もあり、それは常に移動し続ける王権のあり方でもあった。

そしてその色好みの王には、在地を離れて動き得ない「女」の嫉妬がつきものであったことを付け加えよう。その嫉妬については次章で改めて述べることにしたい。

注

（1）折口信夫「文学としての国文学」（『折口信夫全集』ノート編第一巻）中央公論社、一九七一年／「源氏物語における男女両主人公」（『折口信夫全集』第八巻）中央公論社、一九五五年

（2）『日本国語大辞典』小学館、一九七二年

（3）西村亨「いろごのみ」（『折口信夫事典』）大修館書店、一九八八年

（4）鈴木日出男「仁徳の女性交渉」（『王の歌—古代歌謡論』）筑摩書房、一九九九年

（5）高桑枝実子「大物主神の色好み」（『国文学　解釈と鑑賞』69（12））至文堂、二〇〇四年

（6）野田浩子「うるはし」（『古代語を読む』）桜楓社、一九八八年

（7）山口佳紀・神野志隆光校注・訳『古事記』（新編古典文学全集）小学館、一九九七年

（8）（4）に同じ。

（9）猪股ときわ「出逢いという「事件」―言語発声以前―」（『歌の王と風流の宮―万葉の表現空間』）森話社、二〇〇〇年

（10）折口信夫によれば、沖縄久高島には、昼間は共に働くが夜になると新婦が逃げ隠れる習俗があった。新婦の友人がその逃亡に加担し、その期間が長ければ長いほどよいとされるという。

（11）石母田正「日本神話と歴史―出雲系神話の背景」（『神話と文学』）岩波現代文庫、二〇〇〇年

（12）居駒永幸「神々の恋―恋の神話の様式」（『古代の歌と叙事文芸史』）笠間書院、二〇〇三年

（13）高藤昇「伊和大神考―播磨風土記の一研究―」（『国学院雑誌』57（6））国学院大学、一九五六年

（14）田中卓「古代出雲攷」（『日本国家の成立と諸氏族』（著作集2））国書刊行会、一九八六年

（15）石田淳子「『播磨国風土記』における伊和大神伝承について」（『史泉』55）関西大学史学会、一九八一年

（16）廣瀬明正「『伊和大神』についての一考察」（『神道史研究』43（1））神道史学会、一九九五年

（17）（13）に同じ。

（18）武藤誠『式内社調査報告』22、皇學館大学出版部、一九八〇年

（19）横田健一「風土記に於ける國の観念」（藤直幹編『古代社会と宗教』）若竹書房、一九五一年

（20）肥後和男『風土記抄』弘文堂書房、一九四二年

また、杖をたてて山と里の境を示したという伝承は『常陸国風土記』行方郡にも伝わっていて、そこでも開墾された田

をめぐって蛇神との争いが語られている。
（21）ここでも「大神」とのみあるので、それが伊和大神を指すのか疑問とする考えもあるが、「大神」は伊和大神と考えたい。
（22）『風土記』（日本古典文学大系）岩波書店、一九五八年
（23）植垣節也校注・訳『風土記』（新編日本古典文学全集・小学館、一九九七年）によれば、国占めとは土地を開墾しその地の支配者となることであるが、神が国を占めるとは、その神が奉ずる一族が住みつくことであるという。
（24）富山直人「播磨における大陸との交流」（大橋信弥・花田勝弘編『ヤマト王権と渡来人』）サンライズ出版、二〇〇五年
（25）永藤靖「もう一つの創世神話―『播磨国風土記』における〈落下〉のモチーフ―」（『日本神話と風土記の時空』）三弥井書店、二〇〇六年
（26）（25）に同じ。
（27）（13）に同じ。
（28）折口信夫「戀及び戀歌」（『折口信夫全集』第八巻）中央公論社、一九五五年
（29）（12）に同じ。

第二章　嫉妬の構造
――「動く男」と「動かぬ女」――

はじめに

古代人はあまり嫉妬をしなかったらしい。なぜなら嫉妬深い歌があまり『万葉集』に伝わっていないからだという。それは彼らが大らかであったから(1)、あるいは彼らの「性」が歌垣における人妻との交わりに見られるように極めてルーズであったから、ともっともらしく解釈されている。しかしそのような文章に触れる度に、古代人の恋に関して誤解があるように思われてならない。

そもそも「恋」はある二人の男女の関係において成立するものである。例えば古代日本文学における妹背の関係は、互いに互いを必要とする対の関係であり、「妹」とあればその背後に必ず「背」は存在していた(2)。二人の関係が「恋」の前提にあって、相互的な感情が「恋」であった。したがって、相手に受け入れられないまま想い続けることは「恋」にはない。「恋」は決して一方的な感情ではあり得ない。それは「恋」が「…に恋ふ」というかたちで用いられることにも明らかである。「逢ふ」が「闘ふ」に通じると考えられているように(3)、「恋」はこちらが期せずとも向こう側から突然にやってくるものなのである。「恋」とはひとりよがりの想いではない、必ず相手があっての感情であった。

そうであるから、相手の反応が気になって仕方がない。想いが伝わらずに嘆く歌は集中に多く残されている。いつになったら「妹」と呼んでいいのかとためらう歌、なかなか訪れない男を待つ女の歌、振り向いてくれないことに対して自暴自棄となっている歌、その状況は様々だが、どれにも当てはまっていえることは、それらのすべてに宛先があるということである。宛先のない恋文などあり得ないように、歌は必ずある誰かに、「恋」の対象に向けてうたわれている。

そしてそれらの歌を眺めみると、そこにはある一つの定型的な表現があることに気づかされる。男は女のもとを訪れ、女はその訪れを待つという、「訪れる男」と「待つ女」という対比である。女の方から積極的に男のもとを訪れているようにみえる歌もあって、必ずしもそれがすべてにあてはまるわけではないが、求婚が妻問いと表現されていたように、婚姻の最も多い形態として、男が女のもとを訪れていたのであった。

そこでこの章では、「待つ女」から「嫉妬」に到るまでの過程を見ながら、「嫉妬」の構造について考えてみたい。

一　「待つ女」と嫉妬

『万葉集』から「待つ女」の歌を具体的に幾つか挙げてみよう。

君待つと我が恋ひ居れば我がやどの簾動かし秋の風吹く　（巻四・四九一）
風をだに恋ふるは羨し風をだに来むとし待たば何か嘆かむ　（巻四・四九二）

前者は額田王が天智天皇を待って作った歌、後者はそれに和するようにして詠まれた鏡王女の歌である。ともに男の訪れを待つ女の歌であるが、ここで注目したいのは後者の歌である。愛しい君の訪れかと思いきや、秋の風だったという前者を受けて、愛しい君ではなく風であっても待つことができれば何を嘆く必要があるだろうか、とうたっている。男の来訪を楽しみに待つことが後者ではできなくなっていて、それが「羨し」という感情として吐露されている。男の来訪を待つことができるあなたが羨ましいと嘆くのである。その感情は何だろうか。嫉妬だろうか。私たち現代人はそれを嫉妬と呼んでしまいがちであるが、果たしてこの感情を嫉妬と捉えてよいものか。

思うに、それはいわゆる嫉妬とは異なるものだろう。前者の額田王の歌は、なかなか来そうにない君の訪れを、今か今かとはらはらして待っているようには思われない。男にすがるような女の情念が感じられないのである。後者の鏡王女の歌にしても、訪れを期待できる額田王に対しての憎しみは存在しない。これをもって、「待つ」ということは受身であり、男女対等ではないとはいえないだろう。男の訪れが間遠になることへの焦りや恨みはそこにはない。女は「待つ」ことに慣れていて、そのような存在として自身を認識し、かといって訪れる男に頼りきることもなく自立しているように思われる。能動的に「待つ」ことがあってもよい。女は「待つ」という行為において自立した存在なのである。

待つ女の姿は、次に挙げる磐姫皇后の一連の歌にも顕著に現れている。

磐姫皇后、天皇を偲ひて作らす歌四首

君が行き日長くなりぬ山尋ね迎へか行かむ待ちにか待たむ　（巻二・八五）
かくばかり恋つつあらずは高山の岩根しまきて死なましものを　（巻二・八六）
ありつつも君をば待たむうち靡く我が黒髪に霜の置くまでに　（巻二・八七）
秋の田の穂の上に霧らふ朝霞いつへの方に我が恋やまむ　（巻二・八八）

ここでうたわれているのも、ただひたすら待つ女の姿である。君を尋ねて行こうかそれとも待とうかと逡巡するも、「黒髪に霜の置くまでに」と女は待ち続け、「死なましものを」とまで思いつめる。折口信夫はこの「山尋ね」という表現に、死者の魂を呼び戻すために山に出かけた「魂ごい」の呪術を連想し(4)、山本健吉は挽歌的な発想があるとした(5)。それは契沖が『万葉代匠記』で示した、「岩根しまきて」が実際に岩を枕にして寝ることの意味を超えて石槨に葬られた死者の姿を描写したのだという解釈に繋がっていくのだろう(6)。しかし、そのような解釈はこれを独立歌として解した場合であって、連作としてみるならば、文字通り磐を枕にすることであり、そのように山にわけいって「君」を探しに行きたいという恋心と考えた方がよいのではないか(7)。「霜の置くまでに」にしても、髪に霜の降りる時間まで待っていようとする解釈ではなく(8)、やはり黒髪に白髪がまじるまでと解し、そのようにいつまでも待ち続ける女性像をこの一連の歌に見出したいと思う。

そのように考えた時、ここに相想わぬ人を恋しく想うという、激しい片想いの感情は感じられない。訪れが少なくなったとしても、女は男を待ち続ける。「待つ」という行為が女を存在せしめてもいる。雄略天皇を待ち続けて老婆となった赤猪子（『古事記』雄略天皇条）や、於奚・袁奚二皇子の求婚の譲り合いを待ってついに亡くなってしまった根日女（『播磨国風土記』賀毛郡）も、「待つ」ことが彼女たちの存在意義となっていたではなかったか。したがってここにあるのも、訪れが間遠になったことへの恨みではなく、嫉妬と呼べるような感情ではあるまい。『万葉集』からは嫉妬深い皇后の姿は読み取れないのである。

それゆえに、『万葉集』の歌は磐姫皇后に仮託された後の人の作とする考えや、あるいは記紀とはあまりにイメージが異なるため、『万葉集』に描かれた姿は光明子立后時に新たに作られたものとする説[9]もある。

それとは対照的に、『古事記』において磐姫皇后は、吉備の黒日賣を本国に帰るようにしむけたり、自分の留守中に八田皇女と関係を持った天皇に対しての恨みから山代に帰ってしまったりしたことから、嫉妬深い女性として伝えられている。その嫉妬は正妻にのみ許された激しい嫉妬で、それが激しければ激しいほどその後の強い合一が保証されるといわれるが[10]、本当に磐姫皇后は嫉妬深いだけの女性であったのだろうか。それら散文に続いてうたわれる歌をよくよく見れば、『万葉集』同様、そこにも嫉妬の感情や天皇に対する恨みは感じられない。山代に帰ってしまった磐姫皇后と天皇の間で交わされた六首に及ぶ志都歌は、なんとものどかな様相を呈しているではないか。

58 つぎねふや　山代河を　河上り　我が上れば　河の邊に　生ひ立てる　鳥草樹を　鳥草樹の木　其が下
に　生ひ立てる　葉廣　五百箇眞椿　其が花の　照り坐し　其が葉の　廣り坐すは　大君ろかも

59 つぎねふや　山代河を　宮上り　我が上れば　あをによし　奈良を過ぎ　小楯　倭を過ぎ　我が見が欲

し國は　葛城高宮　吾家のあたり

60山代に　い及け鳥山　い及けい及け　吾が愛妻に　い及き遇はむかも

61御諸の　その高城なる　大猪子が原　大猪子が　腹にある　肝向ふ　心をだにか　相思はずあらむ

62つぎねふ　山代女の　木鍬持ち　打ちし大根　根白の　白腕　枕かずけばこそ　知らずとも言はめ

64つぎねふ　山代女の　木鍬持ち　打ちし大根　さわさわに　汝がいへせこそ　打ち渡す　やがはえなす　來入り参來れ

（『古事記』下巻）

山代を舞台として「つぎねふ」とうたいだされたこれら一連の歌からは、嫉妬の気持ちを読み取ることはできないばかりか、むしろ「吾が愛妻にい及き遇はむかも」と愛妻を追いかけてくる男の姿が想像でき、62・64の歌には、歌垣の場で掛け合わされた恋の歌のような印象さえ受ける。「山代女の木鍬持ち打ちし大根」という表現も、西郷信綱が指摘するように山代の農婦といった趣があって[11]、山代という在地に根ざしたものに違いなく、政治的な思惑に満ちた宮廷を取り巻く男女の愛憎をうたったものとは程遠いもののように思われる。歌の端々からは白く艶やかな大根に対する愛着をも感じられ、「根白の白腕」は官能的肉体的な表現でもある[12]。

これらの歌の一体どこに、磐姫皇后の仁徳天皇に対する恨みがあるというのだろう。天皇を讃えながらも山代へと向かう妻磐姫皇后の、その本心に気づかぬかのようにして、仁徳天皇は妻を追いかけて山代を訪れる。この二人の歌のやり取りのうちに、「言立てば、足もあがかに嫉妬みたまひき」と『古事記』散文に描写されるような激しい感情は感じられないだろう。これらの歌とその前に置かれた散文は乖離してしまってかみ合っていないかのようだ。

しかし、たとえ散文作成時とは異なる時に作られたのだとしても、散文と乖離した歌であったとしても、これらの歌がここにあるということには何かしらの意図があったはずであり、一連の物語においてはひとまとまりとして解釈されるべきだろう。となれば、これらの歌に詠まれた磐姫皇后の気持ちこそが、散文でいわれているところの「嫉妬」なのではないか。それは現代でいうところの嫉妬とは異なる感情なのである。

そこで次に『日本書紀』における磐姫皇后の記事との比較から、古代における「嫉妬」の構造について詳しく考えてみたいと思う。

二　嫉妬の構造

まず『日本書紀』における磐姫皇后と仁徳天皇の一連の歌を引用する。

A二十二年の春正月条

46貴人の　立つる言立　儲弦　絶え間継がむに　並べてもがも
47衣こそ　二重も良き　さ夜床を　並べむ君は　畏きろかも
48押照る　難波の崎の　並び浜　並べむとこそ　その子は有りけめ
49夏蚕の　蚕の衣　二重著て　囲み宿りは　豈良くもあらず
50朝嬬の　避介の小坂を　片泣きに　道行く者も　偶ひてぞ良き

B三十年秋九月条

51難波人　鈴船取らせ　腰煩み　その船取らせ　大御船取れ

52山背に　い及け鳥山　い及け及け　吾が思ふ妻に　い及き会はむかも

53つぎねふ　山背河を　河泝り　我が泝れば　河隈に　立ち栄ゆる　百足らず　八十葉の木は　大君ろかも

54つぎねふ　山背河を　宮泝り　我が泝れば　青丹よし　那羅を過ぎ　小楯　倭を過ぎ　我が見が欲し國は　葛城高宮　我家のあたり

56つのさはふ　磐之媛が　おほろかに　聞さぬ　末桑の木　寄るましじき　河の隈隈　寄ろほひ行くかも　末桑の木

57つぎねふ　山背女の　木鍬持ち　打ちし大根　さわさわに　汝が言へこそ　打渡す　弥木栄なす　来入り参来れ

58つぎねふ　山背女の　木鍬持ち　打ちし大根　根白の　白腕　纏かずけばこそ　知らずとも言はめ

（『日本書紀』仁徳天皇条）

右に記したように、『日本書紀』と『古事記』では収録されている歌の数も違い、幾つかの相違点がある。一つ目は、『古事記』にあった吉備の黒日賣に関する記述が『日本書紀』にはないこと、二つ目は、Aとした前半部、八田皇女を召しいれようとする仁徳天皇とそれを認めない皇后との間で交わされた五首の歌が『日本書紀』

にのみあること、二つ目として、山代へ帰ってしまった磐姫皇后と仁徳天皇は和解することなく皇后は亡くなり、死後八田皇女が皇后となること、の三点である。

『古事記』にはない、46から50までのA群の歌は、仁徳天皇三十年九月条の八田皇女との婚姻、およびその後の彼女の立后の伏線となっていることは明らかである(13)。妻覓ぎに衣が提示される発想などからすると「衣」は二人の女性の譬えであって(14)、磐媛皇后は女性二人が同じ宮に住んで仁徳天皇と床を共にすることをよしとせず、仁徳天皇の色好みを非難する。一方、仁徳天皇は、宇治若郎子が自尽の際同母妹の八田皇女を「納采ふるに足らずと雖も、僅に掖庭の数に充ひたまへ（即位前紀）」と進上したということを楯に、単なる一個人の色好みではないことを主張する。そこに婚姻による宮廷の運営や律令国家における天皇の理想像を見出すことも可能であろう(15)。まさに仁徳天皇は、「四方の國」を見て「國の中に烟發たず。國皆貧窮し。故、今より三年に至るまで、悉に人民の課、役を除せ。」と言ったと『古事記』に伝えられている、慈悲深い「聖帝」であった。

つまりこの一連の歌には、磐姫皇后が主張する女性の理論と仁徳天皇が主張する男性の理論との齟齬がある。女性の「私」の感情と男性の「公」の理屈との対立があるというべきか。いやそうではない。磐姫皇后の感情も実は「公」に根ざしている。天皇が二人の女性と同時に関係を持つということは、とりもなおさず皇后としての彼女の地位を脅かすことであり、それゆえに磐姫皇后は八田皇女を退けようとしたのである。『古事記』の「愛を主体とした嫉妬」に対して、「後宮の主人という自負心からなる嫉妬」を見出すこともできるだろうし(16)、彼女が葛城氏出身であることを考えれば皇后という座の安泰を願う心が強く表現されているともいえるだろうか(17)。あるいはもっと史実を反映させて、新旧皇后の交替という律令的な后複数制の実現という枠組みの中で捉えるべきかもしれない(18)。

そのように「公」の論理を貫いて、後半のB群の歌をも読み解くのであれば、『日本書紀』にのみ収録された51の歌には、皇后を想う仁徳天皇の優しさがあり、皇后に拒否されながらも和解に努めようとする仁徳天皇の情愛の深さが、即位前紀冒頭にある「仁寛慈恵」として描出されていることがわかる。結果として磐媛皇后との和解がなされずとも、和解に努める姿には既に「仁」があり、『日本書紀』の記述は一貫して儒教的聖帝像を明示していて、二人の確執は物語としての破綻を示すものではなかったのである(19)。

確かに「公」の色彩の強い『日本書紀』において、磐姫皇后の嫉妬は私的感情の域をでないかのような印象を受け、儒教的聖帝像との対比として捉えるのなら、男性の論理を先行させて、儒教倫理によって嫉妬を指弾するものとして扱われているようにも受け取れる(20)。しかしそれはあくまでも男性側の理屈から見た「嫉妬」の構造ではないか。一夫多妻であった当時、何ゆえにそれまでして磐媛皇后が八田皇女との関係を拒もうとするのか、その理由が釈然としない。理想的な「いろごのみ」には必ず嫉妬が伴うものだと折口はいうが、仁徳天皇からの和解の申し入れを拒否し続けた磐姫皇后の態度は愛情の裏返しなどではあり得ないだろう(21)。

仁徳天皇が八田皇女と関係を持った時、磐媛皇后は御綱柏を採りに熊野に出向いていた。それは『日本書紀』には見えないが「豊楽」のためであった。「豊楽」とはその用例からすると「天皇を言寿ぐ、あるいは服属を誓う公的な場」(22)であり、そのような神聖な行事における天皇の不礼な行為に対して、磐媛皇后は怒ったのだと考えられる(23)。ここに見出せる「嫉妬」は、私的感情というよりはむしろ公的、呪的要素を持つ感情なのではないだろうか。

そしてそのような「嫉妬」とは、女性の「性」に根ざした感情でもあった。思えば記紀において嫉妬するのは女性ばかりではなかったか。

勿論嫉妬は「うはなりねたみ」と訓じられているように、前妻が後妻を妬む感情として描かれていることは事実である。しかし、それが根ざしているところは、いわゆる女性同士の、一人の男性をめぐる妬みや憎悪といった感情ではないだろう。磐姫皇后が最後まで拒否し続けたのは、一つの宮に二人の女性が住むことである。仁徳天皇が二重の衣を着ようとすることを非難したのであって[24]、一所に二人の女性は共存できないだけなのである。吉備の黒日賣にしても宮廷に召されたために本国へと帰されたのであり、神代のヌナカハヒメの場合にしても越国を離れて出雲にいたためにスセリビメの嫉妬にあった。どちらの場合も在地にいたのであれば、具体的な嫉妬の対象とはなり得なかったのではないか。磐姫皇后やスセリビメは、ただ漠然とその土地から動けぬ女性の性質を嘆くだけであったに違いない。

そもそも嫉妬の発端は、その土地から離れて動くことのできない女性の不自由さにあり、土地を離れた女性の自由さに対して嫉妬は向けられた。それは「動けぬ女」が「動く女」を妬むことばかりではなく、「動く男」と「動けぬ女」という対比のもとにあった色好みの本質を破壊してしまう恐れから生じた感情でもあったように思う。王の「色好み」は本来「在地の女」との恋であって、それは各地を訪れてなされるものである。その土地の精霊ともいうべき女性と来訪神としての王の婚姻物語が「色好み」であり、中央に招き集められた女たちとの関係は本当の意味での「色好み」ではない。「動かぬ男」と「動く女」の恋には、大地に秘められていた呪的力、生命を新しく生み出していく力は働かないのではないか。磐媛皇后は神話的な「色好み」が失われつつあることに抵抗したまでのことではなかろうか。

そうであるから、姉妹という同じ血縁で結ばれた女性が共に一人の王に嫁ぐことは、嫉妬の原因とはならなかった(25)。異なる土地に所属する女性同士の間にこそ嫉妬の火花は散る。否、嫉妬が向けられたのは、在地を離れて自らのテリトリーを犯そうとする女性に対してであった。なぜなら、在地にあって男性の訪れを待つという、女性のアイデンティティが崩壊してしまうからである。「待つ」ことにおいて自立していたはずの存在価値が失われてしまうからである。

ここで再度付け加えておきたいのは、磐姫皇后は皇族ではない初めての皇后であり、自らの「血の弱さ」が、より正統である皇族の八田皇女への嫉妬として現れているということである。彼女が葛城氏出身であることも、このような特異な皇后像を生んだことと無縁ではないだろう(26)。

このように磐姫皇后の「動く女」への嫉妬は、彼女自身のアイデンティティを揺るがしてしまうものへの不安と恐れに対する自己防衛であったとするなら、仁徳天皇との間に交わされた最後の歌ののどかさも理解できる。

磐姫皇后は熊野より帰ってきた難波で、仁徳天皇が八田皇女を宮中に召し入れたことを聞き、それを恨みに思って採ってきた御綱柏を海に捨ててしまう。そのまま大和には帰還せずに川を遡って山代に到り、「我が見まく欲し國は葛城高宮吾家のあたり」と故郷を懐かしむ。葛城氏の出身である磐姫皇后にとって葛城は懐かしい我が家である。故郷を望むことによって、彼女の自己は回復されようとする。

また山代は、葛城氏にとってなじみ深い土地であった。『山背国風土記』逸文・賀茂社条に、賀茂建角身命ははじめ葛城にいたが、やがて山代川を遡って山代に到ったとある。おそらく、当時強大な力を持っていた葛城氏は、難波潟や淀川を経由すれば葛城川と繋がる山代川をも掌握し、山代の地もテリトリーとしていたのであろう。記紀に共通する、「つぎねふ山代女の」とうたいだされたその二首は、まさにその山代に根ざした歌であった。「山代女」を通して山代の風土が喚起され、そこには山代の日常の風景があり、土地の豊かさが感じられる。女性の「性」とは在地性、土地の豊かさのことでもあったから、その山代の豊かさによって磐姫皇后は癒されたに違いない。その地で失いかけていた女性の「性」を補完しようとしたのである。

しかもその山代は、大和から向かって山の後側にあるから名付けられたとも[27]、シロは「…に相当するもの」の意であるところから山そのものをさすともいわれる土地であり[28]、奈良山の向こう側という、一つの異界として存在していた。いつでも山の向こうは未知なる国として捉えられ、時として「死の国」であり「再生の国」であったように、山代にはそのような神話的な機能があっただろう。

つまり、「死と再生の国」山代に、アイデンティティを失いかけた皇后はとどまったのである。山代筒城宮は彼女にとっては懐かしい場所であると同時に、いわば神話的機能を持った「子宮」であり、そこにとどまることは再生を期した「隠り」であった。その「隠り」によって、彼女自身の女性としての「性」は回復されるのである。

そのような再生の原理があって、はじめて、物語は唐突なように語りだされる蚕の話へと繋がっていくのだろう。『古事記』では皇后の山代行きは三度変化する不思議な虫、蚕を見るためであったとする。『日本書紀』においても56の歌は桑の木を見たことによってうたいだされたものであり、そこには蚕と磐姫皇后を重ね合わせようとする発想がある。天皇の機織女としての皇后の姿が、そのような比喩を連想させたといえるだろうか。蚕の繭籠りはまさに磐姫皇后の再生の「隠り」である。蚕は繭に籠ることによって成虫へと変化するのであり、その三度の変化は、磐姫皇后の自己回復という再生の比喩でもあった。

三　地縁と血縁

ところで嫉妬の話といえば、磐姫皇后に匹敵するような、允恭紀の大中姫の激しい嫉妬を挙げなくてはならないだろう。

允恭七年十二月の新室の宴で、天皇が琴を弾き、皇后である大中姫が舞った。舞い終わっても、時の風俗である「礼事」として「娘子奉る」と言わなかったので天皇が咎めたところ、再び舞い、その名も衣通郎姫という美しい妹、弟姫を天皇に献上した。かねてから天皇は弟姫を心にかけていて、それゆえに大中姫も「礼事」を言い渋ったのではあった。

天皇は早速弟姫を招き寄せるが、弟姫は皇后の嫉妬が怖く、近江の坂田にとどまって参向しようとしない。そこで烏賊津使主が使わされ、断食をしてまでの懇願によって弟姫は倭の春日まで出向くことになる。しかし、大中姫の嫉妬のためにそれ以上宮中に近づくことができず、藤原に建てられた宮に弟姫は住んでいた。天皇は、大中姫が皇子を出産するその日に弟姫のもとを訪ね、それを聞いた大中姫は「妾、初め結髪ひしより、後宮に陪ること、既に多年を経ぬ。甚だしきかな、天皇、今妾産みて、死生、相半なり。何の故にか、今夕に当たりても、必ず藤原の幸す」と言って、産屋に火をつけて自殺を図った。天皇は大中姫の気持ちをなだめ、弟姫のもとにはしばらく通わなかった。

そのようなことがあって、二回目の天皇の来訪は八年二月のこと、その訪れを知らない弟姫は淋しい気持ちを歌にうたい、天皇との間で次のような歌が交わされた。

65 我が夫子が　来べき夕なり　ささがねの　蜘蛛の行ひ　是夕著しも
66 ささらがた　錦の紐を　解き放けて　数は寝ずに　唯一夜のみ
67 花ぐはし　桜の愛で　同愛でば　早くは愛でず　我が愛づる子ら

（『日本書紀』允恭天皇八年春二月条）

見て明らかなように、66・67番歌は天皇の弟姫への愛情に溢れている。幾晩でも共寝をしたいのに、それが叶うのはただ一夜のみと嘆き(29)、早くから出逢いたかったものだと愛しく思う気持ちをうたう。そのような感情を導きだしたのは、蜘蛛の行動から今夜きっと天皇が訪れるに違いない、とその心細さをうたう弟姫の65番歌であり、この一連の歌のやり取りは互いを想う男女の姿を浮き彫りにしている。ところがこの贈答を知って、大中姫はさらに二人を恨むようになった。そこで弟姫はこれ以上姉を苦しめたくないと、宮中の近くを離れ河内の茅渟に住むことにした。

それ以後、天皇は時々茅渟で狩猟をするようになり、その頻繁であることを憂えて大中姫はこう言った。「妾、毫毛ばかりも、弟姫を嫉むに非ず。然れども恐るらくは、陛下、屢茅渟に幸すことを。是、百姓の苦ならむか。仰願はくは、車駕の数を除めたまへ」と。

その後再び天皇の行幸は稀となり、久しぶりに訪れた天皇に弟姫はこのように歌った。

68 とこしへに　君も会へやも　いさな取り　海の浜藻の　寄る時時を

（『日本書紀』允恭天皇十一年春三月条）

いつでも逢ってくださるわけではなく、海藻がたまたま浜に打ち寄せられるように、その訪れは稀なのでその時を大切にしてください[30]、と切ない想いを歌に託した。このような歌をうたったと大中姫が知ったならば、また恨まれる、他人には教えてはならないと天皇は言って、弟姫のために藤原部を定めたという。

さて、このように長々と弟姫の物語を記したのは、大中姫の弟姫への嫉妬が段階を追って語られているからである。まず大中姫は弟姫の美しさを嫉む。皇子の誕生をも忘れてそのもとへと通う夫に、自殺を図るほどの恨みをぶつける。天皇がそれほどまでに弟姫を寵愛するのは、実は献上を渋って宮中に入れなかったためでもあったのに、その嫉妬は激しい。

次に大中姫が嫉妬したのは、その住まう近さである。在地を離れている皇后にとっては宮中がその「在地」であり、磐姫皇后が八田皇女に嫉妬したごとく、弟姫が宮中近くにいるということに、自分のテリトリーを侵害されるような恐怖を感じたに違いない。

そして最後に、大中姫が憤りを感じているのは、百姓に負担をかける行幸の多さである。民の安らかな暮らしを何よりも優先して考えなければならないと天皇を諫める。ここに儒教的な思想を見出すこともできるだろうか。

しかしそれは彼女の本心とは思われず、「弟姫を嫉むに非ず」という言葉はかえって嫉妬の深さを示しているだろう[31]。天皇と弟姫の間で交わされた恋の歌も、それが切なく美しくあればあるほど、より強く大中姫の嫉妬の激しさを印象づけることになる。

このように大中姫の嫉妬は、弟姫の美しさや若さ、その住まいと宮中の近さゆえに生じ、はては統治への悪影響があるとする儒教的な理屈をもつまでに至る。なぜそのように激しく嫉妬するのかといえば、何度も繰り返すように、弟姫の若さは豊饒を象徴するものであると同時に、子の出産できる能力に直結していたからである。

大中姫の嫉妬は一見磐姫皇后のそれに似ている。そうではあるが、この二つの嫉妬譚には大きな違いがあることを指摘しよう。磐姫皇后の嫉妬は、葛城氏の勢力をゆるぎないものとするために他氏族に向けられたものであり、婚姻は決して個人的なものではなかった。勢力争いにおいて婚姻関係を結ぶことは有効な手段であり、その一族から女性を後宮に入ることが重大であって、同じ夫に嫁いだとしても同じ「血」を持つ「姉妹」間では嫉妬しないという暗黙の了解、法則のようなものが存在していた。

ところが、弟姫は大中姫の同母の「姉妹」であるにもかかわらず、大中姫の嫉妬の対象となってしまい、その法則に反してしまう。氏族同士の関係であって個人的な関係ではなかったはずの婚姻が、この話では大中姫個人のアイデンティティを保証するものとして働いてしまうのである。

では何ゆえに大中姫は氏族としての繁栄を願うことをやめ、個人的な感情にはしって、妹に嫉妬してしまうのだろう。それを考えるにあたり、姉妹で嫁いだ例について考えてみよう。

まず思いおこされる神代のイワナガヒメとコノハナサクヤビメ姉妹の場合、イワナガヒメはその醜さゆえに一人返されることになる。それを恨みに思って皇孫の命が短くなると言うあたりに（『古事記』では父神がいう）嫉妬の感情を見出し、イワナガヒメから磐姫皇后にいたる嫉妬深い「岩」の女性の系譜を考える説(32)もあるのだが、それは果して嫉妬と呼べるようなものなのだろうか。ましてやその感情が向けられたのは妹のコノハナサクヤビメに対してではなく、ニニギに対してである。この話には姉妹で嫁いだことによる嫉妬を見ることはできないだろう。

あるいは『日本書紀』景行天皇四年二月条には、まったく正反対の話が伝わっていて、崇神天皇の皇子である八坂入彦皇子の娘弟姫は、美濃に行幸した天皇に、姉の八坂入媛を自分よりも美しいと勧めている。二人して嫁ぐことがなかったのは、姉に対して嫉妬したからではなく、自らの醜さを恥じてのことであり、やはりここにも姉妹で嫁ぐことによって引き起こされる嫉妬を見出すことはできない。

もう一つ例を示そう。天智天皇の娘である大田皇女と菟野皇女は同母の姉妹であり、ともに天武天皇に嫁いでいる。大田皇女は大津を産んでまもなく亡くなっていて、この姉妹にどのような確執があったのか、実際のところはわからない。ただ、その後草壁皇子皇位継承のために、菟野皇女が大津皇子を罪に陥れて殺害してしまったことは、大中姫の嫉妬がどのようなものであったか考える手がかりとなるだろう。菟野皇女には草壁皇子を愛しく思うあまりに大津皇子に対して嫉みがあって、我が子のためなら姉と競うことも辞さない強さが感じられるからである。ここでは姉妹で嫁ぐことの意味が変質してしまっていて、婚姻に求められているのは氏族の繁栄ではなく、系譜を保証する「血」の継承であった。

そのように考えると、コノハナサクヤビメは神武天皇を、景行紀の八坂入姫は成務天皇を出産していることに思い至る。つまり、姉妹の間ではいわゆる夫をめぐっての嫉妬は生じないが、皇位継承が関わるとなるとある種の確執が引き起こされるのである。皇位継承をめぐる確執がこの大中姫嫉妬譚にもあって、皇子を巻き添えにしての自殺未遂は、まさに皇位継承をめぐっての葛藤ではなかろうか。その姉妹間の確執が、大中姫の場合は直接妹への嫉妬として描かれている。しかも段階を追って執拗に妹を遠ざけ、自らの皇后としての立場を揺るぎないものへとするのである。

皇后といってもその地位が保証されていたわけでもないその当時、皇太子の出産はその地位を確かなものとする、極めて有効な手段であった。ところが、天皇は皇子の出産よりも弟姫に関心を示していて、それは大中姫に地位の不安定さを気づかせるに充分であり、彼女にとっては自身の存在意義を見失うほどのことであったに違いない。土地を離れて宮中に住む妃たちにとって、そのアイデンティティを保証するのは皇子の誕生だったのである。しかも弟姫は、出産の能力からいえば自分を遥かに凌ぐ若さを持っている。そのような焦りが、出産時の産屋への放火となって表れるのだろう。その根底にはアイデンティティを揺るがされてしまうことへの不安があった。

さらに付け加えるなら、同母の姉妹に向けられた嫉妬の背後にあるのは、自らのアイデンティティを子の出産にしか求められなくなった女性の姿である。自身の存在を自身ではなく、子によってはじめて保証され得るという、他者によって存在せしめられている女性像がここに浮き彫りにされるだろう。

それは、王が各地を訪れ、婚姻を結ぶことによってその通婚圏を広げ、同族圏を拡大していく方便としての「妻問い婚」(33)が機能しなくなることをも意味している。領土の保全と統治を確実なものとするための手段としての婚姻が、生まれてきた子に王位を継承させるためのものへと変化してしまい、もはや婚姻が地縁の問題ではなく血縁の問題となってしまったということである。この嫉妬には母としての怒りもあるのかもしれない[34]。

何ゆえに若い後妻に対して嫉妬がなされるのか。それは若さが子を生む能力の高さに直結しているからであり、そのような子を介在とする夫婦の結びつきが、前妻に己の存在の不安定さを知らせしめる。ヤカミヒメもオホクニヌシの子を木の股に挟んで本国へと戻っていったではなかったか。親子という血縁の結びつきが、地縁を背景に結びついた夫婦関係に危機をもたらすのである。女性はもはやそのアイデンティティを在地性に求めることができずに、「孕む」力はただひとえに皇子出産のために発揮されるようになる。在地性が希薄となってしまった、その寄る辺無さに起因する女性の感情が、記紀における「嫉妬」なのではなかろうか。

むすび

嫉妬とは何か。嫉妬は対象化できないものであり、なぜなら原因と結果が明らかではないからだ、といわれている。しかしそれは情念として抱く嫉妬のことであり、記紀に見られる「嫉妬」はそのような構造を持たない。あるいは嫉妬とは、天皇や神がその対立の克服によって豊饒を約束するという神話的機能であるともいわれるが[35]、それはやはりどこまでも男性側から眺められた論理である。嫉妬の多くが女性によってなされていたことを思えば、嫉妬をそのような豊饒原理で解くことはできないだろう。

「嫉妬」はむしろ自らに向けられたものであり、アイデンティティを喪失してしまうことへの不安であった。それを「公」に根ざした感情であるとまではいわないが、男女間の性愛から生じる、「私」的世界とはかけ離れたものであることは確かである。皇位継承と関わって「嫉妬」がなされることがそれを端的に示しているだろう。自己というものを、対象となるものとの関係でしか捉えられないのなら、対象との関係だけが自己の存在意義となる。存在を脅かすようなものに対して、「嫉妬」は向けられる。その「嫉妬」の根底にあるのは、記紀の物語においては「動かぬ女」と「動く男」という神話の法則であり、ゆえにいつも「嫉妬」するのは女性であった。

ところでそのような「嫉妬」は、記紀においては「恥」と通じるところもあることを最後に言及したい。黄泉国の住人となってしまったイザナミが、腐乱した姿をイザナキに見られて「吾に辱見せつ」と言った「恥」、トヨタマビメが出産時に本国の人の姿、すなわちワニになったところを見られ「甚怍づかし」と言った「恥」である。あるいは、先にも触れた、その醜さゆえに返されてしまったイワナガヒメが、『日本書紀』では彼女自身が「恥ぢ恨みて」いたことも当てはまるだろうか。景行紀の弟姫が姉を天皇に勧めたのも、「恥」ゆえのことではなかったか。これらの例からすると、「恥」とは、他者に対して自分が劣っていることを意識し、面目をなくしたりすることのように思われる(36)。

しかし、オホモノヌシが、ヤマトトトビモモソヒメにその正体が小蛇であることを見られ「吾に羞せつ」と言ったことからすれば、「恥」は決して劣等感ゆえばかりに抱く感情ではあるまい。オホモノヌシという神が、劣等感を感じてその姿を恥じたとは考えにくく、むしろその感情は自らの自尊心の裏返しであろう。自尊心ゆえに怒り嘆くのであり、興味深いことには、あたかも他者の関係において顕現する「嫉妬」のように、「恥」も他者の「目」を通して認識されていた(37)。見られること、すなわち対象化されることによって、自身の存在を認識するのであり、磐姫皇后の嫉妬譚をはじめとする多くの嫉妬の物語が、「嫉妬」とそれに対する「畏れ」から構成されているように[38]、「恥」を主題とした物語にも、見るものと見られるものという前提がある。「嫉妬」や「恥」といった感情には自己と他者の対比が必ず存在しているということなのだろう。

つまり「嫉妬」にしろ「恥」にしろ、その背後にあるのは、他者を通してしか自覚できないアイデンティティであった。他者との関係においてしか存在し得ない自己ゆえの感情、それが「嫉妬」であり「恥」でもあった。

そして記紀万葉において「嫉妬」が女性の専売特許のように語られているのは、女性がそのアイデンティティを在地性に求めることができなくなり、「子」という他者によってしか証明できなくなったからである。そのような構造を、「嫉妬」は持っていたのである。

注

（1）古橋信孝『古代の恋愛生活―万葉集の恋歌を読む』ＮＨＫブックス、一九八七年

（2）「妹背山」という表現があったように、それが兄妹のことを指すのか夫婦のことを指すのかは別として、「妹」と「背」は対概念として存在していたと考えられる。

（3）中川ゆかり「出合いの表現」（『万葉』119）万葉学会、一九八四年／森朝男『古代和歌と祝祭』有精堂、一九八八年

（4）折口信夫「戀及び戀歌」（『折口信夫全集』第八巻）中央公論社、一九五五年

（5）山本健吉『柿本人麻呂』新潮社、一九六二年

（6）山田孝雄『万葉集講義』宝文館出版、一九七〇年／武田祐吉『万葉集全註釈』改造社、一九四八年／窪田空穂『万葉集評釈』東京堂、一九四三年

また小島憲之・木下正俊・東野治之校注・訳『万葉集』（新編古典文学全集・小学館、一九九四年）注では「山頂や樹上に埋葬する習俗」とある。

（7）稲岡耕二「磐姫皇后の歌」（伊藤博・稲岡耕二編『万葉集を学ぶ』第二集）有斐閣、一九七七年

（8）土屋文明『万葉集私注』筑摩書房、一九六九年／武田祐吉『万葉集全註釈』改造社、一九四八年／高木市之助・五味智英・大野晋校注『万葉集』（日本古典文学大系）岩波書店、一九五九年

（9）直木孝次郎「磐之媛皇后と光明皇后」（『夜の船出―古代史からみた万葉集』）塙書房、一九八五年

（10）都倉義孝「石之日売の嫉妬物語を読む―歌と物語の交渉―」（古事記学会編『古事記の歌』古事記研究大系9）高科書店、一九九四年

また伊藤博は、仁徳天皇と磐姫皇后の関係は、八千矛神と須勢理毘売命の再現だとする（「巻二　相聞の構造性の問題」（『万葉の構造と成立』）塙書房、一九七四年）。

（11）西郷信綱『古事記註釈』第四巻、平凡社、一九八九年

（12）溝口睦子「仁徳天皇の后妃に関する説話について―その記紀における比較―」（日本文学研究資料刊行会編『古事記・日本書紀Ⅱ』（日本文学研究資料叢書））有精堂、一九七五年

（13）『日本書紀【歌】全注釈』（大久間喜一郎・居駒永幸編、笠間書院、二〇〇八年）の仁徳紀③仁徳天皇と磐之媛の問答の項（居駒永幸担当）。

（14）畠山篤「恋衣による磐之媛の主張―記紀歌謡47・49番の発想―」（『弘学大語文』13）弘前学院大学国語国文学会、一九八七年

（15）都倉義孝「仁徳と雄略そして顕宗・仁賢の物語―「古事記」下巻の構造をめぐって」（『国語と国文学』7（12））東京大学国語国文学会、一九九二年

（16）吉井巖「石之日売皇后の物語」（『天皇の系譜と神話』二）塙書房、一九七六年

（17）桜井満「聖帝と石之日売の伝承」（『古代の山河と伝承』）おうふう、一九九六年

（18）（13）の仁徳紀③仁徳天皇と磐之媛の問答の項（居駒永幸担当）。

（19）（13）の仁徳紀④磐之媛の嫉妬の項（菊地義裕担当）。

（20）寺川真知夫「磐姫皇后の相聞歌」（神野志隆光・坂本信幸企画編集『初期万葉の歌人たち』（セミナー万葉の歌人と作品第一巻））和泉書院、一九九九年

（21）曽倉岑「イワノヒメの嫉妬」（日本文学研究資料刊行会編『古事記・日本書紀Ⅱ』（日本文学研究資料叢書））有精堂、一九七五年

（22）青木周平「雄略記・三重婇の形成―儀式歌の視点から―」（『国学院雑誌』77（8））国学院大学、一九七六年

（23）青木周平「記紀における歌謡と説話―〈イハノヒメ物語〉を事例として―」（『上代文学』62）上代文学会一九八九年

（24）（14）に同じ。

（25）折口信夫「心意伝承」（『折口信夫全集』ノート編第七巻）中央公論社、一九七一年

（26）尾崎富義「磐姫皇后―嫉妬深い女性」（『国文学　解釈と鑑賞』65（8））至文堂、二〇〇〇年

（27）『日本史大事典』平凡社、一九九四年／『日本古代史地名事典』雄山閣、二〇〇七年

（28）『国史大辞典』吉川弘文館、一九二五年

（29）この「一夜」にも聖なる時間としての「一夜孕み」の幻想があることを指摘しておく。
（30）「時々」の意として、『時代別国語大辞典』上代編・三省堂　一九六七年)に「月に一度とか、日を決めて逢うこと」とあることから「時たま」とするものもあるが、吉野政治は「その時、その時を」の意と解している（「時々―トキトキとトキドキ」（『同志社女子大学学術研究年報』48（4））同志社女子大学、一九九七年）。
（31）内藤英人「衣通郎姫の歌―紀六八番歌の機能について」（『甲南大学紀要（文学編）』103）甲南大学、一九九七年
（32）吉田とよ子「「二重の衣」―磐之媛の嫉妬」（『上智大学外国語学部紀要』21）上智大学外国語学部、一九八六年
（33）桜井満「聖帝と石之日売の伝承―嫉妬の権化―」（『古代の山河と伝承』）おうふう、一九九六年
（34）川上富吉「磐姫皇后伝承像について―記紀と万葉における相違―」（『大妻国文』1）大妻女子大学国文学会、一九七〇年
（35）棚木恵子「下巻きの技法」（『国文学　解釈と鑑賞』47（1））至文堂、一九八二年
（36）戸谷高明「伝承と表現―記紀の「恥」をめぐって―」（大久間喜一郎博士古稀記念論集刊行会編『古代伝承論』）桜楓社、一九八七年
（37）永藤靖「記紀における『見る』ことについて」（『文学』41（6））岩波書店、一九七三年
（38）戸谷高明「古事記における発想と表現の類型―結婚譚を通して―」（日本文学研究資料刊行会編『古事記・日本書紀Ⅱ』（日本文学研究資料叢書））有精堂、一九七五年

第三章　「在地の妻」という話型
――弟日姫子・別嬢・弟橘比賣から――

はじめに

　神話世界における出来事は、いつもある型を持って繰り返される。オホクニヌシの黄泉国訪問は、異界訪問譚と考えればヤマサチヒコの海神の宮訪問として繰り返され、死と再生の物語として捉えればアマテラスの岩屋戸籠りに同じである。そしてその繰り返しは神代だけに限らず、人の代となってからはホムダワケを乗せた喪船という、王となるための籠りと再生に継承されている。このように語りの型は主人公を変え、場面を変えて繰り返し語られている。モチーフは引き継がれていくのである。

　この章でとりあげる三つの伝承、『肥前国風土記』弟日姫子伝承と『播磨国風土記』別嬢伝承、『古事記』弟橘比賣伝承は、今まで同じ型の分類では括れないものとして捉えられてきた。弟日姫子伝承は三輪山型のヴァリエーションとして、別嬢伝承はあくまでも天皇の妻問い譚として、そして弟橘比賣伝承は人身御供譚として考えられてきいる。

　しかしそのような解釈に満足するのではなく、この三つを構造化して考えてみるならば、ここには共通するモチーフがあることに気づくだろう。在地の女性とその土地を通過していく男性との恋というモチーフである。その恋は成就するものの、女性の死という結末が必ず用意されていて、それらは「動く男」と「動かぬ女」の対比のもとに語られた悲恋の物語でもあった。

この章で試みるのは、これら伝承を構造化することによって「在地の妻」という話型を抽出し、その話型によって伝承を新しく解釈をすることである。

一　『肥前国風土記』弟日姫子伝承

『肥前国風土記』松浦郡に、次のような伝承が伝わっている。

鏡の渡　郡の北にあり。昔者、檜隈の廬入野の宮に御宇しめしし武少廣國押楯の天皇のみ世、大伴の狭手彦の連を遣りて、任那の國を鎮め、兼、百済の國を救はしめたまひき。命を奉りて、到り來て、此の村に至り、即ち、篠原の村　篠は志弩と謂ふ　の弟日姫子を娉ひて、婚を成しき。早部君等が祖なり。容貌美麗しく、特に人間に絶れたり。分別るる日、鏡を取りて婦に與りき。婦、悲しみ渧きつつ栗川を渡るに、與られし鏡の緒絶えて川に沈みき。因りて鏡の渡と名づく。

褶振の峯　郡の東にあり。烽の處の名を褶振の烽といふ。大伴の狭手彦の連、發船して任那に渡りし時、弟日姫子、此に登りて、褶を用ちて振り招きき。因りて褶振の峯と名づく。然して、弟日姫子、狭手彦の連と相分れて五日を經し後、人あり、夜毎に來て、婦と共に寝ね、曉に至れば早く歸りぬ。容止形貌は狭手彦に似たりき。婦、其を恠しと抱ひて、忍黙えあらず、竊に續麻を用ちて其の人の襴に繋け、麻の随に尋め往きしに、此の峯の頭の沼の邊に到りて、寝たる蛇あり、身は人にして沼の底に沈み、頭は蛇にして沼の脣に臥せりき。忽ち人と化為りて、即ち語りていひしく、

篠原の　弟姫の子ぞ
さ一夜も　率寝てむ時や
家にくださむ

時に、弟日姫子の従女、走りて親族に告げしかば、親族、衆を發して昇りて看るに、蛇と弟日姫子と、並びに亡せて存らず。ここに、其の沼の底を見るに、但、人の屍のみあり。各、弟日女子の骨なりと謂ひて、即て、此の峯の南に就きて、墓を造りて治め置きき。其の墓は見に在り。

（『肥前国風土記』松浦郡）

この伝承で必ず指摘されるのは、三輪山型伝承との比較において、蛇がもはや神としては信じられていず、零落した化け物と化していることである。かつてあったであろう蛇神との神婚が、ここでは妖怪化した蛇によって喰われてしまう話へと変化を遂げている。

あるいは、伝承の前半では巫女と思われる弟日姫子が、中央から来訪した貴人であるとはいえ神ならぬ大伴狭手彦と結ばれていて、神婚ではなく人間の男と女の恋愛譚となっていることである。

ここで重要なことは、弟日姫子が巫女的な存在であったことで、「弟日」の意を、沢潟久孝が兄姉に対する弟妹のこととし、武田祐吉が若い精霊としていることから、長野一雄は若くて初々しい「精霊をもったもの」と解

釈し、弟日姫子とは「神を下し神を体現し神と交わる女性」であったと述べている(1)。褶振峯の比定地である鏡山山頂及びその山麓にある鏡神社から祭祀遺物が発掘され、その地で祭祀が行われていたらしいことからも、それは推測できるという。

おそらく長野がいうように、弟日姫子は鏡祭祀によって土地神を祀る巫女であったろう。祭祀することにおいて弟日姫子は土地の神と同化し、地霊は彼女自身にも宿ることになる。彼女自身がすでにその土地の精霊であったということになろうか。そうであるから、土地を離れることができず狭手彦と別れるしかなかったのだと想像することもできる。

出会いから間もなく、狭手彦は新羅へと向けて旅立っていく。別れを惜しんで弟日姫子は、褶振峯の山頂に登って褶を振る。褶を振る行為には、スセリビメの授けた蛇の褶を振ることによって蛇が退散したように、呪的な力があると信じられていた(2)。弟日姫子が狭手彦に向かって褶を振ったのは、そうすることにおいて自身の悲しみを表現するとともに、去り行く人を再び招き寄せようとしたからに他ならない。例えば、東歌では「足柄の御坂に立して袖振らば家なる妹はさやに見もかも（巻二十・四四二三）」と、足柄山の坂の上から家にいる「妹」に向けて袖が振られている(3)。実際にそこから妻や恋人が見えるわけでもないのに、足柄山に立って袖を振っているのは、それが国境の山での別れの呪法であったからである(4)。ここで振られているのは袖ではなく褶であるが、褶を振ることも袖振りに等しく、境界を越えていく別れを示しているだろう。恋人が二度と戻ってくることはないと知りつつも、去り行く人の魂をもはやとどめおくことは不可能であると気づきながらも、恋人の旅の無事と再会を願って弟日姫子は褶を振った。それは遊行女婦児島が大伴旅人に向けて袖を振ったことに同じであり、「別れ」を痛烈に意識せざるを得ない行為でもあった。

一方去り行く狭手彦は、自分の形見にと弟日姫子に鏡を渡す。鏡は持ち主の魂を宿すものであり、愛しい恋人の形代である。弟日姫子がのぞき込めば、そこに狭手彦の姿が幻影として浮かび上がるに違いない、そういう狭手彦自身と等価の鏡である。さらに、鏡を所有できるということから男の身分が高いことは知れ、かつ鏡そのものに呪的な力が存していることからすれば、男は聖なる存在、貴人として語られていることは明らかである。

ところがその大事な鏡を弟日姫子は川に落としてしまう。それは再び生きて狭手彦に会えないことを決定づけている。失われた鏡は恋の終結を示していて、しかも、その水中に沈んだ鏡に映った姿を通して、半身蛇の化け物が狭手彦になりすますことができたという後半の語りをも用意する。

狭手彦が船立ちして五日後、ある男が弟日姫子のもとに通いはじめる。その男は狭手彦によく似ている。似ているけれど鏡を落とした経緯からすれば狭手彦であるはずがなく、弟日姫子はその男の素性を確かめるべく、男の衣の裾に糸を通した針を縫い付ける。糸を辿れば男のもとにたどりつくことができ、男の正体がわかるからである。それは三輪山伝承に同じく、神に仕える巫女ならではの呪的行為であった(5)。その糸を辿って弟日姫子は褶振の峯山頂の沼へと導かれ、上半身蛇で下半身人間の化け物が、その半身を沼の水に浸して寝ている姿を見ることになる。蛇は「一晩だけでも共に寝たのであれば家に帰してやろう」とうたう。弟日姫子に付き添ってきた従女が山を降りてこのことを家人に告げると、家人は山頂まで登ってきた。しかし、家人がそこに来た時には蛇と弟日姫子の姿はすでになく、沼の底に沈んだ人の屍があるのみであった。その骨を人々は弟日姫子のものであると言い、峯の南に墓を造り葬ったという。

この伝承は二部立てとなっていて、前半では狭手彦と弟日姫子の悲恋を、後半部では狭手彦似の蛇と交わり、その蛇に喰われてしまう弟日姫子の非業の死を語っている。この一見接点がないように見える二つの話を結びつけているのは「狭手彦」という言葉である。「狭手彦似」とあってはじめて後半の悲劇は、前半の中央官人との悲恋の物語を引き継ぐことになり、弟日姫子の悲惨な最期へと繋がっていく。おそらく本来この前半と後半は別々の物語であり、神や貴人と結ばれる女の二つの話が、主人公を同じくすることによって接続されたと考えるべきであろう。

ではここで、この伝承をより深く理解するために、話素を取り出して整理してみよう。

1　「弟」は即ち若いという意で、巫女的な存在を示す記号である。

2　巫女的な弟日姫子のもとに、中央から訪れた貴人狭手彦が通う。

3　貴人である狭手彦を象徴するものとしての鏡。

4　やがて狭手彦は新羅征伐へと旅立っていく。

5　弟日姫子は鏡を川に落としてしまい、狭手彦に再会することができなくなる。

6　別れを悲しんで弟日姫子は褶を振る。褶は女性の力の象徴であり、「褶振り」の呪術は招魂であると同時に「別れ」を決定づける行為である。

7　狭手彦によく似た別の男が、弟日姫子のもとに通うようになる。
8　その正体をつきとめると、半身蛇の化けものであった。
9　化け物は蛇神の零落した姿であり、弟日姫子はその蛇に喰われてしまう。
10　沼底にただ屍だけが残される。
11　その屍を葬った墓。

1の弟日姫子の巫女的な性質はこの物語の前提であり、残りの2から11までは6を境として二つに分けられ、2から6までと7から11までがそれぞれ対応している。

2と7では弟日姫子のもとに男が通うことが語られ、3と8ではその通ってくる男がどのような存在なのかが明かされる。鏡は狭手彦が貴人であることを示していて、「似た男」が蛇の化け物であったにせよ神的な存在であったことからすれば、いずれの場合も弟日姫子のもとに通ってくる男は聖なる存在であることがわかる。

9で女が男に喰われてしまうことは、男との関係が終わってしまうということであって、4の狭手彦との別れに等しく、5の失われた鏡は男との再会の不可能さを表していて、それが水中に沈んでいることは10の女の屍が水中に沈んでいることに共通している。

6の「褶振り」が別れを決定づける行為であるのならば、そこには死の予感があり、11の墓と同じく死を象徴するものとして考えることができるだろうか。

以上のことを構造化してみれば、次のようになるだろう。

a　1　「弟」という名をもつ巫女的存在としての女
b　2＝7　男が女のもとに通う
c　3＝8　男の象徴としての鏡＝本質（正体）
d　4＝9　「別れ」と「死」によって二人の住む世界は別け隔てられる
e　5＝10　水中に沈む鏡と屍
f　6＝11　「別れ」を示す褶と「死」を示す墓

このように整理してみると、「貴人と結ばれる巫女」という話型がこの伝承では二度にわたって繰り返されていることは明らかである。

二　『播磨国風土記』別嬢伝承

ところで、『肥前国風土記』弟日姫子伝承の話素を構造化して導きだした「貴人と結ばれる巫女」という話型は、『播磨国風土記』加古郡の別嬢伝承においても語られている。それは景行天皇が別嬢を求めて播磨国を訪れる、次のような話である。

此の岡に比禮墓あり。褶墓と號くる所以は、昔、大帯日子命、印南の別嬢を誂ひたまひし時、御佩刀の八咫の劒の上結に八咫の勾玉、下結に麻布都の鏡を繫けて、賀毛の郡の山直等が始祖息長命一の名は伊志治を媒として、誂ひ下り行でまし時、…印南の別嬢、聞きて驚き畏み、即て南毗都麻嶋に遁げ度りき。…遂に度りて相遇ひたまひ、勅して「此の嶋の隠愛妻」とのりたまひき。仍りて南毗都麻と號く。ここに、御舟と別嬢の舟と同に編合ひて度り、…還りて印南の六繼の村に到り、始めて密事を成したまひき。故、六繼の村といふ。…この時、酒殿を造りし處は、即ち酒屋の村と號け、贄殿を造りし處は、即ち贄田の村と號け、室を造りし處は、即ち館の村と號く。又、城宮に遷り、仍ち始めて昏を成したまひき。…年ありて、別嬢此の宮に薨りまししかば、即て墓を日岡に作りて葬りまつりき。其の尸を擧げて、印南川を度る時、大き飄、川下より來て、其の尸を川中に纏き入れき。求むれども得ず。但、匣と褶とを得つ。即ち、此の二つの物を以ちて其の墓に葬りき。故、褶墓と號く。…

（『播磨国風土記』賀古郡）

今までこの伝承は、妻問い伝承であると捉えられてきた。古代の日本おいて婚姻は、その多くが、男が女のもとに通う妻問い婚であったと考えられていて、男は女を求めて、時に地方にまで赴く。ここでもその例にもれず、景行天皇は求婚相手を求めてはるばる播磨国まで訪れている。婚姻はその土地の勢力と関係を結び、支配下におさめるための有効な政治的手段でもあったから、それは単に色好みの問題としてあったのではない。武力ではなく婚姻による地方征服と支配が、この伝承の隠れたテーマであった。大嘗祭の儀礼にも重なると西郷信綱が述べているように(6)、ニニギノミコトが降臨した直後に国津神の娘と結ばれていくことを原型として、日嗣皇子が国津神の娘と婚姻を結ぶことによって真の王者となっていくという聖婚の幻想、儀礼的婚姻がここにはある。

また、この伝承の別嬢も、弟日姫子同様に巫女的な性質を持っていたことを付け加えよう。別嬢の「別」は「弟」と同じく若い意であるとされている[7]。

その別嬢に求婚するために景行天皇は、「御佩刀の八咫の劔」と「八咫の勾玉」、「麻布都の鏡」を繋けるという正装で印南を訪れる。ここでも土地の女と結ばれる男は鏡を身につけており、中央から訪れた貴人の記号として、鏡が語られていることが理解される。しかも肌身離さず身につけられている鏡は、その持ち主の魂を宿すものでもあり、先の弟日姫子が狭手彦よりもらった鏡に同じである。在地の女のもとを訪れる男の神聖さを鏡は象徴していて、その男の魂そのものとしてこれらの伝承の中では描かれている。

さてこの妻問いは何事もなくことが運ぶのかというと、そうではない。都より訪れた天皇を拒むように、別嬢はナビツマ嶋に逃げ隠れてしまう。これを今なお風俗習慣として残る、初夜を逃げる婚姻儀礼として考えることもできるだろう[8]。この擬態によって両者の結合はより一層深まるのであり、そのために別嬢は、求婚を一度は拒み逃げ隠れていたのかもしれない[9]。

そして別嬢が逃げ隠れたことは、印南という地名にも表れている。印南の「ミ」は「ビ」に置換されやすく、少なくとも七世紀から八世紀にかけて「イナミ」は「イナビ」とも呼ばれていたらしい[10]。「イナビ」の「ナビ」は「隠《な》ぶ」であると同時に「辞《な》ぶ」でもあって、「印南の別嬢」という名自身に、逃げ隠れ拒むことが語られている。

また、雄略記の吉野の童女は逃げ隠れたりすることなく天皇と結ばれていることからすれば[11]、別嬢は一方的に与えられていくだけの存在ではないことを忘れてはなるまい。天皇と対等にわたりあえる存在であったということになろうか。別嬢の逃げた嶋が、飼っていた白い犬に吠えられることによって明かされることも、異界との交信ができる犬の性質を思えば、発見される別嬢が巫女的な存在、神聖で特別な存在であったことがわかる。別嬢も印南の神を祀る巫女であったのである。

その後二人はめでたく結ばれて、初めて「密事」をした六継村、酒殿を造った村を酒屋の村、贄殿を造った贄田の村と名付けたと、婚姻のなされていく様に従って地名起源譚が語られていくのだが、物語は突如として別嬢の死を語ることになる。その死の語りは唐突でどこか不自然な感じがあり、彼女が突然亡くなってしまったかのような印象さえ受ける。なぜ彼女は亡くなってしまうのか、それを伝承は直接語ることはないけれど、それに続いて語られる話からその突然の死の原因を想像することができるだろう。

続いて語られているのはこのような話である。

別嬢の屍を墓に埋葬するため印南川を渡ろうとしたところ、大きなつむじ風が起こり屍は川中に沈んでしまった。失われた屍を探し求めるが見つけられず、ただ匣と褶だけが残され、それを墓に埋めたという。

別嬢の屍が水中に消えていったことからすると、おそらく別嬢の唐突な死は、川の神に召されたことを示しているのだろう。別嬢は川の神の嫁となったのである。それは別嬢が初めから持っていた巫女性、神聖性からすればありえることであり、想像たくましくするならば、本来別嬢は川の神に仕える巫女であり、天皇と結ばれるべき存在ではなかったのだろう。神の嫁として別嬢を捉えたなら、逃げ隠れねばならなかったその理由も理解できる。逃げ隠れたのは人間の男と結ばれることへの拒否でもあった、と。

そのように考えてくると、この伝承に先の弟日姫子との奇妙な一致があることに気づかされる。別嬢伝承も本来は川の神と結ばれる神婚であったが、その神婚はなされることなく、その代わりに中央から訪れた貴人と結ばれてしまうという一致である。しかもその貴人とむすばれる女は二人とも、神の嫁であることをやめて人の妻となったために死なねばならず、その屍は水中に沈んでしまうのである。その神が水神であれば、屍が水中に帰っていくのは当然のことにしても、その屍が水中に失われていくことにははかなげな美しさがあって、彼女たちこそ水辺で神の降臨を待っていたコノハナサクヤビメの後継であったことを思わせる。人と結ばれることになったとはいえ、ここにはまだ神婚の幻想が息づいている。

それではこの伝承も、弟日姫子伝承と同じように話素を取り出して分析してみよう。

1　「別」という若い意を名に持つ別嬢は巫女的な女。
2　はるばる播磨国まで妻問いに来た景行天皇と結ばれる。
3　持ち主の魂を宿す鏡を身につけている景行天皇。
4　やがて別嬢は死ぬ。
5　別嬢の屍を葬ろうとしたところ、屍は水中に沈んでしまう。
6　後には匣と褶だけが残り、それを葬った墓は今も残っている。

1は女の神聖性を示すこの伝承の前提条件であり、2において在地の女性と来訪した貴人が結ばれることが語られる。3の鏡は女のもとに通う男の素性、すなわち中央から来訪した貴人であることを明かしていて、4と5から、別嬢は本来川の神と結ばれる巫女であったことが理解できる。そして6において、この伝承の現実性を示すべく、別嬢の墓が造られたことが述べられる。

さらにこれ構造化してみると、

a　「別」という名を持つ巫女的存在としての女
b　男が女のもとに通う
c　男の象徴としての鏡＝本質
d　「死」によって二人の住む世界は分け隔てられる
e　水中に沈む屍
f　女を象徴する匣と褶＝墓

と、解することができ、先に考察した『肥前国風土記』弟日姫子伝承の構造と同じであることが明らかであろう。神と結ばれるはずのヲトメが貴人とはいえ人と結ばれてしまい、再び神の元へと帰っていく物語として、これらの伝承は捉えられるのである。

三　「在地の妻」という話型

『肥前国風土記』弟日姫子伝承と『播磨国風土記』別嬢伝承について考察してきたが、一見似ているところがなさそうなこの二伝承は、構造化して考えてみると同じ型を持つことが理解できた。類似点に注目して、再度共通の構造を示すと次のようになる。

①　「別」・「弟」という名＝巫女的な存在としての女
②　中央から来訪した貴人との婚姻
③　男の象徴としての鏡
④　別れと死による二人の世界の隔絶
⑤　水中に沈む女の屍＝水神との神婚
⑥　女を象徴するものとしての匣と褶＝今なお残る墓

それではこの構造から、どのような話型を抽出し、伝承を捉えなおすことができるだろうか。

従来この話型は神婚からの変形として捉えられてきた。弟日姫子伝承は蛇神と結ばれる神婚であり、妻問い伝承としての別嬢伝承にしても原型は神婚であった。あくまでも「貴人と結ばれる巫女」の物語として定義されてきたといえるだろう。

しかし貴人と結ばれる巫女たる女性たちの名に注目してみると、そこには聖性にもまして在地性があることがわかる。弟日姫子はまたの名を「松浦佐用姫」として『肥前国風土記』逸文や『万葉集』では知られており、別嬢も「印南の」別嬢であって、彼女たちはその名に地名が冠されているのである。それは今までにも何度も述べてきたように、彼女たちの「在地性」を示している。彼女たちはその土地の精霊でもあって、在地を離れることはない。新羅へ向けて発っていく狭手彦や、本拠地をヤマトとし、播磨国を巡幸していくだけの存在である景行天皇の、自由に土地間を移動していく身軽さとはなんと対照的なことか。これら伝承の表層に表れてはいないものの、土地を離れない女性と土地を通過していく男性という対比がこの話型の底流にはある。それは前章まで論じてきた、まさに「動く男」と「動かぬ女」の対比でもあった。

そのような対比の構造を、ここで「在地の妻」と名づけ、新しい話型として提案してみたいと思う。「貴人と結ばれる巫女」という型を見出したさらにその先に、「在地に根ざした女」と「通過していく男」の対比を考え、「在地の妻」という悲恋の話型を抽出してみたいのである。

四　『古事記』弟橘姫伝承

このように弟日姫子伝承と別嬢伝承を構造化してみると、その構造と一致するもう一つの伝承が思いおこされる。『古事記』弟橘比賣伝承もまたこの「在地の妻」の話型にあてはまるだろう。そこで最後に弟橘比賣伝承について取り上げることにする。

それより入り幸でまして、走水の海を渡りたまひし時、その渡の神浪を興して、船を廻らして得進み渡りたまはざりき。ここにその后、名は弟橘比賣命白したまひしく、「妾、御子に易りて海の中に入らむ。御子は遣はさえし政を遂げて覆奏したまふべし。」とまをして、海に入りたまはむとする時に、菅畳八重、皮畳八重、絁畳八重を波の上に敷きて、その上に下りましき。ここにその暴浪自ら伏ぎて、御船得進みき。ここにその后歌ひたまひしく、

さねさし　相武の小野に　燃ゆる火の　火中に立ちて　問ひし君はも

とうたひたまひき。故、七日の後、その后の御櫛海邊に依りき。すなはちその櫛を取りて、御陵を作りて治め置きき。

（『古事記』中巻）

この物語も同じように構造化すると、

① 「弟」という名＝巫女的な存在としての女
② 中央から来訪した貴人との婚姻
③ 鎮魂としての「入水」＝海神との神婚
④ 二人の住む世界の隔絶
⑤ 女の形見としての櫛＝今なお残る墓

ということになり、今まで論じてきた二伝承の構造に重ねあわせることができる。ここで一つ付け加えると、⑤の櫛は女性の霊魂を宿す形代であり、それが象徴するのは褶と同じく女の「巫女性」「神聖性」である。その墓が造られた場所について『古事記』は明記しないが、弟橘比賣の櫛が漂着したと言い伝えられている浜があり、漂着した櫛を祀る神社は今も存在している(12)。

倭建命は相模の国造の「詐」にあって焼き殺されそうになるが、叔母の倭比賣からもらった袋の中の火打ち石によって窮地を救われた。その後、走水の海が荒れて渡れないことが語られる。そこで何の前触れもなく后弟橘比賣が登場する。ただ海神の荒ぶる御魂を鎮めるために海中へと消えていくだけの存在であるかの如く、その登場は彼女の死と直結している。

おそらく弟橘比賣は、「弟」という名が示すように地霊を体現化した巫女的な存在であり、本来は神と結ばれるはずであっただろう。ここでは倭建命の妃となるまでの経緯も、その出自も語られることもなく、その登場からすでに倭建命の妃となっていて、彼女がどのような女性であったかをうかがいしることはできない。

しかし、荒ぶる海を鎮めるために生け贄となって海中に沈んでいくことは、弟橘比賣が海神の怒りを鎮めることのできる巫女であることを物語っている。その土地の巫女であったからこそ、海神の怒りを鎮めることができたのである。

ここで思考のベクトルを反転させて考えてみると、海中に沈みゆく様が、「菅畳八重、皮畳八重、絁畳八重を波の上に敷きて」と、あたかも神婚の様のように語られていることの不思議さが氷解する。弟橘比賣は本来あるべき姿に戻って、海神の嫁となって召されていったのである。彼女も弟日姫子や別嬢と同じく、貴人とはいえ人間である倭建命と結ばれてしまったがゆえに、死ななければならなかたのではないか。

それこそが、今「在地の妻」の話型として提案した構造である。在地の女性は本来その土地の神と結ばれるべき存在で、決して人の妻となってはならなかったのである。それゆえに彼女たちは悲劇的な死を迎えねばならず、その死は神の嫁として召されていくことであった。

このように伝承より抽出した話型から、反対にその伝承を捉え返したならば、今までわからなかった伝承の謎を読み解くこともできるだろう。

例えば、弟橘比賣の出自は、それに関して多くの諸説があるものの、決定打に欠けるとされてきた。橘という名からその産地である常世国を連想し、常世と海神宮との関連を考えて、弟橘比賣には海神の性格があるとする説(13)、あるいは東征が伊勢大神の霊験譚としての性格を持っていることから、伊勢神宮と弟橘比賣との関係を見ようとする説(14)、中央権力の東国への進出を記念する、橘という名の宮廷領が武蔵国にあって、それがタジマモリの常世国とあいまって弟橘比賣を神話的に作り出したとする説(15)、さらには『日本書紀』の「穂積氏忍山宿禰のむすめなり」という系譜から、穂積氏との関連で弟橘比賣を伊勢神宮の巫女として捉えようとする説(16)、その他枚挙の暇ないほど多くの説がある。

そこでここで提案してみたいのは、右に挙げたような歴史的事実としての弟橘比賣ではない、あくまでも伝承の話型から考えた弟橘比賣像、説話的神話的な「在地の妻」としての弟橘比賣である。

東を目指して移動していく倭建命は、通過していく土地の女たちと婚姻関係を結んでいった。尾張国の美夜受比賣が然りである。在地の女たちと関係を結んでいくことが、倭建命東征の目的の一つでもあったのだろう。そのようにして東国を平定し支配下へとおさめていくことが、真の日嗣として認められることでもあり、それは景行天皇の別嬢への妻問いに等しい。弟橘比賣は、倭建命の東征にともない結ばれていった、そのような在地豪族の娘にして巫女であったに違いない。そしてその出身は、『古事記』に詠まれた歌に「相武」とあること、入水した走水が現在の横須賀に比定されていることから考えて、おそらく相模国であったろう。

また弟橘比賣の入水は、弟日姫子が蛇という水神の犠牲となることや、別嬢が川の神に召されことに同じである。弟橘比賣は本来海神に仕える巫女であり、それにもかかわらず倭建命と結ばれたために海神の怒りをかったのであり、彼女はその怒りを鎮めるべく本来の姿にもどって神の嫁となったに過ぎない。はじめから神にのみ仕え、貴人とはいえ人間の男性と結ばれることがなければ、彼女たち在地の妻たちに、死が用意されることはなかったのではないか。弟日姫子は狭手彦と、別嬢は景行天皇と、そして弟橘比賣は倭健命と結ばれることがなかったならば、彼女たちは悲劇的な最期を迎えることはなかったのかもしれない。神を祀る巫女が人間の男性と結ばれてしまったことの悲劇が、「在地の妻」という話型でもある。そしてそれは神婚が信じられなくなった時、神の時代が終ろうとする時に登場する話型でもあった。

あるいは、第Ⅱ部第一章で考察した「色好み」が「動く男」の視点、続く第二章の「嫉妬」が在地を離れたために在地性を失いつつある女性の視点だとすれば、在地にあって「動かぬ女」の視点をこれら三伝承に見出すこともできるだろう。そのような在地の女性の視点から眺め見れば、これまでの解釈とは異なった在地の妻たちの姿が浮き彫りにされるのではないか。彼女たちは土地に根ざしたがゆえの強さを持っていた。

弟橘比賣は自ら進んでその身を海神に捧げているように、決して受け身に生きていたのではなかった。弟日姫子にしても、彼女は去っていった狭手彦を慕って泣き暮らしていたのではない。狭手彦が去って五日後には、「男」と結ばれていたではなかったか。結ばれた後にその「男」が狭手彦に似ていることに気づいていることからすれば、「男」が狭手彦に似ているから受け入れたのではないことは明らかである。狭手彦が去ったならば、彼女はまた他の「狭手彦」を受け入れるだけなのだ。神と結ばれる「一夜」は彼女の人生にとってただ一回限りの「一夜」ではない。その土地を去っていった「男」に別の土地での恋が約束されているように、在地の妻たちにもまた別の新しい恋は用意されている。弟日姫子は狭手彦が去って泣くばかりの弱い存在ではない。女性はもっとしたたかに生きていた。

そしてこの在地の妻たちは、やがてその土地を離れるようになることを、最後に付け加えておこう。「在地性」とは本来土地を離れないことであったが、それは「動かない」「動けない」ことと同義ではない。「在地性」とは土地の霊力を一身に受けた性質のことである。そのような「在地性」を所持した女性たちは、采女として中央に召されるようになり、それでもなおその「在地性」は失わずにいた。采女たちの名に土地の名が冠されていることが、何よりの「在地性」の証拠であろう。地霊と同化した在地の女性であるからこそ、采女の貢納によって天皇の支配は強化されるのであり、やがて彼女たちは「財」として交換されはじめるのであった。

むすび

一見似ていないように見える『肥前国風土記』弟日姫子伝承と『播磨国風土記』別嬢伝承、『古事記』弟橘比賣伝承は、今まで神婚からのヴァリエーションとして捉えられてきたが、話素を取り出し構造化してみるならば、そこに「在地の妻」という話型を見出すことができる。

「在地の妻」という話型、それは、土地の霊力を一身に受けた巫女的女性が、来訪する神と等価の貴人であるとはいえ人である男と関係を結んでしまい、その結果水神に召されて水中に沈んでいくという物語である。表層においてそれぞれは、悲恋の物語であり、妖怪談であり、妻問い譚であり、人身御供譚である。

しかしその底流には、土地を離れない女と土地を通過していく男の対比があった。とどまるものと去り行くものは一瞬交わるものの、決別する運命にある。その出逢いと別れの物語が「在地の妻」という話型でもあり、そこには「在地の妻」の、したたかに生きる女の姿があった。

注

（1）長野一雄「褶振峯説話の事実と虚構」（『国文学研究』53）早稲田大学国文学会、一九七四年

（2）『古事記』には褶の例が二つある。①スセリビメがオホナムチに授けた褶（「蛇の領布」・「呉公蜂の領布」）、②天之日矛が渡来してきた際所持してきた八種の宝のうちの褶（「浪振領布」・「浪切領布」・「風振領布」・「風切領布」）の二つである。

また松本弘毅は、崇神紀十年の記述や、雄略記の大殿祭祝詞にある褶を身に着ける描写から、褶が何かしら神聖なものであると考えられていたことは肯定できるが、これらの用例には「蛇の」や「浪振る」という修飾があることから一般的な褶ではないとし、弟日姫子の褶振る行為を具体的な神事と想定することは難しいとしている（「弟日姫子の〈巫女性〉」（『国文学』146）早稲田大学国文学会、二〇〇五年）。

（3）他にも『万葉集』に「日の暮れに碓氷の山を越ゆる日は背なのが袖もさやに振らしつ（巻十四・三四〇二）」、「可敵流廻の道行かむ日は五幡の坂に袖振れ我れをし思はば（巻十八・四〇五五）」などの例がある。
（4）西郷信綱『萬葉私記』未来社、一九七〇年
（5）神に仕える巫女は、その神の機織女でもあった。機を織ることは縫うことに繋がり、ここでは針と糸として表現されている。針と糸はまさに機織女としての記号である。
（6）西郷信綱「大嘗祭の構造」（『古事記研究』）未来社、一九七三年
（7）植垣節也校注・訳『風土記』（新編日本古典文学全集・小学館、一九九七年）の注による。また折口信夫も「わけ」は「わく・わか・わき」から派生したと述べている。
（8）吉野裕訳『風土記』（東洋文庫）平凡社、一九六九年
（9）阪下圭八「イナビツマ」（『文学』39（11））岩波書店、一九七一年
（10）（9）に同じ。
（11）雄略天皇は吉野宮に行幸した時、吉野川のほとりで出会った容姿美麗な童女と結ばれる。
（12）神名帳に上総國長柄郡橘神社とある。また、式内社ではないが武蔵国橘樹郡にも橘樹神社がある。
（13）竹野長次『古事記の民俗学的考察』早稲田大学出版部、一九五〇年
（14）直木孝次郎『日本古代の氏族と天皇』塙書房、一九六四年
（15）西郷信綱「ヤマトタケルの物語」（『古事記研究』）未来社、一九七三年
（16）上田正昭『日本武尊』吉川弘文館、一九六〇年／吉井巌「ヤマトタケル物語形成に関する一試案」（『天皇の系譜と神話』

一）塙書房、一九六七年

第Ⅲ部　「性」と交換

第一章　「妹」と「妻」

――社会化される「性」――

はじめに

古代において、妻を「妹」と呼び、夫を「背」と呼ぶと同時に、それが兄妹姉弟の関係を指していたことは周知の通りである。『日本書紀』仁賢天皇六年九月条の

古は兄弟長幼を言はず、女は男を以て兄と称ふ。男は女を以て妹と称ふ。

（『日本書紀』仁賢天皇六年九月条）

を例証として、本来「兄妹」は血の繋がった兄妹姉弟の関係を年齢の上下にかかわらず指す言葉であり、やがてそれが同性間や血縁関係にない異性間で用いられるようになったと考えられている(1)。

また大野晋は、「妹」は男にとって姉妹であると同時に結婚相手であり、「背」は女にとって兄弟であると同時に結婚相手を意味していて、人類の歴史の非常に古い段階には血縁結婚の時代という状態があったとする(2)。それを受けるかのようにして岩波日本古典文学大系『万葉集』（一）の冒頭解説文では、兄弟姉妹のうちすべて

の姉妹がすべての兄弟の結婚相手であるという結婚の方式が未開社会にはあったという研究から（3）、かつて日本にも兄弟姉妹間での近親婚があったのではないかと述べている（4）。

しかし西郷信綱が指摘するように（5）、現代人の尺度からはみだした奇妙な風習を、かつてあったであろう「野蛮時代」の残存と見ることは、我々のよくない傾向、悪習である。西郷が結論づけているように、「妹」はある限られた文脈においてのみ妻を指す言葉であることに注目するのならば、「妹」は歌語として存在していたと考えるべきであろう（6）。「妹」は歌の表現としてのみありえたのである。

この章では、歌語としての「妹」からその言葉の真の意味を探り、「妻」という言葉との差異について考えてみたい。「妹」から「妻」への呼称の変化のうちに、古代の「性」のあり方の変化をも見出せるのではなかろうか。

一　妹背という関係

西郷は人麻呂の石見相聞歌を例として挙げ、「妹」は歌の中においてのみ妻を指す言葉であることを指摘している（7）。

柿本朝臣人麿、石見の国より妻に別れて上り来る時の歌二首　并せて短歌

石見の海　角の浦廻を　浦なしと　人こそ見らめ　潟なしと　人こそ見らめ　よしゑやし　浦はなくとも
よしゑやし　潟はなくとも　鯨魚取り　海辺を指して　和田津の　荒磯の上に　か青く生ふる　玉藻沖つ

藻　朝羽振る　風こそ寄せめ　夕羽振る　波こそ来寄れ　波の共　か寄りかく寄る　玉藻なす　寄り寝し妹を　露霜の　置きてし来れば　この道の　八十隈ごとに　万たび　かへり見すれど　いや遠に　里は離りぬ　いや高に　山も越え来ぬ　夏草の　思ひ萎えて　偲ふらむ　妹が門見む　靡けこの山
（巻二・一三一）

石見のや高角山の木の間より我が振る袖を妹見つらむか
（巻二・一三二）

笹の葉はみ山もさやにさやげども我れは妹思ふ別れ来ぬれば
（巻二・一三三）

見てあきらかのように、題詞においては「妻に別れて」と「妻」とありながら、歌中においては「寄り寝し妹」「妹が門見む」「妹見つらむか」「妹思ふ」とある。同一人物を指す場合でも、散文においては「妻」であり、歌においては「妹」と表記されている。おそらく当時、そのような使い分けはあったのであろう。

このように古代における用字の使い分けは明確になされていて、「背」にしても、「兄」という意と「夫」という意が混同されることはなかった。先にあげた『日本書紀』仁賢天皇六年条の冒頭記述に次のようなくだりがある。難波の御津に居る女がひどく泣いているので、その理由を尋ねると、

母にも兄、吾にも兄。弱草の吾が夫㾃怜。
（『日本書紀』仁賢天皇六年九月）

という言葉が返ってきた。その女は、遣高麗使に従って港を発った夫を想って泣いていたという。女は異母兄に

嫁いだのでその夫は女にとって兄でもあり、また女の母と女の夫は同母兄妹という複雑な関係にあった(8)。そうであるから、このように兄と夫を同時に失うことを二重の悲しみとして歎いていたのである(9)。この時、「母にも兄、吾にも兄」という表現がなされていることから、兄を失うことは夫を失うことに等しかったことがわかるだろう。しかし、ここでは「兄」と「夫」の用字は使い分けられていて、決して「兄」と「夫」は同一視されてはいない。夫にも勝る兄との絆の深さはあったとしても、「兄」が夫のことを指すことはなかったのである。

これらのことから西郷は、もし「妹」が散文において用いられたならば、それは兄弟姉妹の「いもうと」のことであって「いも」ではないとし(10)、記紀冒頭のイザナキ・イザナミ神話の解釈にもあてはめるならば、散文で用いられる「妹イザナミ」は妻の意である前に「いもうと」のことであるとした。その結果天皇の始祖が近親婚であったということになり、当時多くの物議を醸したのであったが(11)、それが近親婚か否かということを、西郷にしても問題としていたのではなかったように思う。相聞歌における「妹背」は同母の兄と妹の関係に基づいて比喩的にそう呼び合ったと述べている通り(12)、おそらく夫婦という関係の根源には兄妹の幻想があった。世界の神話をみても、その始まりに存在する夫婦は兄妹であることが多い。それはいわゆる洪水型神話とよばれるものであり(13)、人間の始祖を辿っていけば、どうしたって血の繋がった二人にいきついてしまうということなのであろう。

あるいは古橋信孝は、『古事記』に兄妹婚の例を探すと天皇が「庶妹」と結ばれる十例があることから、同母妹との婚姻は禁忌であるが異母妹とは反対に理想婚であったと考え、一対の男女の結びつきの理想は兄妹であるが、兄妹は家族としては性的に禁忌であるゆえ、その性が疎外されて理想婚を幻想するのだと述べている(14)。さらに、奄美の「島建ティシンゴ」という神謡を例に挙げて、兄と妹の理想婚としての神話的関係が、恋人同士の呼び方として歌の世界にのみ様式化されたと規定している(15)。

古橋の禁忌であることと理想婚であることは性の疎外の二つのあらわれ方であって同じことなのだという見解、神話的幻想によって支えられてきた兄妹という言葉が、個的な恋愛関係をうたう場合に用いられ、以後平安時代まで兄妹婚が生き続けるのは歌の世界においてのみだという指摘はもっともなことだと思われる。しかしそれ以上に、古代日本においては兄妹の絆の深さが夫婦のそれに勝っていたのだという、そのことを忘れてはならないだろう。神話のレベルではなく現実のレベルとして、兄妹姉弟の親密な関係を再度捉えなおすべきではなかろうか。人類のはじまりから、近親相姦の禁忌が存在していたわけではない。そもそも禁忌とは社会が生み出した制度である。

邪馬台国の卑弥呼にはじまるヒメ・ヒコの関係は、記紀に多く語られている。例えば垂仁記に伝わるサホビコの反逆は、天皇に嫁いだ同母妹のサホビメの力を借りて天皇を殺害しようとしたが失敗に終ったという事件であるが、その時サホビメは、夫である天皇を愛しく思いながらも、兄サホビコとともに死んでいった。兄との血の結びつきの方が、夫婦の契りよりも強かったということである。

また允恭天皇の御代に起きた軽太子廃太子事件でも、同母妹の軽大郎と姦通したことがこの事件の発端にある。このことから当時同母妹との婚姻は禁じられていたのだとされている。禁忌があるということは、それが強く否定されなければならなかったということであり、もしかしたら同母妹との婚姻という事実があって、それが禁じられたという背景があるのかもしれない。しかし、今ここで問題としているのは、実際に近親相姦があったかどうかではない。兄妹、特に同母兄妹の絆の強さは、現代人の想像をはるかに超えたものであったに違いなく、柳田国男がいうところの「妹の力」、すなわち「妹」の霊威がその男兄弟を守護していたのだろう(16)。その兄妹の特殊な絆を断ち切る必要が生じたという、そのような社会的な変化があったことをこの禁忌は示しているのである。

しかも禁忌があってなお同母の絆は強かったらしく、兄の中大兄皇子の後を追って、夫である孝徳天皇を残し難波京を去っていく間人皇女や、密かに禁を犯してまでして斎宮である姉を尋ねた大津皇子のような例は後をたたない。このように古代においては、夫婦の契りを越える兄妹姉弟の関係、血の絆があった。夫婦以上に強い兄妹の関係は、考古学の研究からも明らかにされている(17)。弥生末期から確認される、古墳に埋葬された男女が血縁関係にあるという血縁優先の原理が、父兄直系家族が成立した五世紀になっても継承されているという。

そしてその兄妹姉弟の関係が、恋人や夫婦としての「妹背」になぞらえられたのである。それはおそらく「妹背」が理想婚であるというレベルではなく、もっと強烈に引き合う二人の関係として、夫婦の関係の上に「兄妹」の関係が投影されていたのだろう。夫にたいして「あに」が、妻にたいして「いもうと」が、という具合に、単独でそれぞれ「妹」と「背」が夫婦になぞらえられていたのではない。そこに幻想されているのは関係としての「妹背」である。対の概念としてしか語られないように、「妹背」は二人の関係を指すものとしてある。その関係の強さが血縁という絆として捉えかえされているのであり、血の幻想が「妹背」の関係に他ならない。

このように「妹背」とは、その血縁的絆の強さゆえに擬制的夫婦関係として語られていた。「妹」が男にとって姉妹であると同時に結婚の相手であり、「背」が女にとって兄弟であると同時に結婚の相手であった時代が実際に存在したと憶測するのでもなく、「血族婚」のかすかな痕跡をそこに見出すのでもなく、その関係の濃密さゆえにかつて妹背の関係が夫婦の関係としてごく自然に捉えられていたということである。

その時「妹」は女性に対してのみ用いられ、「背」は男性に対してのみ用いられることをここで改めて確認しておこう。それが同時に兄妹姉弟の関係であったように、「妹背」の性別は固定化されている。実は二人の関係を指す言葉の中で、「妹背」のように性別が固定化された言葉は存在しない。他の待遇表現を見てみるならば、「我」と「汝」にしてもそれぞれ男女両方に対して用いられていて、いわゆる性別を持っていない言葉であった。あるいは、やがて「妹背」にとってかわられる「妹」と「君」の関係について考えてみるのなら、もともと首長などの尊称であったこと、敬語を添えて用いられていることなどから、「君」には尊敬の意味があることは明らかであり、したがって対等な関係としてあった「妹背」のようなの関係を「妹」と「君」に想定することはできない。そこに律令制の成立にともなって新しく生まれた官人と女性たちの関係までを見出せるかは別として、この「背」から「君」への変化は単に呼称の変化ではなく、兄妹始祖に淵源する「妹背」という神話的関係の崩壊を告げるものなのであろう(18)。「妹」に対して「君」が用いられることによって、「妹背」と呼び合うような親密で対等であった二人の関係は損なわれていったのである。

また、「君」には固定化された性別がないことに触れておこう。女性になぞらえて戯れに詠んだ歌を除けば、男性が女性を「君」とうたったものがないことから「君」は男性に対してのみ用いられたとし、「妹」と「君」の関係に男性優位をみる見解もあるが(19)、「君」はあくまでも単に尊敬を含んだ表現で、男女どちらに対しても用いられ得る言葉であった。『万葉集』巻十二・三二六一番「思ひ遣るすべのたづきも今はなし君に逢はずて年

の経ぬれば」の左注に、

今案ふるに、この反歌は「君に逢はず」と謂へれば理に合はず。よろしく「妹に逢はず」と言ふべし。

（『万葉集』巻十三・三二六一左注）

と、「君」ではなく「妹」であるべきだとあるのは、「君」が男性に対する呼称であったことの左証ではなく、むしろ恋人を「妹」とは呼べない心境を編纂時には理解できなくなっていることを示しているのではないか。「妹」が寄り添うような二人の関係を示していたのとは対照的に、恋人を「君」と呼ぶ関係には二人の間に隔たりがある。その心理的隔たりが時間の経過に重ね合わされているのであれば、ここは「妹」ではなく「君」とあってよい。それがわからなくなっているということは、「妹背」の親密な関係が失われつつあったということである。

それでは、「妹背」とは一体どのような世界を表しているのだろう。「妹」と発すれば必ず「背」が連想される「妹背」には、常にある二人が想定されている。否、他人を排除した二人だけの世界が広がっている。「妹」と「背」は、二人のなかで二人を絶対的に位置づけたナ・ナレとは異なり、二人の関係を第三者の仮定の上に位置づけた呼称である故、この語を用いた歌は、ナ・ナレを用いた歌に比べて、会話性や日常性が希薄だ」とする伊藤博の説(20)には肯けない。「妹背」は第三者の仮定の上にある関係ではなく、あくまでも二人だけの世界の中にあって呼びあう言葉であり、二人だけの閉じられた世界においての呼称であった。そうであるから「妹と言はばなめし畏ししかすがに懸けまく欲しき言にあるかも（巻十二・二九一五）」と、気安く「妹」とは呼ぶことができないとうたわれるのであって、その二人の世界の閉鎖性を思えば、「妹背」は他者と入れ替え不可能な親密な関係であったということである。

その親密な二人の関係を示す「妹背」が歌の中でしか機能しないということは、歌が散文とは異なって贈答形式の上に成立した表現であることからすれば当然のことであろう。ある特定の一人に向けて発信された歌の世界には、「妹」と「背」の二人だけしか存在しない。反対の言い方をすれば、他者に開かれた散文において、「妹背」は成立し得ない待遇表現なのであった。

二　社会的関係としての「妻」

一方、散文にあらわれる「妻」という言葉は、どのような意味を持っていたのだろうか。同じく配偶者を指す言葉でありながら、「妹」とは異なる意味を持っていた。その何よりもの違いは、古代において「妻」は男女両性に対して用いられていたことである。『万葉集』巻八・一六一一の笠縫女王の歌を見てみよう。

あしひきの山下響め鳴く鹿の言ともしかも我が情都末　(巻八・一六一一)

この歌の最後の万葉仮名表記「情都末」の「つま」は、文脈から夫の意となり、「妻」という言葉は男性に対しても用いられていたことがわかる。また、巻十・一九九八「我が恋を孀は知れるを行く船の過ぎて来べしや言も告げなむ」でも「孀」という表記は夫のことをいい、巻十三・三三一四の歌にしても夫のことを「つま」と呼んでいる。

つぎねふ　山背道を　人都夫の　馬より行くに　己夫し　徒歩より行けば　見るごとに　音のみし泣かゆ　そこ思ふに　心し痛し　たらちねの　母が形見と　我が持てる　まそみ鏡に　蜻蛉領巾　負ひ並め持ちて　馬買へわが背

（巻十三・三三一四）

他人の夫は馬で山背道を行くのに、私の夫は徒歩でいくとあって、この「人都夫」「己夫」の「つま」も夫に対して用いられていることは明らかであろう。そもそも「妻」には「主たるものに添えたるもの」という意があり[21]、夫婦関係にある相手のことを「妻」は指していた。したがってそれは男女両性に対して用いられ、固定化された性別を持っていなかった。

また、この長歌において、「人都夫」に対比して「己夫」がうたわれていて、他者に対して「己」を引き合いに出しつつ「妻」という言葉が用いられていることは注目に値する。どうやら「妻」は、対外的な関係において結婚相手を呼ぶ言葉であるらしい。それはこの次にうたわれる反歌からも理解される。

泉川渡り瀬深み我が背子が旅行き衣ひづちなむかも

（巻十三・三三一五）

長歌では「己夫」とあったものが、この歌では「我が背子」と呼びかえられている。前者では他者との関係の上で「己夫」のことを語っていたのが、後者では個人的な感情をもって「背子」と呼びかけたということなのだろう。二人の関係においては「背子」であり、他者の介在した関係においては「つま（夫・妻）」なのである。先にも述べたように、「背」は「妹背」という密やかな二人の関係の上でしか認識されない言葉であったが、「妻」は対外的な関係において客観化された二人の関係をいう言葉であり、すなわち「妻」という言葉のうちには客観化された社会的な関係がある。二人の間で呼び交わされる時は「妹背」であり、対社会的な状況において相手を呼ぶ時は「妻」が用いられていたのである。

次に挙げる大伴家持の歌では、一首の中で「妻」と「妹」が使い分けられていて、その違いが明らかとなっている。

恋緒を述ぶる歌一首幷せて短歌

妹も我れも　心は同じ　たぐへれど　いやなつかしく　相見れば　常初花に　心ぐし　めぐしもなしに　はしけやし　我が奥妻　大君の　命畏み　あしひきの　山越え野行き　天離る　鄙治めにと　別れ来し　その日の極み　あらたまの　年行き返り　春花の　うつろふまでに　相見ねば　いたもすべなみ　敷栲の　袖返しつつ　寝る夜おちず　夢には見れど　うつつにし　直にあらねば　恋しけく　千重に積もりぬ　近くあらば　帰りにだにも　うち行きて　妹が手枕　さし交へて　寝ても来ましを　玉桙の　道はし遠く　関さへに　へなりてあれこそ　よしゑやし　よしはあらむぞ　ほととぎす　来鳴かむ月に　いつしかも　早くなりなむ　卯の花の　にほへる山を　よそのみも　振り放け見つつ　近江道に　い行き乗り立ち　あ

おにより　奈良の我家に　ぬえ鳥の　うら泣けしつつ　下恋に　思ひうらぶれ　門に立ち　夕占問ひつつ
我を待つと　寝すらむ妹を　逢ひてはや見む　　　　　（巻十七・三九七八）

歌の構成を簡単に記すと、冒頭から「我が奥妻」までが第一段で妻と相思であることを高らかにうたい、第二段の「大君の」から「関さへにへなりてあれこそ」までで公務のため妻と離れていることの苦痛を述べ、第三段「よしゑやし」以下では春になって上京したならば愛しい妻に逢えるという喜びをうたっている(22)。

第一段の最後で思い余って「我が奥妻」と呼びかけているのだが、越中国守赴任当初、家持は単身赴任であったため、この「奥妻」は都に残し置いてきた妻、「置く妻」から連想された家持独特の造語であったと思われる(23)。この「妻」という表現のうちには、対外的に客観化された妻がいて、その次にうたわれる「大君の命畏み」へと繋がっている。

つまり、国守として公務を語る家持が妻へ呼びかけるとすれば、それは「妹」ではなく「妻」であり、そのような客観化された妻が、歌を詠みすすめるうちに「妹が手枕」「寝すらむ妹」へと変わっていく。歌の冒頭では対外的な立場のもとで「奥妻」と呼びかけていた家持が、個人的な感情を吐露しはじめると妻を「妹」と表現するようになるのである。うたいぶりにしても、人麻呂を彷彿とされるような恋の常套表現を駆使しており、第二段以降は徐々に二人だけの閉じられた世界を語りはじめる。それが実際の家持と妻の関係であるということではなく、妻と遠く離れている男の物語として歌は展開され、個人的な感情が普遍化された恋の感情へと高まっていくかのようにうたわれているのではないか。

そのような歌の表現において、歌語としての「妹」は詠まれている。同じ女性を指しながら、その状況や作者の心情によって「妻」と「妹」は使い分けられていた。この気持ちの高揚に際して用いられる「妹」は、都に近づきつつあるがゆえの表現だと捉えられなくもないが、やはり一首の中で明確に使い分けられている「妻」と「妹」には、距離的な問題以上に、心情的な意味の違いがあったように思われてならない。「妻」は客観化された表現であり、「妹」は主観的に捉えられた表現なのである。

そしてここで再度強調しておきたいのは、「妹」は固定化された女性という性別があったが、男性にも女性にも用いられる「妻」にはそのような性別はなかったことである。社会化され、客観化された「妻」にはある意味において性別がないのである。それは一体どういうことなのだろうか。

次に「妻」を含む表現から、「妻」という言葉について考えてみたい。

三　「隠り妻」の豊饒

『万葉集』において「妻」という語が後ろにつく表現を調べてみると、「ともし妻」（一例）「花つ妻」（一例）「花妻」（一例）「片恋妻」（一例）「よそり妻」（一例）「言寄せ妻」（一例）「一夜妻」（一例）「心妻」（一例）「奥妻」（一例）「思ひ妻」（二例）「遠妻」（五例）「隠り妻」（八例）「人妻（十五例）などがある。

そのうちの「思ひ妻」「心妻」「奥妻」はどれも心の奥で思っている妻の意であり、「奥妻」が対社会的な状況において用いられる言葉であることはすでに触れた通りである。

また「ともし妻」「遠妻」という表現は、『万葉集』中では織女を指して用いられていることがあるように（巻十・二〇〇二・二〇三五）、遠方に離れている妻のことをいい、「奥妻」という表現との類似が考えられる。想っている対象と離れているということは、二人の関係を「妹背」と表現できないということなのだろう。空間的な距離が心情的な距離に影響を与えつつあるようにも受け取れる。そのような意味では、花のように美しいが実を結ばない「花妻」や、触れてはならない期間の妻をさす「花つ妻」とも重なるところがある。どこか隔たりがあって、寄り添えない心情がこれらの言葉のうちにはあった。

「よそり妻」「言寄せ妻」は人の噂によって結ばれた妻の意、「片恋妻」は片想いの妻の意、「一夜妻」は一夜を過ごした「つま（夫）」、すなわち行きずりの男のことと解されている（巻十六・三八七三）。「妻」には他者の介入や客観化している視点があって、二人きりの世界を構築することはなかったようである。

以上「妻」がつく用例を長々と列挙したが、今ここで「妻」を考える上で着目したいのは、用例の多い「隠り妻」と「人妻」である。まず「隠り妻」を考えるにあたり、集中に用いられている八例を挙げることにする。

①秋萩の花野のすすき穂には出でず我が恋ひわたる隠り妻はも　（巻十・二二八五）
②色に出でて恋ひば人見て知りぬべしこころのうちの隠り妻はも　（巻十一・二五六六）
③天飛ぶや軽の社の斎ひ槻幾代まであらむ隠り妻ぞも　（巻十一・二六五六）
④しなが鳥猪名山響に行く水の名のみ寄そりし隠り妻はも　（巻十一・二七〇八）
⑤里中に鳴くなる鶏の呼び立てていたくは泣かぬ隠り妻はも　（巻十一・二八〇三）

⑥春されば　花咲きををり　秋づけば　丹のほにもみつ　味酒を　神なび山の　帯にせる　明日香の川の
早き瀬に　生ふる玉藻の　うち靡き　心は寄りて　朝露の　消なば消ぬべく　恋ひしくも　しるくも逢へ
る　隠り妻かも　（巻十三・三二六六）
⑦こもりくの　泊瀬小国に　よばひせす　我がすめろきよ　奥床に　母は寐ねたり　外床に　父は寐ね
たり　起き立たば　母知りぬべし　出でて行かば　父知りぬべし　ぬばたまの　夜は明けゆきぬ　ここだ
くも　思ふごとならぬ　隠り妻かも　（巻十三・三三一二）
⑧杉の野にさ躍る雉いちしろく音にしも泣かむ隠り妻かも　（巻十九・四一四八）

右の用例から、「隠り妻」はその全ての歌において最後に詠まれていることがわかり、恋人に向かって呼びかけるという点で、それは「思ひ妻」「心妻」「奥妻」に通じるものがあった。

しかしこの「隠り妻」という言葉には、単に心の奥深くで大切に想っているというそれらとは異なる意味合いがある。スサノヲが八俣大蛇退治の後に詠んだ出雲八重垣の歌に「妻籠みに八重垣作る」と、妻と一緒に婚舎にこもることがうたわれているように、こもることは契を結ぶことであり、こもっている妻というのはまさに今婚姻関係を結ぼうとしている女性の状態のことであった。そこから転じて「隠り」という言葉は神迎えのために聖所に忌みこもっている状態を指し(24)、密閉された空間の中で神を待ち迎えることがその本来の意義であるとして、「隠り妻」とは「神の嫁」ともなるべき忌みこもりを行っている女性のことだと解されている(25)。そこに新嘗の際に忌みこもっている女性の姿を重ね合わせることもできるだろうか。また、逢引する男女は神になるゆえ神婚のように人目・人言を避けてこもっている結婚前の女性(26)、通い婚であった当時共同体の禁忌的習慣や家父長権支配の干渉を憚って自らの思いを秘している女性であるともされている(27)。

このようにその発生時における意味や解釈に違いはあるけれど、集中に収録されているこれらの歌をみる限りにおいて、「隠り妻」とは人目をはばかって隠れている妻のこと、何かしらの隔たりがあって思うように逢えない妻を指す言葉であった。その二人の間に横たわる隔たりに注目するならば、「遠妻」や「ともし妻」「心妻」「思ひ妻」などとは異なって、「隠り妻」にはどこか禁断の恋のイメージがつきまとう。「妻」という言葉が持っている対社会的な意味合いは感じられず、「隠れる妹」という表現が存在しているように、むしろ社会を拒むような関係、「妹」が持っていた密やかな二人の関係が、この言葉の背後にあるのではないか。「妹背」という関係の根底にあった禁忌が、「隠り妻」との禁断の恋のイメージに投影されているのかもしれない。

そして何よりもここで重要なことは、男性に対しても用いられる「妻」が、「隠り妻」においては女性のみが対象となっていることである。「隠り妻」は女性の「隠り」を意味する言葉であったのである。女性にだけ「隠る」ことが許されていて、「隠る」ことと女性との間には密接な関係があった。

例えば「隠る」という言葉が使われる歌を見てみると、

玉かぎる岩垣淵の隠りには伏して死ぬとも汝が名は告らじ　(巻十一・二七〇〇)

神なびの打廻の崎の岩淵の隠りてのみや我が恋ひ居らむ　(巻十一・二七一五)

のように、淵にこもるようにして恋しく想うとうたわれている、その表現の背後には、水辺に象徴されるような、「死」に縁取られた世界が広がっている。「隠る」が「死」を意味することからすれば当然のことではあるが、ここには「死」がやがて「生」へ向かうという前提がある。水辺は「死」の世界の表象としてあるのではない。「水」が若水の如く再生の力を秘めたものであるように、そこから再生するという意味が水辺には込められていて、その「死」からの再生がまさに「隠る」ということであった。

あるいは神々の出産の場面を思い浮べてみよう。トヨタマビメは産屋にこもって御子を出産しており、「隠る」ことが子を産むこととして語られている。『出雲国風土記』飯石郡熊谷郷では女神は出産にあたり、こもり産む場所を求めている。

熊谷の郷　郡家の東北のかた卄六里なり。古老の傳へていへらく、久志伊奈太美等與麻奴良比賣命、任身みて産みまさむとする時、生まむ處を求ぎたまひき。その時、此処に到來りまして、詔りたまひしく、「甚く久麻々々しき谷なり」とのりたまひき。故、熊谷といふ。

（『出雲国風土記』飯石郡）

クシイナダミトアタハスマヌラヒメノは妊娠して出産しようとした時、産むにふさわしい場所を求めて熊谷に到り、その地が山深く奥まったところであるからふさわしいとしたという伝承である。なぜ出産の地を熊谷に求めたかといえば、そこが「くまくましい」からであり、「くまくましい」の「くま」には隠れた所を指す意があった[28]。隠れこもることと出産は深いところで結びついている。この女神はいわば天然の産屋を求めて、「くまくましい」この地に到ったのである。

つまり産屋とは、「隠り居る」ための空間であり、それ自身が子宮としての機能をもつものでもあった。「孕み」という生命の誕生と「隠り」は、重ね合わせて捉えられるべきなのである。外界と隔絶されながらも復活を待つ言葉として「隠り」を考えることもできるように(29)、おそらく「隠り」という状態には、女性の子を生む力、「孕み」の力がこめられている。「孕む」力を秘めた女性が「隠り居る」ことにおいて獲得する生産性が、「隠り妻」という言葉のうちにはある。

そのような「隠り居る」ことによって得られる生命の萌芽は、次に挙げた歌の中にも息づいている。

たらつねの母が養ふ蚕の繭隠り隠れる妹を見むよしもがも　(巻十一・二四九五)
梅の花咲けるがなかにふふめるは恋か隠れる雪を待つとか　(巻十九・四二八三)

前者は「繭隠り」しているような女性を恋しく想う歌である。ここにうたわれているのは、母が飼う繭の「繭隠り」に喩えられた「妹」の「隠り」の姿であり、蛹になるべくこもる空間としての繭に女性の「隠り」を連想している。この「隠り」は実際にこもっていることを示しているばかりではなく、おそらく母によって女性が大切に育てられたことの比喩でもあろう。

後者の歌では、花が咲いている中にあってそれだけ蕾のままであることに、秘した恋を重ねあわせている。雪を待つ蕾のように、誰かに恋している作者の姿を思い描くこともできるだろうか。この「含める」と表現された空間は、まさに密閉された「隠り」の空間として捉えられている。

　このように繭や蕾といった「隠り」の空間は、あたかも子宮のように新たな生命を育んでいるからこそ恋の喩えとなるのであって、そこには「隠れる妹」の姿があった。「隠り」と生命の誕生は、女性の子宮を媒介としてさらに「恋」へと導かれていくのである。

　そのような視点にたって、「隠り」という語を含む歌の用例を再度注意深くみるならば、

住吉の粉浜のしじみ開けもみず隠りてのみや恋ひわたりなむ　（巻六・九九七）
隠りには恋ひて死ぬともみ園生の韓藍の花の色に出でめやも　（巻十一・二七八四）
隠りのみ恋ふれば苦し山の端ゆ出で来る月の顕さばいかに　（巻十六・三八〇三）

のように、「隠り」が「恋ふ」と共に用いられていることに気づかされる。「隠り」「恋」という「ko」音の連続から連想された「隠り恋ふ」という表現が、古代においてはごく一般的になされていたのではないか。「隠り恋ふ」ようにして恋人を想うのである。そこには「恋」は「隠る」ようにして想うものだという発想がある。そもそも「隠り」には子を生むような生産性があり、恋が実って子の出産へと繋がるというような「恋」の幻想があったのだろう。古代人にとって「恋」とは、まさに実って孕むものなのである。

　そしてそのような生産性を秘めた「隠り妻」は、「妻」という社会化された関係を示す言葉を含みつつも、「妹」を彷彿とさせるような表現であったことを指摘しておこう。本来社会的に開かれた存在であった「妻」が、ある

何かの支障があって社会からこもっている状態、すなわち「妹」に近い状態にあることを「隠り妻」は指しているのであった。

四 「人妻」と交換

次に「人妻」について考えてみたい。『万葉集』において、「妻」という語を含んだ表現の最も多い例は、「人妻兒（子）ろ」を含む「人妻」の例（十五例）である。最も多いということは、「妻」が「人妻」という表現においてその意味を色濃く示していることの現れだろう。

①人妻とあぜかそを言はむしからばか隣の衣を借りて着なはも（巻十四・三四七二）
②悩ましけ人妻かもよ漕ぐ舟の忘れはせなないや思ひ増すに（巻十四・三五五七）
③つぎねふ　山背道を　人夫の　馬より行くに…（巻十三・三三一四）
④神木にも手は触るといふをうつたへに人妻といへば触れぬものかも（巻四・五一七）
⑤赤らひく色ぐはし子をしば見れば人妻ゆゑに我れ恋ひぬべし（巻十・一九九九）
⑥黄葉の過ぎかてぬ子を人妻と見つつやあらむ恋しきものを（巻十・二二九七）
⑦うちひさす宮道に逢ひし人妻ゆゑに　玉の緒の思ひ乱れて寝る夜しぞ多き（巻十一・二三六五）
⑧人妻に言ふは誰が言さ衣のこの紐解けと言ふは誰が言（巻十二・二八六六）
⑨おほろかに我れし思はば人妻にありといふ妹に恋ひつつあらめや（巻十二・二九〇九）

⑩小竹の上に来居て鳴く鳥目を安み人妻ゆゑに我れ恋ひにけり　（巻十二・三〇九三）
⑪息の緒に我が息づきし妹すらを人妻なりと聞けば悲しも　（巻十二・三一一五）
⑫紫草のにほへる妹を憎くあらば人妻故に我れ恋ひめやも　（巻一・二一）
⑬鷲の住む　筑波の山の　裳羽服津の　その津の上に　率ひて　娘子壮士の　行き集ひ　かがふ嬥歌に　人妻に　我も交はらむ　我が妻に　人も言とへ　この山を　うしはく神の　昔より　禁めぬわざぞ　今日のみは　めぐしもな見そ　言もとがむな　（巻九・一七五九）
⑭あずへから駒の行ごのす危はとも人妻ころをまゆかせらふも　（巻十四・三五四一）
⑮あずの上に駒を繋ぎて危ほかど人妻子ろを息に我がする　（巻十四・三五三九）

これらの例から、「人妻」はその多くが女性を指していることがわかり、一般的にはいわゆる他人の妻の意だとされている。この解釈に多田一臣は疑問を呈しており、この時の「人」は「神」に対置した「人」であるとし、「人妻」とは本来神と結ばれるべき女性が「人」の妻になったための呼称であって、ここにある「人妻」への恋の禁忌は、「神の嫁」である女性への求婚の禁忌だと述べている[30]。その根底には、女性は生涯を通じて神の世界に帰属する存在であるから、成人女性は神の許しを得て人と結ばれるという考えがあるらしい[31]。そのような「神」に対する「人」の観念がこの言葉のうちにないとはいえないものの、「人妻」が男性に対しても用いられる用例③のような例があることからも、やはり単純に「人妻」は他人の妻や夫の意であったと考える方がよいだろう。他人の「妻」に対する禁忌が、これらの歌の背景にはある。

ただそこにあった他人の「妻」に対する禁忌は、現在のような道徳的観点からいわれるところの禁忌ではあるまい[32]。人妻への恋の禁忌に「妹背」の恋の禁忌を重ね合わせ、本来の「背と妹」の関係が「背と人妻」という関係において詠まれることで回復されるとする指摘[33]、あるいは歌垣の祝祭的な場においては人妻との恋が非日常的・非理性的転換を誘引するものとしてあって、男の闘争的本能や禁忌侵犯への欲情をかりたてもしたとする説もあるように[34]、「人妻」への恋の禁忌は制度的なものではないだろう。古代人の持っていた「生産性」へのこだわりを考えるのであれば、「他」と交わることに対する願望があって、それが禁忌であればなおさらのこと、「人妻」に恋焦がれたのではなかろうか。「人妻」でなければ、これほどまでに恋焦がれることはないのかもしれない。そういう逆説が、「人妻」との交わりにたいする禁忌にはある。しかもその交わりには、禁忌ゆえの、ある特別な力が働いていた。

そもそも「人妻」との交わりは常に禁忌であったわけではない。⑬の例に「人妻に我も交はらむ我が妻に人も言とへこの山をうしはく神の昔より禁めぬわざぞ」（巻九・一七五九）とあるように、歌垣という神聖な時空間における「人妻」との性的な結びつきは神に許された行為であり、決して禁忌ではなかった。勿論ある特別な場、ある特別な時にだけ許された行為ではあるけれど、「人妻」との交わりのうちに存在する男女の関係は、個人的なものではない。「人妻」と交わるということには交換の原理が働いていて、それが主に歌垣の場でなされていたことを思えば、「人妻」の交換は共同体レベルでの交換であったといえる。「他」と交換することによって、共同体内に溜まっていた穢れや負の力は除かれ、世界は更新されていく。モノの流通に同じく、性も交換することによって活性化し、その活性化によって新しい命は誕生し、停滞していた力がまた新しく動きだすのである。「人妻」には、交換による活性化の機能がある。

そしてそのような交換は、男性側の視点からのみ捉えられていたのではなかった。「人妻」が男女両性に対して用いられていることから考えてもそれは明らかで、男女は対等に交換されるものとしてあった。何度も述べているように、「妻」という関係は男女の個人的な関係ではなく、社会化された関係を示すものであり、そうであるからこそ共同体に回収されていく生産性を象徴したものでもあった。性的な結びつきは共同体にとって未来を担う子の出産をもたらすものであるから、あらゆる生産を象徴したということになろうか(35)。「隠り妻」にも見られた生産性が「人妻」の中にも存在していて、それが共同体共有のものとして幻想されているのである。古代における「性」は必ず生産と関わっている。

つまり、「妻」に男女の別はなくとも「性」はあった。ただその「性」は、「妹」が持っていた生物学的な「性」、動物的な「性」ではない。社会化された「性」、交換を許す「性」、共同体共有の財産としての「性」である。したがって「人妻」という言葉はあっても「人（他）妹」という言葉は存在しなかった。それは「一夜妻」はあっても「一夜妹」という表現がなかったことに同じである。ある特別な夜に神と結ばれる「妻」は、ある意味で交換可能な存在であり、決して固定化された妹背の関係として成立していたわけではなかったのである。

最後にもう一つ、交換される「性」を語る「人妻」の例を示そう。人妻の用例として挙げた⑫は、額田王の「あかねさす紫野行き標野行き野守は見ずや君が袖振る」（巻一・二〇）に答えた大海人皇子の歌である。この時、かつて大海人皇子の妻であった額田王は中大兄皇子の妻となっていて、ゆえにこの「人妻」という表現はなされたのであった。この「人妻故に」という表現には、人妻なのにという解釈以外に、人妻だからなおのこと、という解釈がある。この「人妻」にも歌垣におけるような交換の原理が働いているとするならば、人妻だからなおさら恋しいとする後者の解釈の方が、三人の関係や状況をより正確に捉えているように思われる。

おそらく、額田王をめぐる中大兄皇子と大海人皇子の関係は、それまでいわれてきたような三角関係ではなく、その関係の根底には互いに娘を嫁がせるというような、「財」としての女性の交換の問題があった[36]。それはまさしく中臣鎌足が采女安見児を得たことと同じような、交換による関係の強化がある。贈与にしろ等価交換にしろ、およそ交換というものは、その結果交換した者同士の間に関係を生じさせる。贈与であれば主従関係であり、等価交換であれば協定関係である。逆の言い方をすれば、交換とはモノの移動にあらず、人と人との間の結びつきである。交換することにおいて、人と人との関係は生じる。まさにそのような交換が、額田王をめぐってなされたのであり、それを端的に示すのが「人妻」という言葉であった。この言葉の背後には交換されるモノとしての「他」の意識があったはずだ。

そしてその交換の原理が働くのは、「妹」ではなく「妻」なのである。対社会的な概念である「妻」であればこそ交換が可能なのであり、そうであるから、この二〇番歌の前半で「にほへる妹」と二人の関係の上で呼びかけていたのが、後半にきて「人妻」と言い換えられることになる。

このように、「妻」という語が客観化された二人の関係を示すゆえに社会的待遇表現となったことを契機として、密やかな関係のうちにあった「性」は社会化され、交換されはじめるようになった。それが「人妻」という言葉のうちに隠された交換の原理であり、ある特別な時と場所においてのみ交換が可能であった「性」が、人々の間で流通していく兆しをここに見出すことができるだろう。やがて「性」は、「妹」や「妻」にあった生産性とは無縁のものとなり、共同体の豊饒幻想から切り離されて、商品化されるようになるのであった。

注

（1）伊藤博「相手を呼ぶ言葉」（『万葉集の表現と方法』）塙書房、一九七六年
万葉初期においては、「妹背」は結婚相手に対する呼称であったが、第四期になると、例えば大伴田村大嬢が坂上大嬢にむけて「妹」と呼びかけているように（巻四・七五六など）、同性の兄弟姉妹を呼ぶ際にも用いられている。
（2）大野晋「おとうと・いもうと」（『日本語の年輪』）新潮社、一九六六年
（3）モルガンは、兄弟姉妹のうちすべての姉妹がすべての兄弟の結婚相手である種族がいると述べている（モルガン（青山道夫訳）『古代社会』岩波書店、一九五八年）。
（4）高木市之助・五味智英・大野晋校注『万葉集』（日本古典文学大系）岩波書店、一九五九年
（5）西郷信綱「近親相姦と神話」（『古事記研究』）未來社、一九七三年
（6）品川滋子は、雄略天皇即位前紀三年八月条の「吾妹」割注に「妻を称ひて妹とすることは蓋し古の俗か」とあることから、イモが妻を意味するのは古語または歌語であったと述べている（「イモ・セの用語からみた家族・婚姻制度」（『文学』27（7））岩波書店、一九五九年）。
（7）（5）に同じ。
（8）女の祖母ははじめ嫁いで哭女を生み、夫と娘の死後、娘の夫と結ばれて龜寸を生んだ。哭女が生んだ飽田女が龜寸に嫁いだので、このような複雑な関係になった。

（9）坂本太郎・家永三郎・井上光貞・大野晋校注『日本書紀』（日本古典文学大系・岩波書店、一九六七年）は、麁寸は飽田女の母にとっては兄であり、飽田女自身にとっては夫であることを、二重の悲しみと解釈している。

（10）（5）に同じ。

（11）益田勝実は、次のように西郷を批判している。イモ・セという語の意味を時代的に即して捉えなおす方向からだけ実証的に進めた点は認めるものの、なぜ兄妹が神話の中でタブーを犯さなければならなかったかについては言及せず、神話研究としては不十分であり、神話で近親相姦を語ることとそれがタブーとして存在することを「兄と妹の絆の強さという一つの現実の二つのあらわれ」とするような、現実をめぐる問題ではないとし、タブーを成立させたのは「兄と妹の絆の強さ」ではなく、もっと古く人間以前の社会から経験的にさぐりあてられている、社会構造の創出のしかた、その維持のしかたにかかわる、優生学的選択であると述べている（「読み・潜在への旅」〔『秘儀の島』〕筑摩書房、一九七六年）。また、近親相姦をめぐる問題は、一九四九年に開かれたシンポジウムにおける岡正雄の発言にはじまり、松前健『日本神話の新研究』（桜楓社、一九六〇年）、小島瓔礼「イザナキ・イザナミの婚姻」（伊藤清司・大林太良編『国生み神話・高天原神話』）学生社、一九七七年）、西田長男「神の隋獄の物語」（『古代文学の周辺』南雲堂桜楓社、一九六四年）、保坂達雄「兄と妹―習俗と神話の構造試論」（古代文学会編『文学の誕生』（シリーズ古代の文学3）武蔵野書院、一九七七年）など多数の論文内で論じられているが、ここでは近親相姦の問題を主として取り上げているわけではないので、以上論文の紹介にとどめる。

（12）西郷信綱『古事記注釈』第四巻、平凡社、一九八九年

（13）太古大洪水によって、一度この地上の人間が絶滅の憂きめをみた時、幸運に生き残った一組の幼い兄妹がやむなくインセ

スト・タブーを犯して始祖となったという伝承はアジア各地や、日本においては琉球弧に多く残されている。多くの研究がイザナキ・イザナミ神話を洪水型神話と捉える中で、服部旦は近親婚であることをやわらげる機能をもつ「洪水ゆえに」という語りがないことから、イザナキ・イザナミ神話はいわゆる洪水型兄妹相姦神話ではなく、創造型の神話であるとする（「岐美神話と洪水型兄妹相姦神話」（横田健一編『日本書紀研究』第八巻）塙書房、一九七五年）。

（14）古橋信孝『古代の恋愛生活―万葉集の恋歌を読む』ＮＨＫブックス、一九八七年
（15）古橋信孝「兄妹婚の伝承」（古代文学会編『伝承と変容』（シリーズ古代の文学５））武蔵野書院、一九八〇年
（16）倉塚曄子「兄と妹の物語」（『巫女の文化』）平凡社、一九七九年
（17）田中良之「古代の家族」（赤坂憲雄・中村生夫・原田信男・三浦佑之編『女の領域・男の領域』（いくつもの日本Ⅵ））岩波書店、二〇〇三年
（18）高野正美「社交歌としての恋歌」（『万葉集作者未詳歌の研究』）笠間書院、一九八二年
（19）（１）に同じ。
（20）（１）に同じ。
（21）『日本国語大辞典』小学館、一九七二年
（22）窪田空穂『万葉集評釈』東京堂、一九四三年／武田祐吉『萬葉集全注釋』改造社、一九四八年
（23）土屋文明『万葉集私注』第十七巻　筑摩書房、一九六九年
（24）高野正美「新嘗の東歌」（『日本文学』35（４））日本文学協会、一九八六年
（25）多田一臣「隠り妻と人妻と―万葉集の表現を考える―」（『国語と国文学』63（11））至文堂、一九八六年

（26）（14）に同じ。
（27）近藤潤一「「隠り妻」発想の論―相聞歌における隠妻的発想様式と叛乱皇子譚の抒情伝統における意味―」（『国語国文研究』20）北海道大学国文学会、一九六一年
また、近藤は「隠り妻」一連の作品が人麻呂集との関連が密接な巻十一に集中的におさめられていることから、そのような詩語を抒情詩脈に取り入れたのは人麻呂、または人麻呂階層の舎人集団であったと推測している。
（28）秋本吉郎校注『風土記』（日本古典文学大系・岩波書店、一九五八年）の注。
（29）新谷正雄「万葉「隠妻」考」（『跡見学園女子大学文学部紀要』36）跡見学園女子大学、二〇〇三年
ただし新谷は、この女性の復活の「隠り」を成女へと変身するためのものと考え、「隠」を「孕み」の問題としては捉えてはいない。
（30）（25）に同じ。
（31）多田一臣「我や人妻」（『古代文学表現史論』）東京大学出版、一九九八年
（32）大久間喜一郎は、人妻への禁忌があるもののそれを敢えて冒そうとすることから、人妻に触れる罪悪感はあったがそれは形式的なものにすぎないと述べている（「人妻・隠妻の文学」（『古代歌謡と伝承文学』）塙書房、二〇〇一年）。
（33）辰巳正明「万葉集を世界にひらく―兄と妹の恋」（『文学・語学』173）全国大学国語国文学会、二〇〇二年
（34）森朝男「歌垣を揺れ曳く宴―額田王の解読」（『古代和歌と祝祭』）有精堂、一九八八年
（35）古橋信孝『万葉集を読みなおす―神謡からうたへ』ＮＨＫブックス、一九八五年
（36）永藤靖「額田王の結婚―交換の原理―」（『文学』56（6））岩波書店、一九八八年

第二章　采女

――「性」における禁忌と交換――

はじめに

今まで采女については実に多くの論文が書かれており、采女とは何か、一つ問うにしても諸説様々である。その論を大きく分けるのであれば、諸豪族が服属の証として差し出した人質が起源であるとする説(1)、巫女的な宗教的性格をみて単なる人質ではないとする説(2)の二つになるだろう。

またその語源も、門脇禎二によれば

1「氏之女」がつづまってウネメとなった。

2項（くびのこと）に領巾をかけるところからウネゲベという呼称が生じ、嬰部《うなけべ》からウネメとなった。

3対語ウネ・トネのウネの意、内（ウ）で神職にあるもの（ネ）のこと。

4丱童女（少女）の意。

5垂髪女（童女の髪型）の意。

6畝女の意。

と六説あって、定説と呼べるようなものはないという(3)。采女とは、大化改新の詔では貢として献上された郡少領以上の姉妹及び子女とあり、軍防令の記述から弓馬に優れた子弟である兵衛と表裏をなす関係で貢進されたと考えられている(4)。しかし律令以前の釆女の実態については、なお不明な点が多いといわざるを得ない。

そのような中で倉塚曄子の釆女論は、釆女が大化改新の詔に「姉妹」とあることに着目し、宗教的な力をもった「妹」の献上は「妹なる皇妃」を制度化したものであり、やがて「妹」を失ったヒメヒコ制は急速に解体されたとする(5)、大変興味深いものである。

地方の豪族層の出身であるという点からいえば、地方から嫁いできた妃たちと釆女は同等のものとして捉え得る存在ではある。しかし、「神」の嫁であった巫女が「人」の嫁となり、やがて釆女へとなっていったと考えるには、どこか飛躍があるように思われてならない。宗教的力によってその兄弟を支える「妹」が、一方では皇妃となり、一方では釆女になることはあったとしても、「妹なる皇妃」が「妹なる釆女」となることはあり得ないのではないか。釆女は交換されるが皇妃は基本的には交換されないという違いが、その二つの間にはある。「性」の交換という観点に立てば、釆女はむしろ遊行女婦に近い存在ではなかろうか。

そこでこの章では、釆女とは何か考えることから、女性の「性」の禁忌と交換について考えてみたいと思う。

一　皇妃たちの「性」

『日本書紀』応神天皇二十二年条に次のような記述がある。

二十二年春三月の甲申の朔戊子に、天皇、難波に幸して、大隅宮に居します。丁酉に、高台に登りまして遠

> に望す。時に、妃兄媛侍り。西を望りて大きに歎く。兄媛は、吉備臣の祖御友別の妹なり。是に、天皇、兄媛に問ひて曰はく、「何か爾歎くこと甚しき」とのたまふ。對へて曰さく、「近日、妾、父母を恋ふ情有り。便ち西望るに因りて、自づからに歎かれぬ。冀はくは暫く還りて、親省ふこと得てしか」とまうす。爰に天皇、兄媛が温凊之情篤きことを愛でて、則ち謂りて曰はく、「爾二親を視ずして、既に多に年を経たり。還りて定省はむと欲ふこと、理灼然なり」とのたまふ。則ち聴したまふ。仍りて淡路の御原の海人八十人を喚して水手として、吉備に送す。
>
> 夏四月に、兄媛、大津より船発して往りぬ。天皇、高台に居しまして、兄媛が船を望して、歌して曰はく、
>
> 淡路島　いや二並び　小豆嶋　いや二並び　寄ろしき嶋嶋　誰かた去れ放ちし　吉備なる妹を　相見つるもの
>
> （『日本書紀』応神天皇二十二年条）

応神天皇の後宮に仕えていたと思われる兄媛が、高台に登った時、西の方を向いてため息をついた。その理由を天皇が尋ねたところ、父母が恋しいと言う。そこで天皇は八十八人の水手をつけて、吉備国へ送らせた。その難波大津より出航していく船を見て、このようにうたった。

淡路嶋と小豆嶋は二つ並んで好ましい嶋。私も兄媛と寄り添っていたのに、一体誰がその仲をさいてしまったのか。吉備の兄媛と睦みあっていたかったのに。

ここで問題となるのは、すでに多くの注釈書が指摘するように(6)、一体誰が二人を引き離したかという歌の表現が散文と一致しないことである。散文では兄媛の「孝」に感心して天皇が帰国することを許したのであって、

二人が引き離されてしまったわけではない。この矛盾に関し大館真晴は、孝徳紀（大化五年三月条）の「山川に鴛鴦二つ居て偶よく偶へる妹を誰か率にけむ」を引き合いに出し、その歌における「誰か率にけむ」の「誰」は「死」という人間の力を越えたもののことであって、具体的に誰か人を指すのではないことから、ここでも兄媛が帰国するのは人間の力を越えた不可避な力ゆえだと解釈し、天皇の兄媛への思いの強さの表現であると述べている。さらに加えて、帰郷の原因は父母を思う情であり、それを許すことによって、「孝」という儒教道徳を優先させた徳の高い応神天皇像が浮き彫りにされているという(7)。

確かにこの物語にある種の儒教思想を見出すことはできるだろう。しかし、それは天皇側からの論理であり、男性目線での解釈である。うたわれている情景と妹を思う気持ちには、道徳的な観点は感じられない。しかもその「孝」の解釈を導きだした兄媛の言葉をよく見れば、その底流にあるのは父母を思う心ではなく故郷を思う気持ちではないのか。「冀はくは暫く還りて、親省ふこと得てしか」は、高台に登り、「便ち西望るに因りて」喚起された感情であり、遠く故郷の方をみはるかして思わず口をついた言葉である。そこには望郷の念がある。

これと同様の、天皇の近くに仕えていた女性の帰国の物語は仁徳記にもある。

その大后石之日賣命、甚多く嫉妬みたまひき。故、天皇の使はせる妾は、宮の中に得臨かず、言立てば、足もあがかに嫉妬みたまひき。ここに天皇、吉備の海部直の女、名は黒日賣、その容姿端正しと聞こしめして、喚上げて使ひたまひき。然るにその大后の嫉みを畏みて、本つ國に逃げ下りき。天皇、高臺に坐して、その黒日賣の船出でて海に浮かべるを望み瞻て歌ひたまひしく、

沖方には　小船連らく　くろざやの　まさづ子吾妹　國へ下らす

とうたひたまひき。故、大后この御歌を聞きて、大く忿りまして、人を大浦に遣はして、追ひ下ろして、歩より追ひ去りたまひき。ここに天皇、その黒日賣を戀ひたまひて、大后を欺きて曰りたまひしく、「淡路島を見むと欲ふ。」とのりたまひて、幸行でましし時、淡路島に坐して、遥に望けて歌ひたまひしく、

おしてるや　難波の崎よ　出で立ちて　我が國見れば　淡路　自凝島　檳榔の　島も見ゆ　放つ島見ゆ

とうたひたまひき。すなはち其の島より傳ひて、吉備國に幸行でましき。ここに黒日賣、その國の山方の地に大坐しまさしめて、大御飯を獻りき。ここに大御羹を煮むとして、其地の菘菜を採む時に、天皇その孃子の菘を採める處に到りまして歌ひたまひしく、

山縣に　蒔ける菘菜も　吉備人と　共にし採めば　樂しくもあるか

とうたひたまひき。天皇上り幸でます時、黒日賣御歌を獻りて曰ひしく、

倭方に　西風吹き上げて　雲離れ　退き居りとも　我忘れめや

といひき。また歌ひけらく、

倭方に　往くは誰が夫　隠水の　下よ延へつつ　往くは誰が夫

とうたひき。　（『古事記』下巻）

右の黒日賣伝承は、帰国の原因が正妻である磐姫皇后の嫉妬であったという違いがあるものの、天皇との間に交わされる歌をみれば、先に挙げた兄媛伝承との類似は明らかである。その出身地が同じく吉備であることから、

この二つの伝承は同根のものであるという説さえある(8)。それはともかくとして、地方より集められた女性が何らかの理由で故郷に帰ることがあったという事実を、これらの伝承は反映しているのだろう(9)。伝承前半部の磐姫皇后嫉妬のくだりも、仁徳天皇の黒日賣への想いの強さを際立たせるだけであり、この伝承の中心にあるのは磐姫皇后の嫉妬深さではなく、一度は中央に召されたが在地へと帰っていく女性との恋のやり取りである。ここでは女性の帰国の物語がそのまま天皇の巡幸説話と結びついていて、地方を訪れ婚姻関係を結んでいった「色好み」とは対照的である。はじめに「男」の訪れ、すなわち妻問いがあって、その土地の「女」と結ばれていく恋の物語ではなく、反対に、故郷を懐かしく思い去っていった愛しい「女」を求めて「男」がその在地を訪れている。その地で黒日賣は天皇にその土地の菜を摘んで食事を差し出すのだが、本来この贄の献上は婚姻が結ばれた時になされるはずのものではなかったか。つまりここに描かれているのは、中央に召された女性とのやり直しの恋である。巡幸する天皇がその土地のヲトメと出会い結ばれていくということをはじめから辿るようにして、帰国後の黒日賣との関係は結びなおされていくのである。

それでは何ゆえに「女」は故郷へと戻っていくのだろう。地方から後宮へと召し集められた女性たちは、その多くが土地の名が冠されていることからも明らかのように、本来土地の精霊ともいうべき巫女であった。女性の「性」とは在地性のことでもあれば、その「性」が不確かなものとなった時、女性は在地性を取り戻すべく生まれた故郷へと戻り癒されるのではないか。そこで失われた自己を回復するために。

このように、古代における「恋」はいつでも「訪れる男」とそれを在地で「待つ女」の間でなされるものであり、したがって恋歌は旅の歌のような様相を呈してしまうのかもしれない。「倭方に往くは誰が夫隠水の下よ延へつつ往くは誰が夫」はこの物語の文脈にはぴったりあてはまるものではないものの(10)、そこには、はるばると国境を越えて「男」が「女」のもとを訪れる、「恋」の本質がうたわれている。しかもそのはじまりに常に「西を望りて」「遥に望けて」とあることは興味深い。妻問いの巡幸にはどこか国見的発想があるようだ。国見をすることと妻を地方に求める「色好み」は、領土の拡大と保全のもとではパラレルに語られるものだったのである。

二　采女の「性」

ところで、先に挙げた仁徳記の黒日賣は、西郷信綱によれば黒髪の美女で吉備海部直の貢した采女ではないかという(11)。となれば、おそらく応神紀の兄媛も采女の可能性があるということになるのだろう。

采女とは、改新の詔に

凡そ采女は、郡の少領より以上の姉妹、及び子女の形容端正しき者を貢れ。

（『日本書紀』大化二年春正月条）

とあるように、地方豪族の首長の姉妹であり、彼女たちはかつてのヒメヒコ制のヒメに当たる、巫女的存在であったと考えられている。「妹」の貢納は王権に対して服従を意味する一方で、ヒメを失った地方権力は、彼女たちが担っていた祭祀権をもヒコに（兄弟）が一身に担うようになった結果、急速に家父長的な権力構造になったという(12)。

おそらく、地方から召された巫女的な存在であること、それが王権に対する服従を意味したということ、大きくその二つの類似によって黒媛たち妃と采女は同一視されてしまうのだろう。しかし、黒日賣も兄媛も天皇の側近くに仕える女性であり、地方豪族の妹や娘であることは確かであるが、采女であるとは記されていない。その記述が厳密に書き分けられているのだとすれば、その二つには違いがあるはずである。

一体その違いとは何だろう。采女が記紀ではどのようなものとして描かれているのか。そこから采女とは何かを考えてみよう。

『日本書紀』履中天皇即位前紀に次のような話がある。

仁徳天皇の死後、黒媛を皇太子妃にするべくその使者として遣わされた履中天皇の同母弟住吉仲皇子は、自らを皇太子と偽って黒媛と姦通してしまう。そうとも知らず、翌日黒媛のもとを訪れた皇太子は、前日に住吉皇子が忘れた鈴を見て全てを察する。黒媛との姦通を知られてしまった住吉仲皇子は謀反を企てるも失敗し、謀反に加担しようとした倭直吾子籠は、皇太子によって殺害されそうになる。そこで倭直吾子籠は妹の日之媛を差出し、命が救われたという。

ここで采女として差し出された日之媛は雄略紀にも登場し、そこでは彼女の美しさが雄略天皇の怒りを鎮めている。本来采女の貢進起源として一つであったものが、両紀に分かれて収録されたのではないかともいわれているのだが[13]、興味深いことは、『古事記』に唯一登場する采女、雄略記の三重采女も、「豊楽」と思われる酒宴の場に登場していることである。采女は天皇の食膳をつかさどるものらしく、食膳をつかさどることはすなわち神に仕えることであり、ここに巫女的な性質を見出すことができる。采女は現人神である天皇に仕える巫女なのであろう。それは帰国後の黒媛に同じである。

安閑紀元年閏十二月条には、廬城部連枳莒喩の娘である幡媛が物部大連尾輿の首飾りを盗んで春日皇后に献上し、それが発覚したために枳莒喩は幡媛を采女として献上したという伝承も伝わっている。その時あわせて安芸国過戸の廬城部屯倉も罪の贖いとして献上されていることは、采女が屯倉と同等のものであることを示していて極めて象徴的である。

つまり日之媛や幡媛たち采女は、罪の贖いのために差し出されるものであり、罪のかわりに屯倉同様に扱われて交換されていく財なのである。それは『肥前国風土記』彼杵郡の伝承で、土蜘蛛の女首長である速来津姫が、服従の印として秘蔵の玉を献上することに等しい行為ではないか。采女は交換されるものとしてある。黒日賣が天皇に仕えるようになった経緯はわからないけれど、妻問いのやり直しとして彼女の帰国後の物語を捉えてよいのであれば、そこに財として交換された関係を見出すことはできない。妻問いがあって結ばれていく王と在地のヲトメの恋は、決して服従の印として差し出された交換物ではないはずだ。仁徳記の黒日賣と日之媛をはじめとする采女とでは、財として捉えられているかどうかという点で決定的な違いがある。

したがって、妃との恋は必ずその結果として子を身ごもることが期待されているが、采女との交わりにそれは期待されていない。例えば『日本書紀』雄略天皇元年条の記事を示そう。

春日和珥臣深目の娘である童女君はもと采女であったが、天皇の寵愛をうけて一夜で女子を身ごもった。しかし一夜にして身ごもったために、なかなか天皇の子として認められなかった。生まれてきた子が成長し天皇にそっくりであったので、一夜でも七回召したのであれば妊娠して当然だと臣下に諭されて、その女の子を自分の子であると認めたという。

なぜ天皇が自分の子であることを疑ったかといえば、それは一晩の出来事であったからである。この「一夜孕み」に注目して松村武雄は、雄略天皇の三人の妃の中で、「一夜孕み」が他ならぬ采女であった童女君に関して語られているのは、彼女が巫女的な存在であったからだと述べている(14)。采女だからこそ一夜の妊娠が可能であったとするのであるが、果たしてそうなのだろうか。

ここではその妊娠が一晩で七回交わった結果なら当然だという笑い話になっていて、「一夜」のマジカルな力は信じられていない。神の嫁であった巫女的存在が采女となった時、「一夜孕み」に秘められていた神婚幻想は失われてしまったと、そう解釈すべきではないか。他の男性との恋が固く禁じられていた采女が、他の男性の子を身ごもることなどあり得ない。それにもかかわらず、自分の子として認めようとしなかったのは、采女には子を出産することが期待されていなかったからではなかろうか。

本来の「一夜孕み」は、西郷信綱も指摘するように天皇の即位式の一環である聖婚の説話化であり(15)、大地を象徴する女性を娶り自然の豊饒を保証する必要が王にはあった(16)。そのような幻想が、土地の精霊である巫女との交わりの果てにはあったはずであるのに、ここでは采女の妊娠が問題とされていないばかりか、生まれてきた子が誰の子かすぐに知ろうともしない。それは「孕み」にではなく「交わり」に関心が移ってしまったからに違いない。もはや「性」は、豊饒に結びつくことは期待されていず、ただ単に交換されていくだけのものとなってしまったのである。

そういうと誤解を招くおそれがあるので一言付け加えておくと、采女の妊娠が語られるに値しないということではない。采女が皇子・皇女を出産する記事は『日本書紀』をはじめとする正史に登場し、例えば伊賀采女宅子娘が産んだ大友皇子のように、皇位継承者の候補となることもある。しかしその妊娠出産には、豊饒を願った、大地の女神と王との聖婚幻想はない。文武天皇の三人の后たちが、大宝律令執行直後は身分的に同一に「嬪」と称されていて、当時は未だ妃・夫人・嬪の称号が定まっていなかったこと[17]、律令体制成立期においては妻と妾の相続が、その子供の分も合わされば同等であり[18]、妻妾未分離であったということからも[19]、問題とされているのは子を産んだ妻ではなく子自身であることは明らかである。女性の「性」そのものが生命の神秘を感じさせなくなり、豊饒の幻想が信じられなくなったというべきかもしれない。

またその後の采女の姿を辿っていくと、伊賀国の伎女から采女を経て姓さえ与えられて従三位に昇格した飯高宿禰諸高や、天皇の寵愛を受けて因幡の采女から正四位に昇格した因幡国造浄成女のように、律令制下の采女たちは出身して下級官人としての生涯を送ることもあったが、氏女貢進制によって後宮に女孺が登場するようになると、畿内中央貴族の貢女である女孺に比して身分の低い采女は出身が期待できなくなったという[20]。制度として律令体制の中に組み込まれていったならば、采女は歌でもって奉仕する巫女的であったかつての面影を失ってしまうのであった。

三　「性」の禁忌と交換

ここで改めて、記紀に登場する采女伝承を、倉塚曄子の分類[21]を参考に列挙して、采女とは何か整理したいと思う。

『日本書紀』

①仁徳四十年是歳	采女磐坂媛	新嘗に持す。
②履中即位前紀	倭直吾子籠の妹日之媛	謀反の罪の贖いとして献上される。
③允恭五年七月	小墾田采女	天皇に近侍し玉田宿禰の叛意を探る。
④允恭四十二年十一月	采女	畝傍山を愛でた新羅人が罰せられそうになる。
⑤雄略元年三月	春日和珥臣深目の娘童女君	一夜の妊娠を疑われるが、産んだ娘が皇女として認められる。
⑥雄略二年七月	百済の池津媛	天皇の召しにもかかわらず、石川楯に通じ焚刑に処せられる。
⑦雄略二年十月	倭の采女日媛	狩において天皇の怒りを鎮める。
⑧雄略九年二月	采女	胸方神祭祀に派遣された河内直香賜が、采女姦通罪で斬刑となる。
⑨雄略九年三月	吉備上道采女大海	新羅征伐の大将軍小弓宿禰に妻として与えられる。
⑩雄略十二年十月	伊勢の采女	高台を走る木工をみて気絶し、それを姦通と誤解された木工が処罰されそうになる。
⑪雄略十三年三月	采女山辺小嶋子	歯田根命は姦通罪で処罰されそうになり、太刀献上で

		許される。
⑫雄略十三年九月	采女	ある木工が裸体で相撲をとる采女に気をとられ手元を誤り死罪となるも、同伴の工匠の歌によって救われる。
⑬安閑元年閏十二月	廬城部連枳莒喩の娘幡媛	盗みの罪を贖うため采女として献上される。
⑭敏達四年正月	伊勢大鹿首小熊の娘菟名子夫人	天皇の子を産む。
⑮舒明即位前紀	采女等	諸皇女と共に危篤の推古天皇の枕頭に近侍。
⑯舒明二年正月	蚊屋采女	天皇の子を産む。
⑰舒明八年三月	采女	采女に姦通した者を処罰し、それを恐れて三輪君が自殺する。
⑱孝徳大化二年正月	詔	采女貢上に関する詔。
⑲天智七年二月	伊賀采女宅子娘	天皇の子を産む。
⑳天武十一年三月	詔	采女の肩布を禁ずる詔。
㉑持統元年正月	采女等	天武天皇の殯宮で発哀。
『古事記』		
㉒雄略記	伊勢三重采女	新嘗の豊楽に侍し、杯に葉が入ったことを理由に処罰されそうになるが、歌を献じて許される。

二十二例の分類を見ると、天皇の妻になったり近侍したりするものは十例（①③⑤⑦⑭⑮⑯⑲㉑㉒）、姦通に関する、あるいは類似するものは七例（④⑥⑧⑩⑪⑫⑰）、服属伝承は二例（②⑬）、采女に関する詔二例（⑱⑳）、采女が与えられている伝承一例（⑨）となっている。

この分類からもわかるように、采女とは、地方豪族の女性が中央に召されて天皇に近侍し、「豊楽」で酒を献じるような、宗教的な行事にたずさわる巫女的な存在であった。発生的には、ヒメヒコ制の中で土地の精霊を担い、それゆえにまた国家の霊性をも背負わされ、その長い伝統の中で変容を遂げながらもその本質は変わらず、宮廷の内外に渉って祭祀や節会の宗教的現場に深く関与していたという、保坂達雄の指摘の通りであろう(22)。

そして極めて特徴的なことは、姦通に関する禁忌を語る伝承が二十一例中七例と多いことからも理解されるように、采女は天皇とのみ交わることが許されていたことである。それにしても、何ゆえに采女の姦通が、これほどまでに禁止されているのだろうか。中でも④の畝傍山をめでた新羅人が采女と姦通したかのように疑われたこと、⑩で高楼を走っただけであるのにその姿に驚いて采女が気絶したために死罪となったことは、あまりに仰々しい話である。その異常さは、安閑紀元年条の、こともあろうに後宮に逃げ込んだ伊甚国造が伊甚屯田を献上して罪が許された記事と比較しても明らかである。皇后の身におよんだ不祥事よりも、采女への姦通の疑いの方がはるかに罪深いのである。それを折口信夫が指摘するように(23)、采女は神妻であるからその神聖性ゆえに天皇以外の男性との交わりが斥けられたのだと解するだけでよいのだろうか。他の男性と交わる「穢れ」を嫌ったという、それだけの理由なのか。

おそらく、采女姦通の禁忌の根底にあるのは、「穢れ」の概念ではあるまい。「性」は交換されることによってある価値を持ちはじめ、その価値は禁忌が課されることによってより一層高められていく。采女の「性」は天皇に独占されることによって特異化し、特異化すればするほど憧れを持って語られるようになる。したがって采女が与えられるようなことがあれば、藤原鎌足が「我れはもや安見児得たり皆人の得かてにすといふ安見児得たり（巻二・九五）」と喜ぶのであり、その下賜は禁忌の超越という意味を持っていた[24]。⑨においても、新羅征伐に際して小弓宿禰に采女が与えられるのは、その任務の重大さがあってのことだったろう。

また、采女への姦通は、次の資料が示すように不敬罪でもあった。

右、安貴王、因幡八上采女を娶る。係念きはめて甚し。愛情もとも盛りなり。時に勅して、不敬の罪に断め、本郷に退却く。ここに王の意悼び悲しびて、いささかにこの歌を作る。

（『万葉集』巻四・五三四・五三五左注）

安貴王は因幡の八上采女を娶ったばかりに不敬罪に問われ、本貫の地に退けられている。天皇の支配が法によらず服属儀礼等の儀礼により保証されていた当時、服属の象徴として貢上された采女への姦は天皇への反逆を意味すると関口裕子は指摘する[25]。先述した仲皇子などの場合を考えるならば、謀反を誘引した妃に対する姦こそがむしろ反逆の印であって、采女の姦が即ち天皇への反逆であるとは思われないが、采女の姦は罪が重く流罪であった。『続日本紀』天平十一年三月条では石上朝臣乙麻呂と若売はそれぞれ土佐国と下総国に配流となり、『万葉集』巻十五目録では女嬬狭野弟上娘子を娶った臣朝臣宅守は越前国に配流となっている。前者では天平十一年の大赦で若売だけが許され、後者では宅守だけが流罪となっていることからすると、どうやら姦を犯した男性に対する罪の方が処罰として重かったようで、それは采女の「性」が特別視されていたことを示しているように思われる(26)。姦の罪が男性に対しての方がより重いということは、采女の「性」が天皇に所有されていたがゆえの、その所有への犯しという罪の認識があったからに違いあるまい。

そしてそのように特異化された「性」ゆえに、采女は禁忌の犯しから自らの命を絶つものまで現れ、彼女たちの「死」は悲劇性を帯びたものとして歌われるようになる。

吉備津の采女が死にし時に、柿本朝臣人麿が作る歌一首 并せて短歌

秋山の　したへる妹　なよ竹の　とをよる子らは　いかさまに　思ひ居れか　栲綱の　長き命を　露こそば　朝に置きて　夕は　消ゆといへ　霧こそば　夕に立ちて　朝は　失すといへ　梓弓　音聞く我れも　おほに見し　こと悔しきを　敷栲の　手枕まきて　剣大刀　身に添へ寝けむ　若草の　その夫の子は　寂しみか　思ひて寝らむ　悔しみか　思ひ恋ふらむ　時にあらず　過ぎにし子らが　朝露のごと　夕霧のごと

(巻二・二一七)

短歌二首

楽浪の志賀津の子らが罷り道の川瀬の道を見れば寂しも

(巻二・二一八)

そら数ふ大津の子が逢ひし日におほに見しくは今ぞ悔しき

(巻二・二一九)

右に挙げたのは、吉備津采女が死んだときに柿本人麻呂が詠んだ歌である。この歌には、題詞に吉備津采女とあるにもかかわらず、歌中では志賀津の子となっていて矛盾しているという問題があり、吉備津采女と志賀津の子は同一人物か否かという議論がなされてきている。「志賀津」や「大津」が近江大津宮を喚起し、その大津宮の壮麗とその焼失に采女の美しさと悲劇が重ねあわされ、そのような「文学的な表現効果」をねらって、歌では「吉備津采女」のことを「志賀津の子」と呼んだのだとするならば[27]、この二重呼称は同一の采女のことを指していて、近江朝の吉備津采女と解すべきなのであろう[28]。

いずれにせよここに歌われているのは采女の死であり、「時にあらず過ぎにし子」への「悔しみ」や「寂しみ」である。自ら命を絶ったと思われる采女の、その夫の心情に寄り添うようにして哀しみは語られる。「我」の心情が「夫の子」の心情に完全に融合していて、その結果「我」を主張すればするほど「夫の子」の悲嘆が強調されるという挽歌的抒情を作りだしている[29]。その采女の死の原因は、天皇以外の男性と関係を持ってはならないという禁忌の犯しであったに違いなく、采女の美しさとそれゆえの悲劇が、「露」や「霧」のはかなさと重ねあわされて描出されている。露や霧をはかないものの比喩として用いたのはこれがはじめてらしい[30]。

そのような采女の美しさの隠喩は、同じく人麻呂による出雲娘子の死を悼んで詠まれた歌にも見出すことができる。

溺れ死にし出雲娘子を吉野に火葬る時に、柿本朝臣人麿が作る歌二首

山の際ゆ出雲の子らは霧なれや吉野の山の嶺にたなびく　（巻三・四二九）

八雲さす出雲の子らが黒髪は吉野の川の沖になづさふ　（巻三・四三〇）

ここでは出雲娘子とあって采女とは明記されていないが、おそらく彼女は出雲出身の采女であったろう[31]。この娘子の入水のイメージは、その後『大和物語』一五〇段の猿沢池に入水した采女伝承となって語り継がれていった[32]。入水した美しい采女の、その黒髪が水面に靡く様はまさに玉藻が流れに漂う様であり、ここに死を選ぶ神の妻、巫女的な女性の姿を見ることも可能だろうか。女と水には通底するイメージがあり、それはこの歌についで収録されている真間娘子伝承にも通じる、折口のいうところの「水の女」である[33]。

采女の入水に、真間娘子伝承などの伝承歌をどれほど重ね合わせて考えていいのか、それは甚だ疑問ではあり、采女と天皇とある「男」の関係は、一人の「女」をめぐる「男」たちの争いと本質的には異なるものではある。そうではあるが、伝承歌の「女」もまた、どの「男」との交わりも拒否している点で、天皇以外との交わりが閉ざされている采女に同じではないか。これらはともに恋愛的に不遇な女性の死者に対する挽歌であり、生前、死者の女性と恋愛的な関係や立場にあった者をうたいこみ、かつ作者自身の立場でも死者に対する感情を述べるという共通する手法をも持っているという指摘もある[34]。虫麻呂によって『万葉集』に歌われた真間娘子は（巻九・一八〇七・一八〇八）、梳らず沓もはかず、さながら狂女の様相であり、それはとりもなおさず神が憑いた状態を表しているとしたら、真間娘子伝承は神の妻としての「女」と神ならぬ人間の「男」たちの叶わぬ恋の物語であり、その延長線上に采女の悲劇を見たとしてもあながち間違いではあるまい。誰のものでもありながら誰のものともならないことは、誰に対しても閉ざされているに等しい。

門脇禎二が人麻呂の吉備津采女挽歌について、采女を悲劇のヒロインとしてとり扱い美化しすぎていて怒りすら覚えるとさえ述べているように[35]、確かに『万葉集』に歌われる采女は記紀に描かれていた采女とは異なった印象を受ける。それは『万葉集』において、采女がいわば歌語として采女が歌われているからであり、さらには「采女の袖吹きかへす明日香風都を遠みいたづらに吹く（巻一・五一）」の「袖吹きかへす」情景に、「恋愛的情趣」というにとどまらず、身体的・性的ニュアンスを含む官能性をも認めることができるだろう[36]。しかし、ここに歌われている女性の「性」は、決して神聖化され美化されているわけではない。

駿河采女が「敷栲の枕ゆくくる涙にぞ浮寝をしける恋の繁きに（巻四・五〇七）」とうたったように、采女たちの「性」が閉じられ天皇に所有されるものとなった時、むしろ「性」は神聖性を失いはじめるように思われる。閉じられることは隠されることでもあり、「性」はどこか穢れたものとして扱われるようになるのではなかろうか。『万葉集』の采女からは、もっと肉体的に生々しい「性」を感じられはしないか。

そしてそのように「性」を閉じたものへと変えたのは、他でもない姦通の禁忌であり、禁忌を課すことによって「性」は交換価値を高めてもいく。禁忌を課され閉ざされたものとなった「性」は、聖であると同時に賤であるという二面性を持ちはじめ、貨幣のように交換されるものとなる。貨幣的な存在として采女はある。

そのような「貨幣」的な性質は、右大臣家の宴会に侍り、橘の歌を詠んだ豊島采女（『万葉集』巻六・一〇二六・一〇二七）や、歌によって葛城王の怒りを解いたもと采女（『万葉集』巻十六・三八〇七）の姿の中にも見出すことができるだろう。歌をもって奉仕する彼女たちは言葉の媒介者であり、人と人との交流を生じさせる、まさに「貨幣」的な媒介者であった。地方信仰を宮廷信仰へと統一していくことを目的として貢納された采女は、やがて任期を終え故郷に退き、今度は反対に宮廷信仰を地方に流布し宣布する役割を担っていくことにもなる(37)。中央と地方の文化的な架け橋としても機能しはじめるということであり、このように采女という制度には、巧妙に仕組まれた禁忌と交換のシステムが存在しているのであった。

むすび

女性は、豊饒なる「一夜」が何度も再生産されていた如く、もっとしたたかに生きていた。決して受身的に存在していたわけではない。大地に根ざした女性の「性」には、結ばれて豊かな実りを約束する呪的力があった。ところが、女性の「性」が在地から切り離されてしまったならば、その「性」はもはや効力を持たない。在地から離れてあることに対する悲しみが、冒頭で取りあげた兄媛の嘆きであり、在地に帰ったことによって癒される黒日賣をみれば、女性のあるべき姿がどのようなものであったかは明らかだろう。女性の「性」には在地性があり、在地性がある限りにおいては、それは交換されるものとはなり得ない。故郷を懐かしく思い望郷の念にかられる妃たちは、在地性が希薄となっているとしても、服属の印として結ばれた婚姻関係であろうとも、決して交換されていく対象とはならないのである。

それとは対照的に、そもそもその発生の時点において貢納されるものであった采女には、たとえその名に土地の名が冠されていようとも、本来女性の「性」にあった在地性は損なわれている。在地と切り離されて中央に召された采女の「性」は、豊饒幻想を支える聖なる力を失い交換されるものとなる。

例えば額田王は、天武天皇の子を産みその後天智天皇の後宮に入ったとされるも、天智天皇の後宮記事には登場せず、天武天皇の後宮記事に登場するものの嬪としてすら公認されていないこと、『薬師寺縁起』に「三采女」の筆頭として額田王の名があることから、「采女的」な存在として捉えられている[38]。すでに前章で述べたように、采女的であるがゆえに彼女は関係を築くため天武天皇から天智天皇へと財として交換されていったのであり、身分としては後宮において妃・夫人についで列せられていないからこそ、交換される財となり得たのかもしれない。

このように、采女たちの「性」は財として存在していて、ある意味において商品化さえされつつあった。さらに交換されていった結果、在地性を失った「性」は、聖なるものから賤なるものへと変化をとげていくことになる。その時「性」は境界性を獲得し、貨幣のように流通するものへとなるのであった。

注

（1）磯貝正義「采女制度の研究」（『郡司及び采女制度の研究』）吉川弘文館、一九七八年／植田篤子「采女考」（『国文学』16）関西大学国文学会、一九五六年／門脇禎二『采女―献上された豪族の娘たち―』中公新書、一九六五年／土橋寛「宮廷寿歌とその社会的背景―「天語歌」を中心として―」（『古代歌謡論』）三一書房、一九六〇年

（2）折口信夫「宮廷儀礼の民俗学的考察―采女を中心として―」（『折口信夫全集』第十六巻）中央公論社、一九五六年／上井久義「采女の源流について」（『史泉』4）関西大学歴史学会、一九五六年／岡田精司「大化前代の服属儀礼と新嘗―食国（ヲスクニ）の背景―」（『古代王権の祭祀と神話』）塙書房、一九七〇年／桜井満「采女と万葉集」（『国学院雑

誌』70（11））国学院大学、一九六九年
（3）前掲（1）門脇貞二論文
（4）前掲（1）磯貝正義論文／前掲（2）桜井満論文
（5）倉塚曄子「采女論」（『巫女の文化』）平凡社、一九七九年
（6）土橋寛『古代歌謡全注釈　日本書紀編』角川書店、一九七二年
（7）『日本書紀【歌】全注釈』（大久間喜一郎・居駒永幸編、笠間書院、二〇〇八年）の応神紀の項（大舘真晴担当）。
また中島悦次も、黒日賣と兄媛伝承の二つは、一つの話であったものが別話として伝えられたのだろうと述べている（『古事記評釈』山海堂出版、一九三〇年）。
（8）吉井巖「応神天皇の周辺」（『天皇の系譜と神話』一）塙書房、一九六七年
（9）曽倉岑「イワノヒメの嫉妬」（日本文学研究資料刊行会編『古事記・日本書紀Ⅱ』（日本文学研究資料叢書））有精堂、一九七五年
（10）西郷信綱『古事記注釈』第四巻　平凡社、一九八九年
（11）（10）に同じ。
（12）（5）に同じ。
（13）坂本太郎・家永三郎・井上光貞・大野晋校注『日本書紀』（日本古典文学大系）岩波書店、一九六七年
また中村生雄は、ヒノヒメという名はタマヨリビメに同じく一般名詞ではなく「神の妻」という意の普通名詞であり、それゆえにここでは倭直の巫女の集合名であると考え、そのような女性の貢納は宗教的な服属を示すと述べている（「祟り

神と始祖神　神と祀りの発生と制度」（『日本の神と王権』）法藏館、一九九四年）。
（14）松村武雄「瓊瓊杵尊・木花開耶姫の婚姻神話」（『日本神話の研究』第三巻）培風館、一九五五年
（15）西郷信綱『古事記の世界』岩波新書、一九六七年
（16）（5）に同じ。
（17）野村忠夫『後宮と女官』教育社歴史新書、一九七八年
（18）関口裕子「律令国家における嫡妻・妾制について」（『史学雑誌』81（1））山川出版、一九七二年
（19）高群逸枝『招婿婚の研究』（高群逸枝全集）理論社、一九六六年
（20）須田春子「命婦・女孺・采女」（『律令女性史研究』）千代田書房、一九七八年
また、吉川真司によれば、采女は女孺より低い身分ではあるが最下級の宮人ではなく、「女王―女孺―女孺以外の采女―最下級宮人」という階層であったという（「律令国家の女官」（女性史総合研究会編『日本女性生活史』1原始・古代）東京大学出版会、一九九〇年）。
（21）（5）に同じ。
（22）保坂達雄「采女―変容する伝統―（上）」（『神と巫女の古代伝承論』）岩田書院、二〇〇三年
（23）前掲（2）折口信夫論文。
（24）池田三枝子「歌語としての「采女」」（『実践女子大学文学部紀要』42）実践女子大学、二〇〇〇年
（25）関口裕子「八世紀における采女の姦の復元」（『日本歴史』535）吉川弘文館、一九九二年
（26）安貴王の場合、本貫に地の帰っていったのは安貴王か（滝川政次郎「宮人と私通するは不敬罪」（『万葉律令考』）東京

堂出版、一九七四年）、八上采女か（門脇禎二『采女―献上された豪族の娘たち―』中公新書、一九六五年）、説の分かれるところである。
（27）稲岡耕二「人麻呂の表現意図―川島挽歌と吉備津采女挽歌―」（『文学・語学』93）全国大学国語国文学会編、一九八二年
（28）神野志隆光「吉備津采女挽をめぐって―作品における時間」（『柿本人麻呂研究―古代和歌文学の成立』）塙書房、一九九二年
（29）身崎壽「吉備津采女挽歌試論―人麻呂挽歌と話者―」（『国語と国文学』59（11））至文堂、一九八二年
（30）清水克彦「吉備津采女死せる時の歌」（『柿本人麻呂』）風間書房、一九六五年
（31）伊藤博校注『万葉集』（角川書店、一九八五年）の該当歌注。
（32）前掲（2）桜井満論文。
（33）木村康平「「吉備津采女挽歌」論―采女の死と王権」（『帝京大学文学部紀要』22）帝京大学文学部国文学科、一九九〇年
（34）飯泉健司「吉備津采女考―挽歌としての機能―」（『国学院雑誌』93（3））国学院大学、一九九二年
（35）前掲（1）門脇禎二論文。
（36）（24）に同じ。
（37）保坂達雄「采女―変容する伝統―（下）」（『神と巫女の古代伝承論』）岩田書院、二〇〇三年
（38）谷馨『額田王』早稲田大学出版局、一九六〇年

それに反して直木孝次郎は、『大唐六典』の妃、夫人に次ぐ「美人」にあたると述べている（「宴げと笑い」（『夜の船出――古代史からみた萬葉集』）塙書房、一九八五年）。

第三章　遊行女婦
——聖と賤のはざま——

はじめに

前章において、采女の中に貨幣的なものを見出し、「性」が交換されはじめる瞬間を捉えることを試みた。貢納されたり褒美として下賜されたりすることによって、彼女たちの「性」は交換されるモノとなったと考えたのであるが、それは決して一般的なレベルで商品化された「性」ではない。天皇に所有されるという点において、「性」は交換物となり得たのであり、それは極めて限定的な時と場においてのことであった。それは人妻の性が歌垣という特異な場と時間において交換されていくのに等しい。

それでは、いつどのような状況において「性」は一般的な意味での交換物となり得、貨幣的価値をもったものとして、商品化され流通されていくのだろうか。

おそらくそのような「性」の商品化は、貨幣経済の発達を待たなければならないことであって、性をひさぐ遊女のような存在を古代において考えることは不可能だろう。「性」がその呪的力を失い、誰に対しても広く開かれたものではなくなった時、つまり共同体で共有されるべきものではなく、閉じられて個人が所有するものとなった時、はじめて「性」はいわゆる売買に値する商品となるのではないか。未だ個人という概念が未熟な古代社会において、商品としての「性」を捉えることはできない。遊行女婦の中に、後の遊女の兆しを見ることはあっても、「性」の商品化を見ることはあり得ないのである。

しかし、流通という点に限って考えるのであれば、「性」はすでに交換されて人々の間を循環している。歌垣や采女制度の中に交換されていく「性」を見出せることは、前章までに述べてきた通りである。ただ、その時、「性」は「性」として、単独で交換されているのではない。予祝的な意味において、あるいは服従の印として、「性」以外のものを象徴しながらそれは人々の間を循環していった。

それではそのような「性」のあり方の中で、遊行女婦に担わされた「性」の意味とは一体何であったのだろう。経済が未発達な時代における彼女たちの存在意義は、「性」の奉仕だけではなかったはずだ。

そこでこの章では、「性」の奉仕という観点からではなく、聖と賤のはざまで揺れ動く、遊行女婦の実像に迫ってみたいと思う。

一　遊行女婦研究のこれまで

『更級日記』に次のようなくだりがある。

足柄山といふは、四五日かねて、おそろしげに暗がりわたれり。やうやう入りたつふもとのほどに、空のけしき、はかばしくも見えず。えもいはず茂りわたりて、いとおそろしげなり。ふもとに宿りたるに、月もなく暗き夜の、やみにまどふようなるに、あそび三人、いづくよりもなく出で來たり。五十許なる一人、二十許なる、十四五なるとあり。庵の前にからかさをさゝせてすゑたり。をのこども、火をともして見れば、昔、こはたといひけむが孫といふ。髪いと長く、ひたひいとよくかゝりて、色白くきたなげなくて、さてもありぬべき下仕へなどにてもありぬべしなど、人人あはれがるに、聲すべて似るものなく、空に澄みのぼりて、めでたくうたを歌ふ。人人いみじうあはれがりて、け近くて、人人もてけふずるに、「西國のあそびはえかゝらじ」などいふを聞きて、「難波わたりにくらぶれば」とめでたく歌ひたり。見る目のいときたなげなきに、聲さへ似るものなく歌ひて、さばかり恐ろしげなる山中に立ちて行くを、人人飽かず思ひてみな泣くを、おさなき心地には、ましてこのやどりを立たむことさへ飽かず覚ゆ。

（『更級日記』）

筆者の菅原孝標女は、まだ幼かった頃、父が赴任していた東国からの上京の途中足柄山中で「あそび」に出会った。一人は五十、一人は二十、一人は十四、五くらいの年齢で、西国の「あそび」とは違ってたいそう美しく、声もよく上手に歌をうたう(1)。やがて三人の「あそび」は再び真っ暗な山中へと帰っていき、そこに居合わせた人々はいたく感心したという。

ここに登場する「あそび」は、西国の「あそび」が舟の上で生活し泊や津を拠点としていたのとは異なって、足柄山の峠を拠点としていた。その様子はなんとも幻想的で美しく、真っ暗な山中から突如現れ消えていく、この世のものとは思えない存在であった。そのはかなげな様子は、幼い筆者の目にも西国の難波あたりの「あそび」とは異質に映ったらしい。旅路という「途中」にあること、足柄山という「境界」において出会うこと、そして何よりもそれが「夜」という時間であったことが、漂うものとしての「あそび」をより神秘的に見せたのであろう。ここではその境界的な神秘さ、漂泊するものの悲しさが、行間から感じられる。

これは平安時代も後期に属する作品であり、ここに描かれている「あそび」は、決してかつての遊行女婦に同じとはいえない存在である。それにもかかわらずここで引用したのは、境界的であることがいかに人々を魅了し、聖にして賤なることがいかに非日常性を帯びて語られているのかを示したかったからである。

遊行女婦とは、『倭名類聚鈔』に

遊女　楊氏漢語抄云遊行女児（和名宇加礼女又阿比）

とあることから、ウカレメと訓み、遊女のことであるとされていた。柳田国男は、遊行上人などの遊行に等しく、次から次へと旅をしていて定まった住所のないものであると述べ(2)、折口信夫も「じぷしいの女」のようなもので漂泊の民のことではないかという(3)。滝川政次郎は傀儡や白丁のような韓半島および大陸の芸能民との類似から「化外の民」、すなわち異民族とし、性をひさぐ堕落した女性として考える。秀歌をよむほどの教養があり、社会的に位置の高いものであったとは考えられず、単なる娼婦が諸国に散在していたというのだが(4)、それはもはや偏見に満ちたものであることは多くの研究者によって指摘されている。特に後藤紀彦や網野善彦らの実証的な研究からすると(5)、江戸時代に見られるような困窮による身売りを、中世においてすら想定することはできないだろう(6)。

売春という行為に着目するのであれば、高群逸枝が述べているように、私有財産が芽生え、商行為がはじまってこそ「売笑」は芽生えるのであって、女性を監禁し得ない未熟な家族制のもとでは「売笑」が生まれる必然性はない。家族制が女性を監禁し、その性の自由を拘束したならば「売笑」への需要は昂進されるという、私有財産・家族制・商業の三要素の成熟度がバロメータとなるメカニズムが「売笑」の発生にはあり、その三要素がいずれも未成熟な古代において、「性」の売買が成立していたとは考えられない(7)。

とはいうものの、遊行女婦も遊女も一括りにして専ら売春婦と捉える傾向は強く、遊行女婦には後の遊女のイメージが付きまとう。枕をともにしたということを述べる研究者のなんと多いことか。何ゆえにそのように考えられたのかといえば、おそらく『日本書紀』允恭天皇七年十二月条に拠る。新室の宴で舞い歌った後に主人は客に対して「娘子を奉る」という風俗があると記されているからである。允恭天皇皇后である大中姫は、その風俗があるために同母妹の弟姫を天皇に献上しなくてはならなくなり、その後嫉妬に苦しむことになるのだが、宴とは本来神を喜ばせる「神あそび」の場であったから、宴における歌の奉納と「性」的な奉仕は一対のものであったと考えてよいだろう。歌による奉仕と性の奉仕は、同レベルで捉えられていたのである。

しかし、神を喜ばせ遊ばせる点においては歌の奉仕も性の奉仕も等しいとしても、具体的に遊行女婦が性の奉仕をしたとはどこにも書かれていないし、そのような類推ができるような記述すらない。「娘子」と呼ばれる女性が作った歌の中に、男性を共寝へと誘うような表現を見出すことはできたとしても、遊行女婦作の歌にそのような性的な描写は認められない。それにもかかわらず、宴席で歌の奉仕をする遊行女婦はかつての「神の嫁」である巫女だとされる。それはやがて歩き巫女と呼ばれる女性となり(8)、宗教の布教とともに売春をも行ったとされる熊野比丘尼へと繋がっていったのだとし、女が巫女として生きるための生活手段として「売笑」をせざるを得なかったとまで解釈される(9)。そのような考えに拍車をかけたのは、十六世紀後半の書物である『フロイスの日本覚書』の、比丘尼の僧院はほとんど淫売婦の街になっているという記述だろう(10)。

あるいは、当時単身で赴任していた官人の一種の任地妻とする説もある(11)。犬飼公之も「〈うつろふ〉のは遊女ではなくむしろ官人」と考えて遊行女婦を「土着遊女」とし、遊行女婦を都と鄙のそれに区分して、都の遊行女婦は宮廷の官人が管掌地などから召し上げた従女、すなち「邸勤めの女」であり、鄙の遊行女婦は卑下の身構えを持った幇間的職能をもつものと述べている(12)。その歌のなかで「君」と呼びかけることを根拠に、卑下の身構えがあるというのであるが、むしろ歌においては「君」と対等である姿を読み取るべきだろう(13)。これらの説の根底には、どこまでも遊行女婦を遊女と考えるような偏見がある。

また土橋寛は祝宴における接待役の専門化とし(14)、さらにそれを一歩進めて直木孝次郎は女流専門歌人として捉えている(15)。服藤早苗は、本来「遊び」には「遊男」と「遊女」が存在していたが、政治的な場から女性が締め出されるにつれ、祭祀には女性の歌舞が必要であったためにそれが専門職となって女流歌人が登場したとし、女孺狭野弟上娘子同様「娘子」と称されること、宴が公の場であり、公的衣服である裳の着用を許されていることから、遊行女婦に準女官的性格を認めている(16)。それは網野善彦が、遊行女婦とは中世の女商人などと何ら変わりのない存在、いわば「職人」であると指摘することに近似するだろうか(17)。猪股ときわはそれらの説をも含み、「遊行女婦」とは常に恋の状態にとどまりつづける「遊行」するヲトメのことで、恋歌の技を専門に担う者たちの呼称であったと述べている(18)。

確かに遊行女婦は宴に招かれて専門的に歌を詠んでおり、その宴が公的なものであればそこに官人的性格を見出すことはできるだろう。しかし、だからといって彼女たちが官人に準じるものであったとは思われない。遊行女婦がはじめて登場するのが大宰府の児島であることから（『万葉集』巻三・三八一、巻六・九六五・九六六）、地方国衙において政治的な職務を担わされたある種の職業的歌人といえるのか[19]。それが住所不定であったかどうかは別にして、神事や宴席に侍って遊芸を事とする女性であったと考えるにとどめるべきではなかろうか[20]。

このように遊行女婦は、『万葉集』に明記されたのがわずか五人であることもあって、その実態は謎に包まれている。それゆえに様々な憶測が飛び交うのであるが、どの解釈も飛躍があり、いかにも偏見に満ちた目で眺められているように思われてならない。「遊行」という言葉にひきつけて、家を出て歩き回り、彷徨い漂泊する遊女と同等のものとして、遊行女婦を捉えようとしている。「遊行」するのはむしろ官人である男の方で、遊行女婦は「遊行」する男に心奪われ歌を交わしたのであって、恋にとりつかれた彼女たちの状態こそが「遊行」する女、男の視線から見られた存在であるとさえいわれてしまう[21]。彼女たちの歌の中に現地妻の哀切を見ようとしてしまう[22]。いずれもあまりに男性目線で遊行女婦を見ようとし過ぎてはいないだろうか。男に次の恋が約束されているように、女にだって次の恋はあったはずである。

先入観や偏見を捨てて、詠まれた歌にもっと寄り添うようにして、遊行女婦を考える必要があるだろう。彼女たちの視点にたって、それがいかなる存在であるのか、探っていこう。

二　遊行女婦の境界性

『万葉集』巻八に無名の遊行女婦の歌がある。

橘歌一首 遊行女婦

君が家の花橘はなりにけり花なる時に逢はましものを　（巻八・一四九二）

この前後の歌から判断して、これは大伴家持の邸で開かれた宴会の席で詠まれたものといわれている[23]。あなたの家の橘はすでに実となってしまっただろうか、花である時に逢いたかったものだ、という「君」は家持のことであり、花の盛んであった頃から、つまりもっと前からお会いしたかったという気持ちがこの歌には込められている。

新谷正雄はこの「花なる時」という表現に注目し、橘は女性の比喩であって、この歌に秘められているのは結婚してしまった娘にたいする男の恋心ではないかとする[24]。実となってしまった今ではなく、花であった頃、未婚時代にお会いしたかったという寓意に解釈して、その根拠を巻十九の遊行女婦蒲生が伝誦した歌に求めている。

死にし妻を悲傷しぶる歌一首并せて短歌 作主いまだ詳らかにあらず

天地の　神はなかれや　愛しき　我が妻離る　光る神　鳴りはた娘子　携はり　ともにあらむと　思ひし

に　心違ひぬ　言はむすべ　為むすべ知らに　木綿たすき　肩に取り懸け　倭文幣を　手に取り持ちて
な放けそと　我れは祈れど　まきて寝し　妹が手本は　雲にたなびく　（巻十九・四二三六）

反歌一首

うつつにと思ひてしかも夢のみに手本まき寝と見ればすべなし　（巻十九・四二三七）

右の二首、伝誦するは遊行女婦蒲生ぞ。

題詞に示されているように、これは妻を亡くした男の歌である。亡くなった妻への想いを語るかのような、男の立場に立って歌を詠む（ここでは伝誦）ことが、遊行女婦蒲生の役割であったと考えられる。さらに「橘の歌」が雑歌、「死にし妻を悲傷しぶる歌」が挽歌の部立と、それらが共に公的な場における歌であることから、公の場において男の立場にたって歌を詠むのが遊行女婦の特徴の一つであると新谷は指摘する[25]。

ただ、誰かになりかわっての代作は遊行女婦以外の手によってもなされていて、「性」を越えての作歌は、例えば『万葉集』巻八の赤人作、「我が背子に見せむと思ひし梅の花それとも見えず雪の降れれば（巻八・一四二六）」にも認められる。歌人はうたうことによって何者にでも変ることができるのであり、「歌」というもの自身が身分も性も超越するものであった。そこに遊行女婦だけの特徴を見出すことができるわけではないけれど、女でありながら男の立場にたって歌を詠むという自由さが、歌人としての遊行女婦にはあったといってよいだろう。その特徴の一つとして、固定されない「性」を持っているというべきか。

それは後の白拍子が男装の麗人で、男装ゆえに女人禁制の聖地にも足を踏み入れることができたことを想起させる。白拍子は女性でありかつ男性であるという「中性」、すなわち両義性を獲得することによって、「性」というものを超越した存在となった(26)。このように遊行女婦にしろ白拍子にしろ、女性でありつつ男性を装うのは、彼女たちが神と人を繋ぐ媒介である証でもある。つまりその本質として、遊行女婦には自由自在に何にでも変化できる境界性があったということである。

そのような境界性は次の歌に顕著に現れている。

冬の十二月に、大宰帥大伴卿、京に上る時に、娘女が作る歌二首

おほならばかもかもせむを畏みと振りたき袖を忍びてあるかも　（巻六・九六五）

大和道は雲隠りたりしかれども我が振る袖をなめしと思ふな　（巻六・九六六）

右は、大宰帥大伴卿、大納言に兼任し、京に向ひて道に上る。この日に、馬を水城に駐めて、府家を顧み望む。その時に、卿を送る府吏の中に、遊行女婦あり、その字を児島といふ。ここに、娘子、この別れの易きことを傷み、その会ひの難きことを歎き、涕を拭ひて自ら袖を振る歌を吟ふ。

京に上る旅人に向けてうたわれた別れの歌である。袖を振るというしぐさは、無事に旅ができること祈っての一種の呪的行為であろう。それが恋人に向けての行為であったことから、ここに詠みこまれている感情を恋であったかのように受け取り、旅人は児島を寵愛したのだといわれている(27)。しかし、果たして旅人と児島との間に、そのような男女の愛情を見ることができるのだろうか。

古代において、旅行く人にむけてうたわれる言葉は、それが例え男同士であっても、恋心をうたうかのような表現をとっている。したがってここでうたわれている「恋」は実際の恋ではなく、ある意味で模擬的な関係であった。恋は男女の特殊な関係ではなく男女のあるべき理想的な関係であり、現実の恋に先行して歌において恋の関係になるという機能を[28]、ここに見出すことも可能だろう。虚構の恋に相手を引き入れ、その虚構性ゆえに宴は盛り上がり、それこそが遊行女婦の歌であるとも考えられる[29]。この歌がうたわれることによって、児島は旅人との「恋」の関係を築くのであり、今度は反対に、あたかも妻や恋人の立場にたった歌によって、旅人の旅の安全は願われる。送別儀礼には女性の「性」が必要で[30]、それには沖縄のヲナリ神が兄弟の旅の安全を願うような、呪的な意味があったに違いない。彼女たちは宴席の座を取り持ち、男性官人の居心地をよくするために[31]宴に列席したのではない。上総国の朝集使大掾大原真人今城が上京する際、郡司の「妻女」たちが「足柄の八重山越えていましなば誰れをか君と見つつ偲はむ（『万葉集』巻二十・四四四〇）」「立ちしなふ君が姿を忘れずは世の限りにや恋ひわたりなむ（『万葉集』巻二十・四四四一）」と恋歌のような別れの歌を詠んでいるのも、「妹」なる女性によって旅の安全が願われていたからではないか。本来は恋人や妻、あるいは妹など近親の女性によって願われていた旅の安全を、遊行女婦がそれにかわって詠んでいるのである。

とすれば、ここからうかがい知れるのも、彼女たちの変化の自由さではなかろうか。男女の性別をも超え、血縁的繋がりをも超えて「なりきる」ことが遊行女婦には可能であり、それこそが彼女たちの本質ではなかったか。歌によって虚構の世界を築き、何者かになりかわって、ある時は宴の主人を称賛し、ある時は別れゆく人の旅の安全を願う、それこそが遊行女婦に託された呪的意味であり、女性の「性」の役割であった[32]。まさに遊行女婦は自由に性別も血の繋がりも越境していく、境界的な存在なのである。

そのような境界性は彼女たちの名にも表れている。例えば児島は『万葉集』巻三題詞には「筑紫の娘子、行旅に贈る歌一首娘子、字を児島といふ」とあるように、土地の名を冠した「娘子」と呼ばれる一方で、字として児島という名を持っていた。他の遊行女婦の表記も、「遊行女婦蒲生娘子」のように土地の名を冠した呼び名の他に、字のみを記した「遊行女婦土師」という表記もあって、必ずしも土地の名で呼ばれていたわけではないことがわかる。今までに繰り返し述べてきたように、女性の「性」は在地性であり、女性とその土地との結びつきは強く、「性」そのものが在地に根ざしているゆえに、多くの女性は土地の名が冠されていた。共同体を離れ、国境を越えて彷徨うことは、女性にはあり得なかったはずである。

それにもかかわらず字をもって呼ばれるようになるということは、その女性たちの在地性が損なわれてしまったということであり、彼女たちの「性」に大地の豊饒性が約束されなくなったということである。逆の言い方をするのであれば、土地の名が示されない女性は、そのアイデンティティを失ってしまっている。

在地性が損なわれつつあることは、すでに采女にも見出せたのだが、それでもなお采女が土地の名を冠されて呼ばれていたことを思えば、遊行女婦と采女には歴然とした違いがある。子の出産を期待されていないとはいえ、子を産み系譜語りの中にもその名を連ねる采女とは異なり、在地の名を失ってしまった遊行女婦には、子を出産した話は伝わっていない(33)。彼女たちの「性」は「孕み」とは無縁なものとなってしまっている。彼女たちの「性」は系譜とは無関係であり、そういう意味においても、共同体からは疎外された存在であったといえるだろう。采女のように、国家組織の中に組み込まれてはいないのである。

それでは遊行女婦とは如何なる存在なのだろうか。次に挙げる家持の歌に歌われている遊行女婦から考えてみよう。

史生尾張少咋を教へ喩す歌一首 幷せて短歌

七出例に云はく、

「ただし、一条を犯さば、すなはち出だすべし。七出なくして輙く棄つる者は、徒一年半」といふ。

三不去に云はく、

「七出を犯すとも、棄つべくあらず。違ふ者は杖一百。ただし奸を犯したると悪疾とは棄つること得」といふ。

両妻例に云はく、

「妻有りてさらに娶る者は徒一年、女家は杖一百にして離て」といふ。

詔書に云はく、

「義夫節婦を愍み賜ふ」とのりたまふ。

謹みて案ふるに、先の件の数条は、法を建つる基にして、道に化ふる源なり。しかればすなはち、義夫の道は、情存して別なく、一家財を同じくす。あに旧きを忘れ新しきを愛しぶる志あらめや。このゆえに数行の歌を綴り作し、旧きを棄つる惑ひを悔いしむ。その詞に曰はく

大汝　少彦名の　神代より　言ひ継ぎけらく　父母を　見れば貴く　妻子見れば　愛しくめぐし　うつせみの　世のことわりと　かくさまに　言ひけるものを　世の人の　立つる言立て　ちさの花　咲ける盛りに　はしきよし　その妻の子と　朝夕に　笑みみ笑まずも　うち嘆き　語りけまくは　とこしへに　かくしもあらめや　天地の　神言寄せて　春花の　盛りもあらむと　待たしけむ　時の盛りぞ　離れ居て　嘆かす妹が　いつしかも　使の来むと　待たすらむ　心寂しく　南風吹き　雪消溢りて　射水川　流る水沫の　寄るへなみ　左夫流その子に　紐の緒の　いつがり合ひて　にほ鳥の　ふたり並び居　奈呉の海の　奥を深めて　さどはせる　君が心の　すべもすべなさ　左夫流と言ふは遊行女婦が字なり　（巻十八・四一〇六）

反歌三首

あをによし奈良にある妹が高々に待つらむ心しかにはあらじか　（巻十八・四一〇七）

里人の見る目恥づかし左夫流子にさどはす君が宮出後姿　（巻十八・四一〇八）

紅はうつろふものぞ橡のなれにし衣になほしかめやも　（巻十八・四一〇九）

右は、五月十五日に、守大伴宿禰家持作る。

奈良においてきた妻のことも忘れて遊行女婦の左夫流を家に入れ、そこから国衙に通う少咋を諭した歌である。「さどはせる君が心のすべもすべなさ」と左夫流にうつつをぬかすことの愚かさを言い、左夫流の美しさなど紅がうつろうように衰えるはかないもので、着慣れた妻の方がいいではないかと諭す。何度も繰り返し強調されるのは奈良の家で一人待っている妻の姿であり、それに対比して描写されるのは、左夫流の「紐の緒のいつがり合ひてにほ鳥のふたり並び居」ると、あたかも妻のようにぴったりと寄り添い連れ添っている様である。そしてそのもとへといそいそと帰っていく少咋は、目をそむけたくなるほど恥ずかしいと非難される。

それは題詞にあるように、妻を簡単に棄てることはできないとする「七出例」や、姦通罪と悪疾の場合だけ妻を捨てることができるとする「三不去」、両妻することを罪とする「両妻例」があったからではないだろう。「義夫節婦を愍み賜ふ」という儒教的な教えが行き渡っていたとは考えられず、ましてや一夫多妻であった当時、複数の女性と関係を持つことは珍しいことではない。「一般男女間に自由恋愛がゆるされ、妻問い的、または容易に離婚し得る婚姻がおこなわれ、原始時代の群婚の遺習としての多夫多妻的、重婚的、姦通的なもの等が盛行していた時代にあって、少咋と左夫流の関係が非難されるのは、彼がまがりなりにも官人であって、庶民の模範として期待されていたからだ」と高群逸枝はいう(34)。その女性が遊行女婦であったから非難されるのであり、おそらくここで何よりも問題とされているのは、まさに「うつろう」を意味する「左夫流」が、遊行女婦の身でありながら少咋と同居し、妻のように振る舞っているからではないか。「左夫流子が斎きし殿に鈴懸けぬ駅馬下れり里もとどろに(巻十八・四一一〇)」と、少咋の館にかしずいて家刀自然としていることが人々の嫌悪の対象であり、それがさらにはからかいの対象となるのであった。鈴もつけない早馬が息せききって到着したという本妻の到着が、里中の大騒ぎになったことは滑稽でしかない。「少咋」という実名を読み込んでしまっていることも、この歌には家持の義憤が感じられないという伊藤博の指摘の通りであろう(35)。題詞や長歌のうたいだしの仰々しさは、かえってこの歌の戯笑性を思わせる。

ではこの戯笑性は一体何を示しているのだろう。遊行女婦との「恋」はどこまでも虚構であって、本当の「恋」

の対象にはならないのではないか。そもそも遊行女婦は、家に入って刀自のごく家事を切り盛りしてはならない存在なのである。それは彼女が「家」にふさわしくない、共同体から逸脱した存在であったからに他ならない。官人との関係は儀礼的非日常的な関係であり、その関係を日常に持ち込んでいるから問題となるのかもしれない(36)。遊行女婦とは「遊行」するものというその名が示しているように、共同体外部をさまよう女性であったのだろう。公的な宴に同席し、その原型に巫女のような女流歌人の姿を見ることができるとしても、やがてその在地も定かではなくなってしまうのである。どこにも属さない「遊行」する存在こそが遊行女婦ではなかったか。そうであるから彼女たちとの関係は、共同体にとっては不謹慎であり、決して歓迎されるものではなかった。

古代日本文学における「遊行」の意についてはすでに優れた論考があり、ここでは詳しく述べることはしないが、ごく簡単に「遊行」の意について触れるならば、それは流浪や漂泊のことではなく、「あそびあるく」「うかる」と訓じられているように、家から出歩くことであり(37)、「遊行」は「遊往」に同じく、異性への「恋」を増幅する行為だといわれている(38)。行く先も来た先もわからず、常に流動し続けていることが「遊行」であり、行く過程そのもののような「遊行」の時空間において人ならぬ神に出会うということであって、日常を逸脱した行為こそが「遊行」なのだ、と。

確かに「あそび」の語源として神を喜ばせる「神あそび」を考えるのであれば、「あそび」は「心をなぐさめ楽しむこと」であり(39)、アメノウズメが天石屋戸の前で「楽（あそび）」をしたと伝えられ、アメノワカヒコ神話で葬送儀礼が「遊（あそび）」とよばれていたように、聖なるもの、他界との交感が「あそび」であった(40)。したがって「あそび」を行う「遊行」とは非日常的な行為となり、それが歌のうたわれる「場」でもあった(41)。

そしてその時その歌が、「恋」の形式に則ってうたわれるということもあっただろう。ある想いを述べる時、対象が兄弟であれ親子であれ友人であれ、時として人間ではない自然であれ、その表現は「恋」の表現をとる。擬似恋愛だとか擬人化だとかいうのではなく、感情表現はすべて「恋」の様式となるということである。

しかし、「遊行」を異形のものとの「出会い」を想定した行為として、そのようにどこまでも身体的行為として捉えてしまってよいのだろうか。そのはじまりに行為としての「遊行」はあったとしても、遊行女婦の中にもそのような行為を求め続け、「招かれればどこへでも赴く遊女」のように考えるのは誤りではないか。

遊行女婦が性別さえ超える境界的な存在であるとすれば、その「遊行」は行為ではなく精神的なあり方のように思われる。彼女たちの「遊行」とは神と交信することであり、宴においてその場に居合わせた人々と心を通わせることであった。身体だけの「遊行」ではなく心の「遊行」であり、遊行女婦は日常の「ケ」の生活者に対し、非日常の「ハレ」の女、その点で神にもっとも近い存在なのである(42)。都の歌をくちずさみ、宴においてそれらを言い継いできた遊行女婦は、「貴族と庶民との、また都とひなとの和歌の流浪のなかだちをなす」(43)媒介者であり、彼女たちは誰かの代弁者であり、何にでも変わり得る境界的な存在であった。つまり「遊行女婦」とは、職名や固有名詞を示すのではなく、いわば境界的な「機能」ではなかろうか。

そのように考えれば、遊行女婦が采女のような官人であるはずはなく、むしろそのような律令機構からは外れた存在であった。そうであるから、祭祀の場においてその境界的「機能」を果すことができたのであろう。ある意味において、遊行女婦は国家から自立していたといえる。

それはやがて、宿《しゅく》の在家に集住して田畠をも所有耕作し、公的な機関とも関わって預所代官と婚姻関係をも結び、時として幕府の法廷で勝訴する栄耀尼（「尊経閣所蔵宝菩薩院文書」）のような、財力と力を持つ中世の傀儡たちになっていったのだろう。中世において遊女や傀儡は決して漂泊する流浪の民ではない。木工、紙工、轆轤師、織手などと同様に、国衙から給田される「職人」であった(44)。ただ彼らは、課役免除であったという点で他と異なり、それゆえに土地に縛られることが少なく、在地性が希薄であったように思われる。

あるいは脇田晴子がいうように、大江匡房の『遊女記』『傀儡子記』にある「百神」「百太夫」が古代村落における信仰の神、道祖神であるならば、律令制下の人々と同じ信仰を遊女や傀儡も持っていたことになり、やがて生業・生活形態の違いのなかで村落定住民から分かれていったことになるだろう(45)。彼らは土地との結びつきが弱かったために、「百神」とともに土地を離れ漂泊していったのかもしれない(46)。神とともに移動したということは、帰るべき在地を持たなかったことを意味している。彼らの「長者」が女性であり、母から娘へと母系的な血縁関係で相承されていったことも、父系社会から逸脱していたことを象徴している。そのような在地性の希薄さ、「境界」性が、すでに遊行女婦のうちに胚胎していたのであった。

三　遊行女婦の聖と賤

今一度、遊行女婦と呼ばれた女性の歌にたちかえり、彼女たちの果した役割について考えてみよう。

筑紫の娘子、行旅に贈る歌一首娘子字を児島といふ

家思ふと心進むな風まもり好くしていませ荒しその道　（巻三・三八一）

これはすでに例として挙げた、旅人に別れの歌を贈った児島の、また別の歌である。ここにうたわれているのは旅の安全であるが、それと同時に行間からは、別れを惜しむ気持ちがうかがえる。そのような歌いぶりは、次に挙げる娘子たちの歌にも見出すことができる。

草枕旅行く君と知らませば岸の埴生ににほはさましを　（巻一・六九）

右の一首は清江の娘子。姓氏未だ詳らかにあらず。

長皇子に進る。

藤原宇合大夫、遷任して京に上る時に、常陸娘子が贈る歌一首

庭に立つ麻手刈り干し布曝す東女を忘れたまふな　（巻四・五二一）

石川大夫、遷任して京に上る時に、播磨娘子が贈る歌二首

絶等寸の山の峰の上の桜花咲かむ春へは君を偲はむ　（巻九・一七七六）

君なくはなぞ身装はむ櫛笥なる黄楊の小櫛も取らむとも思はず　（巻九・一七七七）

黄葉の散らふ山辺ゆ漕ぐ船のにほひにめでて出でて来にけり　（巻十五・三七〇四）
竹敷の玉藻靡かし漕ぎ出なむ君がみ船をいつとか待たむ　（巻十五・三七〇五）
　右の二首は対馬の娘子。名は玉槻。

　旅を行く人と知っていたならば住吉の岸の埴で染めたものを、という意の六九番歌の、その埴染めに込められているのは、旅行く身の安全と、それを見ることで私を思い出してほしいという娘子の切実な願いである。そこには形見の意味もあるだろうか。五二一番歌は、東国女である私を忘れてくれるなと、真っ直ぐな気持ちをうたう。一七七六・一七七七番歌は反対に、残された私にスポットをあて、桜が咲くにつけ「君」を偲び、「君」がいなくなったならば身を飾ることもないと、その不在となることを悲しんでいる。三七〇四・三七〇五番歌は「竹敷の浦に船泊りする時に、おのもおのも心緒を陳べて作る歌十八首」のうちの二首で対馬娘子の作、航海の途中に寄った船に対して無事に戻ってきて欲しいと、恋心を寄せているかのような表現をとっている。

　これらの歌にみる類似から、常陸娘子など「娘子」とだけ称されている女性も遊行女婦だとされている[47]。遊行女婦にも土地の名が冠された名があり、何よりもこの歌いぶりの類似こそ、彼女たちが遊行女婦である証拠である、と。

　しかし、旅先で出会ったり、伝承中に登場したりする「娘子」たちにロマンチックな要素を見いだし、非日常を感じることはあったとしても(48)、「娘子」とだけ呼ばれる女性たちを遊行女婦とすることはできないだろう。単に「娘子」とあって固有名詞を明かさない場合は、個人の人格から一層隔絶しているという点でより虚構性を帯びていて(49)、それが遊行女婦の虚構性に重なるとはいえ、類似はあくまでも類似、類似をもって娘子を遊行女婦としてしまうのは早計ではないか。

むしろ『万葉集』が遊行女婦の作と明記し、それらの歌が他の歌とは違ったものとして捉えられていたことに目を向けるべきである。表記の差異とうたいぶりの類似から、遊行女婦は土地のヲトメである娘子の立場になって歌を詠んでいるのだと考えたい。娘子が遊行女婦であるのではなく、遊行女婦が娘子になろうとしているのであり、娘子ではなく遊行女婦の作とされることによって、その歌には虚構が生じているのではなかろうか。勿論娘子たちの歌には彼女たちの本心があったとはいわないし、反対に遊行女婦たちの歌に彼女たちの本心がなかったともいわない。その場にふさわしい歌を詠むべく、何にでも変化してしまう遊行女婦の姿を見いだしたいのである。

そのような変化の自由さは、実は次のような宴における称賛の歌の中にもある。

二上の山に隠れるほととぎす今も鳴かぬか君に聞かせむ　（巻十八・四〇六七）

右の一首は、遊行女婦土師作る。

遊行女婦蒲生娘子が歌一首

雪の山斎巌に植ゑたるなでしこは千代に咲かぬか君がかざしに　（巻十九・四二三二）

「君」を称賛するこれらの歌は、遊行女婦が遊行女婦のままに詠んだのでは、その寿ぎの機能も半減するように思われる。ある何者かの立場にたってうたうからこそ、そこには格別な称賛の意が加わるのだろう。単に列席者全員の気持ちを代弁するというのではない、何か特別な存在になりかわっての作歌だからこその、そのような効果が期待されている。

それは四〇四七番歌の、

垂姫の浦を漕ぎつつ今日の日は楽しく遊べ言い継ぎにせむ　（巻十八・四〇四七）
右の一首は遊行女婦土師。

とある「言い継ぎにせむ」という言葉に集約されている。「個人」を超えた存在であってはじめて、「言い継ぐ」ことの永続性は保証されるのではないか。今日のこの楽しい一日が、この栄華が永遠であって欲しいと、そのような願いが、遊行女婦が歌を詠むことによって願われるのである。

そしてそのような「個人」を超えた作歌が可能なのは、遊行女婦が境界的な存在であったからだということを、ここで再度強調しよう。彼女たちの、身分も性別も時として時間さえも超越してしまう能力は、女性のアイデンティティであった在地性を失ったことにはじまった。どこにも属さず、どこへでも越境していくことはまさに「遊行」であり、「遊行女婦」とは、うたうことによってやすやすと越境していく、境界的な「機能」そのものであった。

ところが、その越境性ゆえに彼女たちは、左夫流が里人からは蔑視されていたように、穢れたものとして貶められるようになる。公的な宴においては聖なるものとして歌をうたいながらも、その実生活においては賤なるものとして疎まれていった。遊行女婦にとって「遊行」は、聖と賤とのそのはざまで彷徨うことであったのである。

その聖なるものにして賤なるものとしての遊行女婦は、後の遊女のはじまりが光孝天皇の皇女であるという伝承を生む。賤なるものはそのはじまりに、聖なる幻想を求めてしまうのであろう。傀儡が村上天皇の皇女の末であり、木地師が惟喬親王を始祖とした、と信じられていくように。

このように、遊行女婦は決して「性」をひさぐことを職業とする女性ではなかったけれど、彼女たちの中に後の遊女の姿を見出すことができるだろう。彼女たちの「性」が女性でありかつ男性でもあるという両義性を帯びた時、性別を越え境界的なものとなった時、それは共同体に縛られることなく、彼女たち個人に所属するものとなる。共同体に属さなくなった「性」は社会性を帯び、やがて共同体を越えて交換されはじめるようになる。彼女たちの「遊行」という自由さがやがて「性」を商品化し、皮肉なことにはそれによって彼女たち自身を聖なるものから賤なるものへと貶めてしまう。それが遊行女婦女の運命であり哀愁であり、彼女たちの「性」に担わされた意味であった。

むすび

最後にふたたび『更級日記』の遊女の描写に戻ってみたい。

たかはまといふ所にとゞまりたる夜、いと暗きに、夜いたう更けて、舟のかじのをときこゆ。とふなれば、遊女の來たるなりけり。人人けうじて、舟にさしつけさせたり。とをき火の光に、ひとへのそで長やかに、扇さしかくして、うたうたひたる、いとあはれに見ゆ。

（『更級日記』）

これは冒頭に挙げた引用とは異なり、津や泊を拠点とする遊女を描写したものである。海と空の区別もつかない、全てをのみ込んでしまうような夜の闇に聞こえてくるのは、遊女の舟を漕ぐ櫂の音のみ。遠くの火の光に浮かび上がる遊女たちの袖は、その闇の唯一の色彩。扇をさし隠してうたう彼女たちは物悲しく、幽玄で美しい。それはその背後に、「死」へと通じる闇を抱えているからなのだろうか。僅かな灯りを頼りに浜辺を漂う遊女たちは、死と表裏一体の「生」を生きている。その頼りなさ寄る辺なさは、境界に生きる者たちの宿命であった。その姿の中に、かつての遊行女婦たちの、聖と賤のはざまに「遊行」する面影がある。

注

（1）柴佳世乃によれば、声の美しいことは遊女になくてはならない資質の一つであった。例えば、性空上人は遊女の歌声に普賢菩薩の「微妙の音声」を感じ（『古事談』巻三）、春日の神は白拍子の歌舞を「真如の理」のように聞いた（『雑談集』巻十）。遊女たちは聖なるものへ直結する存在として理解されていたという（「遊女・白拍子―その音声と性愛・王権」（『国文学　解釈と鑑賞』70（3））至文堂、二〇〇五年）。

（2）柳田国男「女性と民間伝承」（『柳田国男全集』第六巻）筑摩書房、一九九八年／「木綿以前のこと」（『柳田国男全集』第九巻）筑摩書房、一九九八年

（3）折口信夫「叙事詩の撒布」（『折口信夫全集』第一巻）中央公論社、一九五三年

（4）滝川政次郎『遊女の歴史』至文堂、一九六五年／『江口・神崎』至文堂、一九六九年

（5）後藤紀彦「辻君と辻子君」（『文学』52（3））岩波書店、一九八四年／網野善彦「中世と旅人たち」（網野善彦編『漂泊と定着　定住社会への道』（日本民俗文化大系6））小学館、一九八四年

（6）例えば網野善彦は前掲（5）論文において、身売りした遊女の記述と考えられていた「白拍子玉王請文」の解釈は誤謬であったとする。

（7）高群逸枝「前婿取期の姦通賣淫等」（『招婿婚の研究』（高群逸枝全集））理論社、一九六六年

（8）五来重は、殯に奉仕した「遊部」が「遊行女婦」と「遊行女巫」に分かれ、その遊行形態を「歩き巫女」や「熊野比丘尼」、「県巫女」、「梓巫女」に見ることができるという。また、「遊部」の「遊」は本来死霊を鎮魂する神楽であったとも述べている。（「中世女性の宗教と生活」（女性史総合研究会編『日本女性史』2中世）東京大学出版、一九八二年）

（9）中山太郎『売笑三千年史』パルトス社、一九八四年／増補『日本巫女史』パルトス社、一九八四年

（10）松田毅一・E・ヨリッセン『フロイスの日本覚書』中公新書、一九八三年

（11）青木生子「遊女」（『万葉集の美と心』）講談社学術文庫、一九七九年
（12）犬飼公之「遊行女婦と娘子群」（久松潜一監修『作家と作品』（萬葉集講座6））有精堂、一九七二年
（13）猪股ときわも「遊行するパワーを見落としている」と指摘する（「遊行女婦論」（赤坂憲雄編著『漂泊する眼差し』新曜社、一九九二年）。
（14）土橋寛「古代の芸謡」（『古代歌謡の世界』）塙書房、一九六八年
（15）直木孝次郎「宴げと笑い」（『夜の船出―古代史からみた萬葉集』）塙書房、一九八五年
（16）服藤早苗「遊行女婦から遊女へ」（女性史総合研究会編『日本女性生活史』1原始古代）東京大学出版会、一九九〇年
（17）網野善彦「中世の旅人たち」（網野善彦編『漂泊と定着―定住社会への道』（日本民俗文化大6））小学館、一九八四年
（18）猪股ときわ「遊行と歌垣」（『歌の王と風流の宮―万葉の表現空間』）森話社、二〇〇〇年
（19）大多和朋子「遊行女婦考―日本古代史における遊女の一起源の研究―」（『学習院大学人文科学論集』7）学習院大学大学院人文科学研究科、一九九八年
（20）扇畑忠雄「遊行女婦と娘子群」（『万葉集大成』10 作家研究編下）平凡社、一九五四年
（21）吉田修作「遊行女婦再考―遊女前史にむけて―」（『古代文学』43）古代文学会、二〇〇四年
（22）中西進「遊女の歌心」（『万葉史の研究』下）講談社、一九九六年
（23）（14）に同じ。
（24）新谷正雄「遊行女婦の「橘の歌一首」（『跡見学園女子大学文学部紀要』37）跡見学園女子大学、二〇〇四年

（25）（24）に同じ。
（26）細川涼一「巫女の神語り」（『漂泊の日本中世』）ちくま学芸文庫、二〇〇二年
（27）（11）に同じ。
（28）飯田勇「万葉恋歌の常識を疑う―『万葉集』巻二〇・四四五五～六の贈答歌を読む―」（『日本文学』48（10））日本文学協会、一九九九年
（29）橋本四郎「幇間歌人佐伯赤麻呂」（境田教授喜寿記念論文集刊行会編『上代の文学と言語』（境田先生喜寿記念論文集））前田書店、一九七四年／浅野則子「女歌の成立試論―遊行女婦の立場を中心に―」（『国文目白』21）日本女子大学国語国文学会、一九八二年
（30）飯田勇「「遊行女婦」をめぐって―万葉歌を読む―」（『人文学報』330）東京都立大学人文学会、二〇〇二年
（31）（29）浅野則子論文に同じ。
（32）遊行女婦の役目は「称賛と別離」であると土橋寛は述べている（『古代歌謡の世界』塙書房、一九六八年）。
（33）例えばもと江口の遊女である丹波局は、後白河法皇の後宮に入って承仁法親王という皇子を出産しており、後の遊女の中には妻となって子をもうけることもあるが、瀧川政次郎は平安時代の公卿補任に遊女腹の記事が見えないことから、平安時代の遊女は賤しいものとして考えられていたという（『江口・神崎』至文堂、一九六六）。遊女が賤しいかどうかはともかくとして、遊女腹の記事がないということは、彼女たちに子の出産は期待されていなかったことを示しているだろう。
（34）高群逸枝『招婿婚の研究』（高群逸枝全集）理論社、一九六六年
（35）伊藤博『萬葉集釈注』九　集英社、一九九八年

（36）（30）に同じ。
（37）（14）に同じ。
（38）（13）に同じ。
（39）犬塚旦「『あそぶ』の古儀」（『国文学』15）関西大学国文学、一九五五年
（40）佐伯順子『遊女の文化史―ハレの女たち』中公新書、一九八七年
（41）出雲国風土記猪麻呂の娘が毘賣埼で「逍遥」しているときにワニに出会うように、ヲトメは神と出会うために「あそび」、反対に天上界のヲトメたちも地上の世界に「あそび」来て人と出会っている。
（42）大和岩雄『遊女と天皇』白水社、一九九三年
（43）中西進『万葉史の研究』中西進万葉論集第五巻、講談社、一九九七年
（44）網野善彦『遊女・傀儡・白拍子』（朝日百科日本の歴史4中世）朝日新聞社、一九八九年
（45）扇畑忠雄をはじめ、ほとんどの研究者や注釈書が、これら娘子たちを遊行女婦とする。
（46）神田秀夫「『大嬢子』と『郎女』」（『古事記の構造』）明治書院、一九五九年
（47）脇田晴子「中世における性別役割分担と女性観」（女性史総合研究会編『日本女性史』2中世）東京大学出版会、一九八二年
（48）五来重は（8）論文で、「百神」は「白神」のこと、「おしら神」「でこの棒」に繋がるのではないかという。
（49）橋本四郎「幇間的歌人佐伯赤麻呂」（境田教授喜寿記念論文集刊行会編『上代の文学と言語』（境田教授喜寿記念論文集）前田書店、一九七四年

第四章　境界を越えていく女

はじめに

ここで改めて問いたいと思う。古代日本文学における男と女の関係とは、一体どのようなものとして捉えられるだろうか。

例えば柿本人麻呂の石見相聞歌（巻一・一三一〜一四〇）を考えてみよう。高角山を越えようとして人麻呂は、別れてきた妻を今一度見るために「靡けこの山」と激しい恋心をうたい、それに対して妻は「な思ひ」と言われようとも「我が恋ひずあらむ」と応えている。国境の峠から男は妻を偲び、女は家の門に佇み夫を想う。そこには国境を越えていこうとする男と、家からさえ離れられない女がいる。ここに描かれている峠と門という二つの「境界」が、男と女の「性」の本質を、その違いをきわやかにいい当てている。

それを一言で示すとするならば、まさに第二部で取り上げた「動く男」と「動かない女」ということになろうか。境界を越え自由に動くことのできる男と、その土地にとどまり、自由に境界を越えてはいけない女。その関係の中で、時に悲劇が、時に喜劇が生じてきた。男が男らしく、女が女らしく生きたのであれば、それがどのような喜悲劇であろうと秩序は保たれている。古代における「待つ女」とは、来るか来ないかわからぬ男をただ受け身に待ち続ける存在ではない。

坂上郎女が「来むと言ふも来ぬ時あるを来じと言ふを来むとは待たじ来じと言ふものを（巻四・五二七）」とうたう時、決して「待つ」ことは受身ではない。来ると言っても来ない時があるのだから来ないというのを来るだろうと思って待ったりしないとうたうところには、甘えや媚態はあっても憐憫や哀しみの涙はない。繰り返し述べてきたように、「待つ」という行為において男と女は対等であって、女は男に依存した存在ではなくある意味で自立していた。「待つ」行為にはある種のゆとりと自信があった。

ところが律令国家の完成に伴い、「動く男」と「動かない女」という法則が一旦崩れはじめると、それは単なる男と女の間の喜悲劇では済まされなくなる。聖婚の幻想からすれば女は本来土地の女神でもあったにもかかわらず、在地を離れ中央に集められていく過程の中でその依るべくところを失い、アイデンティティは損なわれていく。「女らしさ」とは在地性にあったのであれば、在地性を失った女は根なし草のように漂うしかない。「らしさ」の意味が変化し、女の「性」は揺らぎはじめる。女が本質的に持っている「媒介」としての性質のみが肥大化し助長され、女たちの「生」は受け身的なものへと変化を遂げるのである。一方男も権力を手に入れたならば動くことを止めてしまい、可動性にこそ存在していた求心力は損なわれはじめ、生々しくあった「力」は形式によって保証されるしかない。そこにあるのは「動かない男」と「動く女」という構図であり、それまでの世界の崩壊でもあった。

最終章であるこの章ではそのような変化を遂げた女性たちに焦点をあて、どのようにして彼女たちは境界を越えていったのか、またそのような女性像を幻想として生み出した共同体について考えてみたいと思う。

一　「人言」と恋の行方

『万葉集』巻二・一一四〜一一六番の相聞歌に、但馬皇女と穂積皇子二人の恋は次のようにうたわれている。

　但馬皇女、高市皇子の宮に在す時に、穂積皇子を偲ひて作らす歌一首
秋の田の穂向の寄れる片寄りに君に寄りなな言痛くありとも　（巻二・一一四）
　穂積皇子に勅して、近江の志賀の山寺に遣はす時に、但馬皇女の作らす歌一首
後れ居て恋つつあらずは追ひ及かむ道の隈廻に標結へ我が背　（巻二・一一五）
　但馬皇女、高市皇子の宮に在す時に、竊かに穂積皇子に接ひ、事すでに形はれて作らす歌一首
人言を繁み言痛みおのが世にいまだ渡らぬ朝川渡る　（巻二・一一六）

　この三首の歌の不思議さは、まず何よりもその題詞の不連続性にあるだろう。その歌が連作である時、題詞は前の題詞をうけて「さらに」や「また」といった言葉を用いるのが普通である。ところがここではそのような言葉はなく、前後関係や因果関係は直接題詞には示されていない。あたかも三首の歌は関係というものを拒絶し、独立して存在しているかのように見える。
　おそらくそれは、この三首の歌を時系列に並べているのではないことを意味しているのだろう。一つ一つの歌はある事件を別の角度から語っているに過ぎないと、この事件を客観的に語ろうという態度がここにはある。連

続して歌を読むことを、題詞の不連続性は拒否しているといえようか。

しかしそのような独立した題詞の態度にもかかわらず、一一六番題詞に「竊かに」とあることによって、俄にこれらの歌には関係が生じてしまう。「竊かに」という表現は、集中用例を見れば明らかなように、そのほとんどがある禁忌を犯した時に用いられているからである(1)。

例えば、軽太子と軽太娘皇女の場合は同母兄妹の恋という禁忌の犯しであり、大津皇子の場合は姉であるとはいえ斎宮に会うという禁忌の犯しである。ここでは「高市皇子の宮に在す時」とあるように(2)、高市皇子の妻であった但馬皇女が夫以外の男性と恋に落ちたことが、禁忌の犯しとして語られている。年齢差のある二人であれば高市皇子は但馬皇女を庇護していたのだと考える説もあるが(3)、事実かどうかはさておき、繰り返し「高市皇子の宮に在す時」という言葉が語られることからも、この一連の歌の中では、但馬皇女は高市皇子の妻として語られているとみるべきだろう。

人妻である但馬皇女が想いを寄せたために、穂積皇子は志賀の山寺に謹慎となり(4)、やがて二人の関係は人々の知るところとなった。読み手はそのような解釈に導かれ、謎解きのような配列が一つの物語としての世界を構築する。歌は別々に伝わったものであって本来は連作ではなかったかもしれないのに(5)、配列による錯覚によって歌の物語世界が立ち上がってしまうのである。穂積皇子の山寺派遣が正史にはなくここにのみあることも、宮廷で作り上げられた「歌物語」である根拠となろうか(6)。

となれば、但馬皇女の「後れ居て恋ひつつあらずは追ひ及かむ」という行為は、通説としていわれているように、積極的に追いかけて行く女性の行為であったのだろうか。「朝川を渡る」のは、「世の常識をものともせぬ但馬皇女の強烈な行為」であって⑺、彼女は自らの意思で積極的に境界を越えていったといえるのだろうか。

先に「竊かに」の例として挙げた軽太郎女は、恋人が伊予に流されていく時にこのようにうたった。


君が行き日長くなりぬ山たづの迎へを行かむ待つには待たじ　（巻二・九〇）

軽太子が流されてからの日々の長さは、彼女の恋心を静めることはなかったのか、「山たづの迎へを行かむ」と激しい気持ちを吐露する。

あるいは中臣宅守と恋に落ちた狭野弟上娘子も、宅守が流されて行くにあたり次のようにうたった。


君が行く道の長手を繰り畳ね焼き滅ぼさむ天の火もがも　（巻十五・三七二四）

恋人と離れることの寂しさを、追いかけていきたい衝動を、「君が行く道の長手を繰り畳ね焼き滅ぼさむ」という激しい感情として表現する。

では追いかけようとするのは、これらの歌に共通するような恋の激しさからくるものなのだろうか。

結論からいえば、そうではあるまい。追いかけようとする行為は必ずしも「待つ」こと以上に積極的な行為であるとはいえないだろう。彼女たちの「追いかける」衝動は、居るべき場所を失ったことに依るのではないか。なぜなら、追いかけたいとうたうのは、禁忌を犯した女たちばかりである。いうなれば罪人である。罪人としての彼女たちにはもはや共同体に居場所はない。共同体の外へとはじき出された存在であり、彼女たちは自らのアイデンティティをその在地性には求められないのである。彼女たちは積極的に「追いかける」のではなく、追いかけざるを得ないのではないのか。不連続な題詞にもかかわらず但馬皇女の恋は、読み手すなわち共同体によって物語化されてしまっているではないか。そのような「せざるを得ない」彼女たちの立場が、実は題詞の「竊かに」という言葉に暗示されていたのである。

そのように考えるならば、様々に解釈されてきた但馬皇女の二首目にうたわれる「標結ふ」という行為の意味も理解できるだろう。

本来「標」というのは人の所有する印であり、場所や物などに対して立ち入って触れることを禁ずる注連縄などの称である(8)。「結ぶ」が霊力の発動する場所を作ることでもあれば(9)、

延ふ葛の絶えず偲はむ大君の見しし野辺には標結ふべしも　(巻二十・四五〇九)

とあるように、「標」をつけた内側が天皇の居るべき聖なる空間となった。「標」を張ったことによって結界が生じ、その内側が聖なる空間となるのである。

またその内側を守ろうとする意識から、「標結ふ」ことは邪悪なもの、邪魔者から守るという意にもなった(10)。

かからむとかねて知りせば大御船泊てし泊りに標結はましを　(巻二・一五一)

楽浪の大山守は誰がためか山に標結ふ君もあらなくに　（巻二・一五四）

この二首の歌は天智天皇崩御に際して詠まれたものであるが、前者は邪悪な霊や病気が天皇にとりつかないように「標」を張るべきであったとうたい、後者は天皇不在の今「標」を張るべき意味がないと嘆いている。あるいは集中の三十一例を見てみると、その多くは自分の所有であることを示すための印の意として「標」が用いられている。

人こそばおほにも言はめ我がここだ偲ふ川原を標結ふなゆめ　（巻七・一二五二）
葛城の高間の草野早知りて標刺さましを今ぞ悔しき　（巻七・一三三七）
山高み夕日隠りぬ浅茅原後見むために標結はましを　（巻七・一三四二）

「標結ふ」ことは所有を示すことであり、独占の意思表明でもあって、その多くは男性が女性を我が物としようとする意味であった。つまり、「標」を張って聖なる空間を守ろうとする場合にしろ、男が女を所有しようとする場合にしろ、「標」はあくまでもその内側に対して効力を発揮するものなのである。「標」の内側にこそ重点が置かれているのであって、守るべきものはその内側にある。

そのように「標」の意味を解して一一五番の歌に戻ってみるならば、この「標結へ」と但馬皇女がうたったのは、おそらく「標」を張ってあなたと私の恋の行く手を守って欲しいという願いをこめてのことであったろう[11]。

但馬皇女はすがるような想いで「標結へ」と懇願しているのである。通説のように「標」を目印にしたいと言っているのでもなければ、ましてや追いかけようとする私を「標」を張って追えないようにして欲しい[12]と言っているのでもない。彼女自身も守られるべき「内側」の人間なのであって、その「標」の張られた内側に入れて守って欲しい、「隈」に「標」を張ってその道中の安全を祈って欲しい[13]とうたっているのである。「標」を張って守りたいのは二人の恋であり、何からそれを守りたいのかといえばそれは「人言」すなわち世間の噂からである。「言痛くありとも」「人言を繁み言痛み」とあっても、それでも待つくらいなら追いかけようとするのは、但馬皇女が自らの運命を切り開くほどの強い女性であったからではない。むしろその反対で、弱いからこそいたたまれずに追いかけようとしたのではないか。しかも彼女は皇女である。深窓に育った世間知らずの皇女は、その育ちの良さゆえの無鉄砲さを持ち合わせてはいても、決して通説にいうような強い女性ではなかったに違いあるまい。

したがって但馬皇女が朝川を渡ったのは、たとえそれが恋の成就を願ってのことであったとしても[14]、彼女自身の意思ではないだろう。彼女はいわば渡らされたのである。恋の禁忌を犯し、世の中からはじき出されてしまった彼女は、アイデンティティを失ってしまったがために、「いまだ渡らぬ朝川を渡る」他に取るべき行動はなかったと想像する。共同体から逸脱したからには、共同体にとどまることができなかったのではないか。この一連の歌の中で繰り返し語られ恐れられている「人言」こそが、彼女に境界を越えさせたのであった。

そしてそのような但馬皇女の境遇は、この一連の但馬皇女の歌に漂う「死」のイメージへと繋がっていく。穂積皇子が謹慎した近江は都から向かって北に位置しており、神話の中では「死と再生」を掌る世界であった。叛乱を起こした忍熊王は近江の地で入水し、死を偽ったホムダワケも近江において死の穢れを祓っている。於奚・袁奚の父市辺忍歯王が雄略天皇に欺かれて殺害されたのも近江である。琵琶湖の豊かな水とともに幻想されているのは「死」であったといって良い。皮肉なことに「標」を張ってまで追いかけたかった恋の路は、「死」に縁取られた破局へと向かう旅でもあった。

その不吉な予感は「朝川渡る」という表現の中にもうかがえる。集中にその用例求めると、それは巻三・四六〇番の坂上郎女が尼理願の死を悲嘆して詠んだ歌で、葬送の行列が朝の佐保川を渡っている(15)。その時川はこの世とあの世の境界であり、朝が夜と昼の境界であることをも加味すれば、「朝川渡る」という行為は時間としても空間としてもある境界を越えて行く行為であった。しかも妻問いの常識として未明の川を渡るのは男である。身分の高い皇女であればなおさらのこと、「朝川渡る」という行為は大胆かつ異常なことでもあった。

「君に寄りなな言痛くありとも」とはじまった但馬皇女の恋は、「死」というものを背後に抱えつつも新しい人生へむけて「朝川」を渡ったにもかかわらず(16)、決して成就しない恋であった。二人の恋が贈答歌でもって綴られるのではなく皇女の歌のみで構成されていて、穂積皇子から但馬皇女に向けての歌は巻二の挽歌のみであることがこの恋の行く末を示している(17)。

但馬皇女薨ぜし後に、穂積皇子、冬の日に雪の降るに御墓を遥望し悲傷流涕して作らす歌一首

降る雪はあはにな降りそ吉隠の猪養の岡の寒くあらまくに　(巻二・二〇三)

猪養の岡からの「遥望」には儀礼的な鎮魂の意味があるともいうが（18）、この歌に込められているのは静かな哀しみである。禁忌を犯した恋、「死」をも覚悟した恋の行方は、愛しい恋人からの返歌が合せて記載されることもない孤独へと向かい、穂積皇子が初めて但馬皇女にむけて詠んだのが彼女の死を語る挽歌であるという皮肉によって、ひっそりと幕を閉じるのであった。

二　境界が生んだ幻想

但馬皇女の場合、境界を越えていったのは彼女自身の意思ではなく、いわば「人言」という共同体によって川を渡らされたのであったが、集中にはもうひとり境界を越えていく女がいる。高橋虫麻呂に詠まれた巻九・一七四二番～一七四三番の「河内の大橋を独り行く娘子」である。それは次のようにうたわれている。

河内の大橋を独り行く娘子を見る歌一首 并せて短歌

しな照る　片足羽川の　さ丹塗りの　大橋の上ゆ　紅の　赤裳裾引き　山藍もち　摺れる衣着て　ただひとり　い渡らす子は　若草の　夫かあるらむ　橿の実の　ひとりか寝らむ　問はまくの　欲しき我妹が　家の知らなく（巻九・一七四二）

反歌

大橋の頭に家あらばま悲しくひとり行く子にやど貸さましを（巻九・一七四三）

きらきらと照り輝く川に架かっている橋の上を、赤裳の裾を引き、山藍の衣を着てただひとり渡っていく子に夫はいるのだろうか、とうたわれるこの歌の中で注目すべきは、「ただひとりい渡らす子は」という表現であろう。若い女性が「ひとり」川を渡っていく姿は人目をひいたらしく、その尋常ではないことがこの歌の主題でもある。

この歌の舞台となった片足羽川には、石川であるとする説、大和川であるとする説の二説があって定説はないが、いずれにせよその川に架かる河内大橋は龍田街道という官道と川とが交叉する地点にあったとされる。それは大和国から河内国へと入ったことを知る「境界」でもあった。そのような交通の要衝でもある河内大橋のたもとには市がたつこともあっただろう。「さ丹塗の大橋」とあることからすれば、この橋はおそらく官道上に架けられた朱塗りの立派な橋であり、そこを行き交う人々の往来も激しかったに違いない。そのような中にあって、なぜこの娘子は「ただひとりい渡らす子は」と表現されるのであろうか。

この娘子がどのような女性であったかについては、赤裳が当時の女官の盛装であったことから巫女のような官女であるとも、集中多く用いられている「韓藍」ではなく「山藍」を用いて衣を染めたと表現していることに注目して、娘子はむしろ庶民的な存在であるともいわれている[19]。真間の手児名をうたう際にもその服装について事細かく描写していることからすると、虫麻呂が赤裳や山藍の衣にその女性像を象徴させていることは明らかであり、赤裳が女官の盛装であること、赤と青（藍）という対比があることから考えて、この娘子はおそらく庶民ではなく、特別な存在として描かれているのだろう。そもそも裳を着ているということ自身に、その女性が呪的力を持っていることは示されているではないか。例えば崇神記で建波邇安王の叛乱を歌で知らせたのは腰裳を着けた少女であり、「裳」にはその予知能力が象徴されていた。

あるいは集中の「赤裳」の例を調べると、その多くが裳を引き、時にその裾を濡らしていると表現されていて、「赤裳」の装いは肉感的で挑発的なものでもあった[20]。そのような若い女性の艶かしい姿を連想させるからだろうか、この歌に詠まれているのが河内大橋という龍田街道が大和川と交叉した場であることに注目し、この娘子を遊行女婦の類と解する説[21]、「橋づめ」で歌垣が開かれることもあったことから、その歌垣に参加する女性であったとする説もある[22]。それらの説はその詳細な女性描写に巫女や官女であるといった実態を見ようとするのであるが、果たしてそこに現実的な具体性を求めるべきなのだろうか。思うに、ここで虫麻呂が心ひかれたのは、あくまでも赤と青の対比鮮やかな人目をひく衣を着た若い女性が「ただひとり」渡っていったことにある。

今までの解釈では、「ひとり」の語句が題詞や反歌を含め四回も用いられることを根拠に、誰も通っていない橋の上を「ただひとり」渡っていると捉えられている[23]。往来が途絶えた橋の上を美しいヲトメがたったひとりで渡っていると解するのである。

しかし官道に架かる立派な橋であれば、人々の往来が途絶えることがあったとは考えにくい。誰も通っていない橋を渡っていったのではなく、むしろ多くの往来の中にあってその娘子は「ひとり」橋を渡っていたと考えるべきではないか。その女性が盛装しているのであれば「ひとり」行くことの不自然さは目立つに違いなく、その異常さに、衣の赤と青の鮮明な対比に、虫麻呂は目を奪われているのである。

そこで集中の「ひとり」の用例を調べてみると、七十四例あるほとんどが「獨り宿（寝）」という表現として用いられていることがわかる。

真土山夕越え行きて廬前の角太川原にひとりかも寝む　（巻三・二九八）
今よりは秋風寒く吹きなむをいかにかひとり長き夜を寝む　（巻三・四六二）
ひとり寝て絶えにし紐をゆゆしみと為むすべ知らに音のみしぞ泣く　（巻四・五一五）

いつもは二人して寝ているのに、旅の途中や伴侶を亡くしてからはひとり寝るのだと、そのひとり寝の淋しさや哀しさをうたっている。

あるいは

ふたり行けど行き過ぎかたき秋山をいかにか君がひとり越ゆらむ　（巻二・一〇六）

と、二人で行っても淋しい山道をひとりであなたはどのようにして越えるのかとうたう中には、「ひとり」でいることへの恐れと不自然さがある。

これらの例からすると、「ひとり居る」「ひとり行く」「ひとり見る」という他の用例を含めて、「ひとり」とは二人いるうちの一人の意であったことが理解されるだろう(24)。「ひとり」といった時、その背後には「もうひとり」が想定されているのであり、本来二人でいるうちの一人であれば、「ひとり」とは異常なことであり、その異常さにはある意味が込められていた。

また憶良や家持が

春さればまづ咲くやどの梅の花ひとり見つつや春日暮らさむ　（巻五・八一八）

うらうらに照れる春日にひばり上がり心悲しもひとりし思へば　（巻一九・四二九二）

とうたう「ひとり」は異性間で用いられる「ひとり」であって少々趣をかえてはいるが、この「ひとり」もまた、周りの人々から離れていること、そこから転じて貴族社会からの孤立を意味している(25)。異性間で用いられる場合にしろ、同性間で用いられる場合にしろ、「ひとり」は日常の状態とは異なる不自然な状態であり、「ひとり」の向こう側に他の「ひとり」（複数の場合もある）が存在しているのである。

そのように解すれば、この河内大橋の「ひとり」はある特別な意味を帯びはじめる。「二人あったうちの一人」という意味が込められているとするのなら、娘子にふさわしい「ひとり」が想定されるべきであり、それが「夫かあるらむ」という問いかけとなって表れているのではないか。二人あるべきうちの「ひとり」であるならば、「問はまくの欲しき我妹が家の知らなく」とうたわれて良い。この妻問いの名乗りの形式をとった表現は、娘子が「ひとり」いることに喚起されている。「ひとり」いる娘子とは、雄略天皇が『万葉集』冒頭歌で「籠もよみ籠持ち」と呼びかけたような、妻問いで出逢うべきヲトメであったのである。勿論この歌は妻問いの歌でもなければ、虫麻呂が妻問いのために旅にあるのでもないが、『古事記』において雄略天皇が袁杼比賣に道で逢うように出逢いはいつも突然で(26)、そのような出逢いは常に「ひとり」の男と「ひとり」の女の間に起こる出来事であった。そういう男と女の出逢いがここにもある。

そしてその出逢いの場が河内大橋であることは、この突然の出逢いの本質を示してもいる。橋とは二つの世界を繋ぐと同時にいずれにも属さない境界を意味するものであり、この河内大橋は現実的にも河内国と大和国との境である。今なお地崩れを起こすほど険しい龍田峠を越えて降りてきたところが河内大橋であり、その河内大橋の架かっている川は東西に流れて大和と難波を結ぶ重要な水路である。橋は単にひとつの共同体の境界を示しているのではなく国境であり、陸路と水路の交叉する地点であり、その幾重にも重なった「境界」がこの河内大橋には象徴されている。異質な風土や文化が出会う場でもあった、その橋の上に娘子は出現するのである。

おそらくこの娘子は、多くの研究者が指摘するように橋が異界との通路であれば、現実世界に生きる存在ではなく異界の住人なのであろう[27]。たとえそれが現実に見たヲトメから発想されたものであったにせよ、現実世界とは離れてしまった幻[28]、境界に漂う幻影であった。それはタマヨリビメなどのような、異界と現実を往還する女性ともいえるだろうか[29]。境界だからこそ出現した異界のものであれば、現実世界に生きる虫麻呂と娘子は決して出逢うことはなかったのだろう。娘子は虫麻呂の目の前をすれ違うことすらなく渡って行ったのであり、家を問いかけたいと思いながらもその思いは「家の知らなく」と胸に秘めたまま飲みこまれてしまう。その時、橋はあくまでも通過して行く場に過ぎず、娘子の姿はその橋を通過していく時に一瞬垣間見た幻なのであった。

さらに付け加えるなら、その幻を見ることができたのは虫麻呂自身がそこを通過していく旅人であったからである。家はどこかと尋ねたいが橋のたもとに家がないから尋ねることができない、と反歌にうたわれるような旅人であればこそ、境界を越えていく女を見ることができたのだろう。決してその場にとどまろうとはしない旅人もまた、境界を彷徨い続けるものでしかない。歌の中にはうたわれていないが、この橋を通過していく虫麻呂もやはり「ひとり」ではなかったか。

そのような「ひとり」が、川を渡っていく「ひとり」に出逢うことができるのである。もしかしたらこの娘子を見ることができるのは、旅行く虫麻呂だけかもしれない。そのような出逢いの幻想がここにうたわれているのであり、幾重にも重なった「境界」の中で、交通の要衝の地で、交わることなくすれちがっていくひとりの男とひとりの女の幻想がこの歌であった。

やがてこの異界を思わせる女の幻想は、『今昔物語』巻二十七第十三に語られているような「橋姫」の伝承へと受け継がれていくことになる(30)。あるいは、渡河に注目すれば、漢詩文の影響を受けた七夕伝説を、この背後に見いだすことも可能だろうか(31)。橋への賛嘆から創り出されたヲトメを描いていると解されるこの歌は(32)、「境界」が生み出した幻想として受け継がれていくのであった。

三　境界にとどまる恋

共同体によって朝川を渡らされてしまった但馬皇女と、通過して行く旅人に幻想された大橋の娘子について考えてきたが、このおよそ似ていない二人に共通するのは、どちらも共同体には属さないということであった。共同体から逸脱した女のみが、境界を越えて行くことができたのである。

それでは彼女たちは境界を越えてどこへ向かったのだろうか。それを考えるにあたり、最後に『常陸国風土記』香島郡童子女松原の伝承を取り上げてみたいと思う。

その南に童子女の松原あり。古、年少き童子ありき。俗、加味乃乎止古・加味乃乎止賣といふ。男を那賀の寒田の郎子と稱ひ、女を海上の安是の讓子と號く。竝に形容端正しく、郷里に光華けり。名聲を相聞きて、望念を同存くし、自愛む心滅ぬ。月を經、日を累ねて、嬥歌の會俗、宇太我岐といひ、又、加賀毗といふに、邂逅に相遇へり。時に郎子歌ひけらく、

　　いやぜるの　安是の小松に
　木綿垂でて　吾を振り見ゆも
　　安是小島はも。

嬢子、報へ歌ひけらく、

　　潮には　立たむと言へど
　汝夫の子が　八十島隠り
　　吾を見さ走り。

便ち、相語らまく欲ひ、人の知らむことを恐りて、遊の場より避け、松の下に蔭りて、手携はり、膝を役ね、懐を陳べ、憤を吐く。既に故き戀の積れる疹を釋き、還、新しき歡びの頻なる咲を起こす。時に、玉の露杪にやどる候、金の風丁す節なり。皎々けき桂月の照らす處は、唳く鶴が西洲なり。颯々げる松風の吟ふ處は、度る雁が東岾なり。山は寂寞かにして巖の泉舊り、夜は蕭條しくして烟れる霜新なり。近き山には、自ら黄葉の林に散る色を覽、遙けき海には、唯蒼波の磧に激つ聲を聴くのみなり。茲宵茲に、樂しみこれより樂し

きはなし。偏へに語らひの甘き味に沈れ、頓に夜の開けむことを忘る。俄かにして、鶏鳴き、狗吠えて、天暁け日明かなり。爰に、童子等、為むすべを知らず、遂に人の見むことを愧ぢて、松の樹と化成れり。郎子を奈美松と謂ひ、嬢子を古津松と稱ふ。古より名を着けて、今に至るまで改めず。

（『常陸国風土記』香島郡）

美男・美女として有名であったカミノヲトコとカミノヲトメは、互いの評判を聞き、ともに逢うことを望んでいた。ある嬥歌の夜、二人は出逢いたちまち恋に落ちた。二人は嬥歌の場を逃れた松の下で時が経つのも忘れて語り合っていたのだが、とうとう夜が明けてしまい、人に見られてしまうことを恥じて松になってしまった。

従来この伝承は、共同体の禁忌を犯したために松となってしまった男女の物語として解されてきた。嬥歌という神が許した場と時間を逃れて語り合ったため、いわば神罰がくだったのだというのである。何ゆえに嬥歌の場から逃れたのかといえば、この二人の恋が神に祝福されなかったからであり(33)、祝福されなかった要因は、この二人がその名に「カミノ」と「神」を冠していることからわかるように、神に仕える巫祝であったことにあるのだろう(34)。神に奉仕する男女であれば異性との交渉は禁忌であり、神に許された祭りの場からの離脱とあわせてここには二重の禁忌の犯しがある。

その禁忌の犯しは、二人が松になったという幻想を生んだ。人間ではないものへの変容、すなわち松に化成することは罰であった。その松につけられた「奈美松」「古津松」という名が「見るな」「くず」を意味する卑称であれば、彼らの行為は決して称賛されるものでなかった。しかしその反面、樹木への化成の根底には人間は木であるという〈同類共感〉に基づく神話幻想があって、そのような「化成」によって彼らの恋は永遠を勝ち得たともいえる[35]。共同体にとって松への化成は禁忌の犯しに対する戒めであったが、恋人たちにとっては永遠への化成、永遠を勝ち得た勝利の証であったということである。

おそらく、ここに共同体とは相反する「個」が描かれている。この伝承は共同体からの個の離脱を象徴するものであり、共同体から離脱することで成就する、本来恋愛がもっている個我の世界が描かれているのだろう[36]。

とはいうものの、ここに描かれている「個」とは近代的な自我ではないことを忘れてはなるまい。恋人たちの化成した松は嬥歌の行われた松林の外れに位置しているのであって、共同体を大きく外れたところに存在しているわけではない。嬥歌が行われたのは、放っておけば松林になるという、環境に適した状態極相（クライマックス）においてであり、それは共同体の近くで松と人が共生する空間でもあった[37]。人と自然が交わり共生している、そのような空間であればこそ人は松になることができたのであり、その空間は決して外部ではあり得ない。松林は共同体とその外部を分け隔てる境界部であって、そこに化成したことはむしろ境界を越えゆくことができずにそこにとどめられたということであり、その松は外部との防波堤でもある。化生は共同体から自由になっていったことを意味しているのではない。共同体とその外部とのまさに境界的な空間で樹木に化成した彼らの恋は、化生してなお共同体の支配の内側にあったといえようか。彼らの恋の行方には共同体が立ちはだかり、決して「個」としての恋を成就させることはできなかった。一瞬共同体から飛び立って自由になったように見える「個」は、境界線上にとどまり化石となることで、再び共同体に回収されていくしかなかったのである。

あるいは、『古事記』に語られる隼別皇子と女鳥女王の恋にしても、境界を越えられなかった恋人たちの物語

である。兄である仁徳天皇の想い人を横取りしたゆえに謀反ありとして追われて逃げた二人は、

梯立ての　倉椅山を　嶮しみと　岩かきかねて　我が手取らすも
梯立ての　倉椅山は　嶮しけど　妹と登れば　嶮しくもあらず
（『古事記』下巻）

とうたい、手と手を取り合って奈良から逃れていこうとするが、結局二人は宇陀の地で追いつかれてしまう。倉椅山の向こう側に恋の成就と未来を求めた逃避行は、国境であえなく終っている。国境を越えようとしても越えられなかった悲劇、禁忌を犯した恋の行く末がここにも語られている。

さらに興味深いことには、隼別皇子たちが恋の成就を願って向かったのは伊勢であった。『古事記』の記述にはっきりとそうあるわけではないけれど、宇陀から墨坂を越えて街道は伊勢へと続いている。二人が志向したのは伊勢という東の方位であり、東を目指した道行は彼らの未来への道行きであった。彼らは朝日が昇る伊勢に新天地を求めたのであり、それは朝川を渡って行った但馬皇女の行為に同じである。朝川を渡ることは、共同体から離れて「我」を確立しようとすることであり、そのような自立を可能にするのは「朝」という時刻であった。それはまさに恋人たちが松になった時刻に他ならない。神の時間と人の時間が交代していく夜明けにおいて「化成」は可能となるのであり(38)、「個」であろうとして「私」が共同体を逸脱していく時刻でもあった。そのような時刻が「朝」であり方位が「東」なのであった。

しかし、何度もいうが境界を越えようとした恋人たちは、境界を越えることができず、境界にとどまり続ける

ことになる。現実世界で彼らの恋が成就することはなく、共同体から自由になることもなかった。
それは境界を越えて行こうとした女たちの行く末も同じであろう。彼女たちの恋も成就することなく、真の意味で共同体から自由になり得たわけではなかった。彼女たちもまた、境界を越えようとするが越えられなかったのである。

むすび

境界を越えていく女とは、一見共同体から自由になり、自立した「個」としての人生を生きたように見えるものの、その実は境界にとどめられ、そこに漂い続ける女であった。何ゆえに境界に彷徨うのかといえば、彼女たちは等しく共同体から逸脱した、いわば罪人であったからである。その罪は禁忌の恋ゆえの罪であり、禁忌の犯しを許さない共同体によって境界へと追いやられたのであった。

そして彼女たちを境界へと追いやったのは、「人言」であったことを最後に改めて指摘しよう。但馬皇女の恋を禁忌の恋として紡ぎだしたのは「人言」であり、物語として伝え語り継いでいるのも「人言」である。否、「人言」が禁忌の恋の悲劇を作り出しているといえようか。「人言」を恐れている彼女自身が「人言」によって作られている、そういう逆説がここにはある。

童子女の松原の二人にしても、人々の視線を恐れて松になったのに、二人が化成した松に名をつけ語り継いでいったのは共同体であった。そこには恋という極めて個人的な行為を許さない共同体がある。禁忌の犯しへの執拗なまでの憎しみは、それが共同体を根底から揺るがし得ないものであればこそのものであり、翻って禁忌を犯したものたちへの畏怖ともなった。そのような畏怖は、やがて共同体を逸脱していくものたちへの憧れともなり、河内大橋の娘子の幻想を生むことになる。それが「境界を越えていく女」の物語を紡ぎだしているのであり、憎むと同時に憧れのまなざしを持って共同体は彼女たちを眺めているのであった。

注

（1）賀古明「但馬皇女と穂積皇子との恋」（『国文学　解釈と教材の研究』11（13））学燈社、一九六六年
（2）黒沢幸三によれば、これは妻として同居していたことを示す表現であるという（「穂積皇子と但馬皇女」（『文学』46（9））岩波書店、一九七八年）。
（3）森朝男「万葉集における恋の禁忌」（『恋と禁忌の古代文芸史　日本文芸における美の起源』）若草書房、二〇〇二年
（4）北山茂夫は謹慎ではなく使者として赴いたとする（「女帝と詩人」（『万葉の創造的精神』）青木書店、一九六〇年）。
（5）一一四番と一一六番の題詞に「但馬皇女、高市皇子の宮に在す時」と同じ表現があることから、高野正美はこれらが別の資料をもとにしていると考えざるを得ないとする（「但馬皇女論」（『上代文学』15）上代文学会、一九六二年）。
（6）蛯名翠蝦名翠「但馬皇女・穂積皇子「歌物語」考」（『国語と国文学』84（1））東京大学国語国文学会、二〇〇七年
（7）森斌「但馬皇女歌の特質―万葉集巻二・相聞三首について―」（『広島女学院大学国語国文学誌』9）広島女学院大学日本文学会、一九七九年
（8）『時代別国語大辞典』上代編・三省堂、一九六七年
（9）多田一臣『万葉集全解』筑摩書房　二〇〇九年

（10）井手至「万葉人と「隈」」（五味智英・小島憲之編『万葉集研究』第八集）塙書房、一九七九年
（11）神永あい子「但馬皇女論―物語性をめぐって―」（『青山語文』7）青山学院大学日本文学会、一九七七年／「標結へ我が背―但馬皇女が望んだもの―」（『青山語文』31）青山学院大学日本文学会、二〇〇一年
（12）浅見徹「標結へ我が夫」（『松田好夫先生追悼論文集　万葉学論攷』13）続群書類従完成会、一九九〇年／「「標結へ我が夫」再説」（『萬葉』187）萬葉学会、二〇〇四年
（13）（10）に同じ。／坂本信行「標結へ我が背」（『叙説』29）奈良女子大学国語国文学研究室、二〇〇一年
（14）畠山篤「但馬皇女の恋歌―発想と物語的性格―」（『国学院雑誌』79（3））国学院大学、一九七八年
（15）他には人麻呂の吉野賛歌（巻一・三六）に「朝川」が用いられている。
（16）大久間喜一郎「川を渡る女―但馬皇女をめぐって―」（『古代文学の構想　万葉集の世界』）武蔵野書院、一九七一年
（17）（1）論文は穂積皇子にはじめ恋心がなかったからとし、（7）論文はこの三首はもともと贈答歌ではなく独詠歌であるとする。
（18）影山尚之「但馬皇女挽歌の再検討―その儀礼的背景」（『上代文学』67）上代文学会、一九九一年
（19）森斌「高橋虫麻呂試論」（『広島女学院大学論集』41）広島女学院大学、一九九一年
（20）（19）に同じ。
（21）土屋文明『万葉集私注』筑摩書房、一九六九年
（22）尾崎暢夫「大橋の娘子」（『万葉歌の発想』）明治書院、一九九一年
（23）犬養孝『万葉の旅』（中）平凡社ライブラリー、二〇〇四年

（24）岩崎良子「さ寝考」（『上代文学』50）上代文学会、一九八三年
（25）岡部政裕「「ひとり」の系譜―赤人から家持へ―」（『万葉長歌考説』）風間書院、一九七〇年
（26）猪股ときわ『歌の王と風流の宮―万葉の表現空間』森話社、二〇〇〇年
（27）中西進「橋の上の娘子―高橋虫麻呂論―」（『旅に棲む―高橋虫麻呂論』）角川書店、一九八五年
（28）犬飼孝「高橋虫麻呂」（『万葉の人びと』）ＰＨＰ研究所、一九七八年
（29）（22）に同じ。
（30）（27）に同じ。
（31）（19）に同じ。
（32）清原和義「虫麻呂風土―連作的手法について」（『萬葉集の風土的研究』）塙書房、一九九六年
（33）関和彦『風土記と古代社会』塙書房、一九八四年
（34）永藤靖「『風土記』の世界―中央と地方のはざまで―」（『古代説話の変容―風土記から日本霊異記へ』）勉誠社、一九九四年
（35）居駒永幸「表現としての樹木崇拝」（『古代の歌と叙事文芸史』）笠間書院、二〇〇三年
（36）永藤靖『時間の思想―古代人の生活感情』教育歴史新書、一九七九年
（37）永藤靖「『常陸国風土記』に描かれた松の植生をめぐって―共生と抗争―」『日本神話と風土記の時空』三弥井書店、二〇〇六年
（38）益田勝実『火山列島の思想』筑摩書房、一九八三年

終章　「性」の禁忌と婚姻
――研究史にかえて――

はじめに

洋の東西を問わず、神話において「性」がいかに重要な役割を果たしているか、それは周知の事実である。ギリシャ神話の最高神ゼウスや記紀神話のオオクニヌシが多くの女性と結ばれるのは、単に「好色」の問題ではなく、多くの女性と交わり子をなすことが、子孫の繁栄でもあり領土の拡大でもあったからである。すべての生命の営みは「性」によってはじまっている。

例えば、古代日本において「性」が生産を象徴する行為としてあったことは、歌垣の習俗や大嘗祭の儀礼を引き合いに出すまでもなく明らかなことである。男女の交わりが、時に稲の豊作を予祝し、時に大地に恵みの雨をもたらすと、そのように古代の人々は信じていた。彼らにとって稲が実るということは、男女が交わった結果子が生まれることに等しい。それはおそらく、豊饒というものを人の誕生と同じメカニズムのものとして捉えていたからに違いない。「性」には豊饒を約束する呪的力が備わっているのである。

したがって古代日本文学の中で「性」は、主に豊饒をもたらすものという観点で捉えられており、それについての研究は今まですでに多くなされてきている。歌垣の研究では土橋寛（1）をはじめ西郷信綱（2）、渡邊昭五（3）

が、大嘗祭の研究では折口信夫(4)をはじめ、岡田精司(5)や西郷信綱(6)がある。まとまった研究書としては『大嘗祭の研究』を挙げることもできるだろう(7)。

しかしそのような研究のどれもが、「性」をある一点に限定した狭い視野の中で捉えた断片的なものであり、全体的なイメージとして「性」を捉えてきたことはなかったように思う。神々の婚姻は人の理想としてあって、人の婚姻は神婚になぞらえてなされるものだと述べる古橋信孝(8)の指摘はあっても、国生み神話の「性」が、男女二人の恋物語における「性」と同レベルで語られることはなかったし、母性と父性を「白いチ（乳）」と「赤いチ（血）」とし、「家族」の問題として捉える三浦佑之(9)の研究はあるものの、それを共同体と国家の問題にまで発展させたものはない。生物学的な「性」の問題は社会的な「性」の問題とは切り離されて考えられていて、予祝儀礼としての「性」と系譜語りにおける「性」は同じ土俵で語られることはなかった。私的個人的な「性」と公的社会的な「性」は決して交わらないと考えてしまうからだろうか。「性」は生物学的なものであると同時に社会的なものであり、母性や父性の「性」でもあることを忘れてしまっている。

それではなぜ「性」はこのように断片的にしか捉えられてこなかったのだろうか。

それは、「性」を口にすることすら憚られるとする風潮と無縁ではないかもしれない。日本民俗学の第一人者である柳田国男も、民俗と「性」は切っても切り離させない深い関係にありながら、「性」について語ろうとはしなかった。「性」は二人の間の閉じられた関係であって決して公の場で語られるようなものではなく、したがって「性」には多くの禁忌が課せられ規制されていた。「性」そのものが禁忌であったといってもよい。江戸時代に遊郭が吉原に限定され、社会の表側からは隠蔽されてしまったように、すべての生命のはじまりに「性」はあるにもかかわらず、社会は「性」を警戒し閉め出そうとする。いうなれば社会は「性」を制御することからはじまるのである。なぜなら「性」には世界を活性化する力がある半面、世界を混沌へと陥れかねない暴力性を秘めているからだ。

この終章では、「性」に課せられた禁忌とは何かを考えることから制度としての婚姻について考察し、これまでになされた婚姻に関する研究に言及してみたいと思う。

一 「性」と禁忌

記紀神話の中で、禁忌とはどのようなものとして描かれているだろうか。

神話における禁忌といってまず思い出されるのは、『古事記』上巻で語られる、イザナミがイザナキに課した「見るなの禁」である。火の神カグツチを生んで死んでしまった妻を慕って黄泉の国に来たイザナキは、黄泉神と相談するからのぞいてはならないと言われたにもかかわらず、待ちきれずに殿のうちをのぞいてしまい、腐乱したイザナミの醜い姿を見てしまう。恐ろしくなって逃げ帰ろうとすると、イザナミが差し向けた黄泉醜女が追いかけてきて、追いつかれそうになる度に髴を投げ、櫛を投げ、最後には桃の実を投げて難を逃れ、黄泉と現実世界との境である黄泉比良坂に到る。イザナキとイザナミは千引石を挟んで対峙し、二人の間で次のような言葉が交わされる。

…事戸を度す時、伊邪那美命言ひしく、「愛しき我が汝夫の命、かく為せば、汝の國の人草、一日に千頭絞り殺さむ。」といひき。ここに伊邪那岐命詔りたまひしく、「愛しき我が汝妹の命、汝然為せば、吾一日に千五百の産屋を立てむ。」とのりたまひき。（『古事記』上巻）

イザナミが一日千人殺そうと言えば、イザナキは千五百人分の産屋を建てようと言う。このように、人の生と死に関する取り決めが、禁忌を犯した結果二人の間でなされるのであった。

物語において禁忌が課せられるということは、実はその禁忌が破られることが期待されているということでもあって、この神話もその例にもれず、「見るなの禁」は破られることになる。ここで禁忌が課されている「見る」という行為が世界を認識していくことであれば、イザナキが見ることによって認識したのは「死」であり、この神話が何を語ろうとしているかといえば、「生」と「死」の契約が交わされることによって、「死」が誕生したということである。

神話における「見るなの禁」のもう一つの良い例は、トヨタマビメの出産に関わる場面である。産屋に籠って産むところを見てはならぬと言われながらも、ホヲリノミコトはのぞいてしまう。するとそこには本つ国の姿であるワニとなって子を産むトヨタマビメがいた。トヨタマビメは本来の姿を見られたことを恥ずかしく思って海神の国へと帰ってしまい、二人の住む世界は分け隔てられるのであった。ここで二人の間を裂くのは「死」ではなく「出産」であるが、いずれにせよ夫婦であった二人が離別し、それまでは何の障害なく往来していた黄泉の国や海神国といった他界との距離が遠くなっている。ここに異集団間の婚姻を見出し(10)、その婚姻にまつわる禁忌への違犯が夫婦の別離となったと捉えることもできるだろうか(11)。

これら二つの神話から何がわかるかというと、「見るなの禁」の犯しによって境界が創出されていくことである。それは西洋の「見るなの禁」が、父の課した禁忌を破ることによって自我を確立する成功譚であったこととは異なって、「見る」ことによって主人公が得たのは去っていた女性のうらみであり「無」であり(12)、そこにはその結果生じた異世界との断絶がある。「見る」ことにおいて二人の属する世界の異質さは強く認識されて、境界が出現するのである。一続きであった世界は分節化され、「生」と「死」、現国と他界といった反発しあう対立項によって、世界には境界線が引かれる。それは世界認識の過程において必要不可欠な行為であり、人は自己を確立するために連続した自然を切断して分節化しなければならないということでもある。「似たものを似たものから分割する境界線を引いて、有意味な文節構造をつくりだす分化の識別操作子」であり、「異なるカテゴリーが接近、混清しそうになると、まるでパソコンのカーソルのようにそこをマークして危険を知らせる文化の象徴演出子」と山内昶もタブーを定義づけている(13)。禁忌とは、連続する事柄に境界線を引く行為なのである。

また、禁忌があるということはその禁忌を犯すこともあったということであり、禁忌の犯しがないところに禁忌は発生し得ないことを付け加えよう。禁忌とその犯しは表裏一体のものであって、それは実際にそのような禁忌と犯しがあったかどうかということではなく、あくまでも神話の表現形式としてあった(14)。

それでは、「性」における禁忌とはいったい何だろう。境界線を引く行為としての禁忌は、「性」においてどのように作用しているのだろうか。

性の禁忌といってまず思いおこされるのは人妻の姦通であるが、高橋虫麻呂の筑波山嬥歌会の歌に「人妻に我も交はらむ我が妻に人も言とへ」（『万葉集』巻九・一七五九）とあるように、古代において人妻との交わりは決して禁忌ではなかった。対偶婚と呼ばれる婚姻形態であった当時、一人の夫に一人の妻という対の関係はあったものの、それは必ずしも他の夫や妻との性関係を妨げるものではなく、しかもその関係は長続きしなかったといわれている(15)。

そもそも古代における婚姻とは、そのはじまりも終わりも定かでなく、『令集解』戸令にも、三ヶ月訪れなき場合は結婚を解消してよいとある。義江明子はその令文の「往来せず」「住まず」という事実からそのまま離婚にいたることに注目し、別居・同居のいずれの場合も、結婚生活の間は「問う」という求愛活動がなされていると指摘する(16)。おそらくその見解は正しい。なぜなら「問う」という求愛活動こそがその後の出産に繋がるのであって、「問う」ことがなくなればそれまでのこと、いつから夫婦となり、どのようにして離婚が成立するかといった制度としての婚姻は二人だけの「恋」の関係においては何ら意味をなさないからである。『万葉集』にうたわれる恋にしても、人知れず通うことにはじまり、人知れぬうちに終っていたではなかったか。二人の閉じられた世界では、そのはじまりや終わりは問題とはならない。それは現代でも同じであり、人籍は扶養や税金の問題であって、婚姻は制度でしかないのである。

したがって制度なき時代、「性」に禁忌が課される必要はなかった。関口裕子もいう、性的な結合は男女双方の合意の上で行われ、夫以外の男性と関係を持つことが閉ざされなかった当時、男性側からの一方的な強姦も姦通も不在である、と(17)。『隋書倭国伝』の「同姓不婚」にしても、おそらくそれは中国側からみての表現でしかなく、『隋書』が書かれた当時の日本が、支配者層では極端な近親婚を行っていたことからすれば、果たして「同姓不婚」が本当のところ行われていた習俗であったかも疑問である[18]。

そのように考えれば、「同姓不婚」が外婚の根拠となることもなければ、かといって近親婚が積極的にすすめられていたというのでもなく、「内」と「外」の境界が古代においては定かではなかったと考えるべきだろう。禁忌を作り出すことによって混沌としていた「性」を規制し、「性」における禁忌が課された結果、婚姻という制度が整うのである。反対のいい方をすれば、婚姻という制度のために、「性」に禁忌が課されたのであった。

二　近親婚と婚姻制度

それでは「性」の禁忌がどのように婚姻制度と結びつくのか、例として近親婚の禁忌について考えてみよう。近親婚の禁忌とは、ある集団の中で婚姻関係を結べるかどうかという区別をすること、「内」と「外」の境界線を引くことであった。血縁をどこまでも辿っていけば、その共同体全体が血縁関係で結ばれてしまうその中で、禁忌を課すことによってある集団に「内」と「外」の区別が生じる。ある区切り、すなわち家族というものが、その禁忌によって作りだされるのである。近親間での「性」を禁止することによって、家族の概念は生れる。古橋信孝の言葉を借りれば、家族を成り立たせるのが兄妹だから、兄妹が結婚すれば兄妹は共同体の男女に解消してしまい、家族は成り立たなくなるということであり[19]、兄妹と夫婦を明確に区別することによって、家族という枠組みは守られていく。つまり、兄妹婚の禁忌は不具の子が産まれるという遺伝学の問題ではなく、あくまでも社会的な制度の問題なのである。

そうであるから近親婚は全てが禁忌ではなかった。同性の兄弟の子供である並行イトコとの婚姻は禁忌であるのに、異性の兄妹の子供である交叉イトコとの婚婚は認められていて、しかももっと血の繋がりの濃い異母兄妹の婚姻は、禁忌どころか理想的な婚姻と考えられていた。血の濃さからいえばむしろ異母兄妹婚の方が濃いにもかかわらず、並行イトコ婚だけが禁忌なのである。一方だけを閉じることによって、血縁の広がりゆく方向が操作されていて、そこにはおそらくある意図がある。「血の系譜」の問題がある。交叉イトコ婚が父系の異なるもの同士の婚姻であり、異母兄妹婚が父系的に同系であることからすると、父系的血縁を重視していることは明らかであり、父系を重視するという意図のために、近親相姦の禁忌は課されているかのようだ。

つまり外婚制の規制の内容が、近親婚のタブーの内容を決定するのである[20]。全ての民族に共通して近親婚の禁忌があることから、近親婚は「自然」すなわち野蛮に属するゆえに、近親婚の禁忌によって人は「文化」に属することになるとレヴィ＝ストロースも提唱するように[21]、近親婚の禁忌は文化的な装置として機能している。

ではなぜ近親婚の禁忌は文化的な装置なのか。

自然界では何か特別なことでもない限り、近親相姦は起こらないらしい。種の保存の原理からいって遺伝子の異なるものとの交わりの方が好ましいからなのか、本能的に動物は近親相姦を避けるという。そのような近親相姦があり得ない状態においては、それが禁忌として意識されることはないだろう。先に触れたように、禁忌とその犯しは表裏一体の関係である。となれば、人間に近親相姦の禁忌があるということは、その裏返しとして、近親相姦の願望が潜在的に人間にはあるということになる。

確かに、記紀神話において近親相姦の幻想はある。始祖たるイザナキとイザナミは夫婦であると同時に兄妹でもあるとも解されている。ルーツを辿っていけば、はじめの二人は兄妹となるしかないという理由からではなく、恋人同士がまさに「妹」と「背」と互いを呼び合うように、ある意味で兄妹婚は理想として存在していた。兄妹婚とは兄弟姉妹の「対」が夫婦の「対」に同致した形であり、一つの文化理想であったと上野千鶴子も述べている(22)。

あるいはスサノヲとアマテラスの誓約も、その結果子が誕生するのであれば、それも近親相姦として捉えられるだろうか。この時アマテラスは、スサノヲの暴力を恐れて武装していて、婚姻というよりは一触即発の緊張関係にあるけれど、スサノヲの勝利以降、スサノヲの乱暴にも堪えるアマテラスの姿に、弟との親密な関係を思わせないこともない。

この二つの例から、近親相姦によって前者では国生みという世界創造が、後者では世界を混沌へと陥れてしまった破壊行為がなされていることがわかり、近親相姦には世界を創造する力と世界に混乱をもたらす破壊的な力の両方が備わっていることが理解できる(23)。近親相姦は計り知れない力を秘めたものとして幻想されているのだ。

そして今度は反対に、近親相姦によってその強大な力は王に与えられるという逆転が生じることをここで指摘しよう。王以外が禁忌を破れば重い罪に問われるのに、王はその禁忌の犯しによってかえって両義的な世界創造の力を手に入れている。近親相姦は王にのみ許された行為であれば、それはその強大な力を王に与える装置として考えられたものだといえるかもしれない。王のみが全てを超越した「文化」として存在するための装置を、近親相姦は作り出しているのである。

ここで実際の天皇家の婚姻に当てはめて考えてみると、綏靖天皇から開化天皇までのいわゆる闕史八代の后が、孝霊天皇の后を除く他はすべて他氏出身の女性であるように、天皇家の婚姻は同族内で婚姻関係を結ばない外婚であった。神話的に解釈すれば、それは王が土地の女性と結ばれる聖婚幻想である(24)。オホクニヌシが越国のヌナカワヒメに求婚したように、あるいは景行天皇が播磨国のワキイラツメに妻問いしたように、王たるものは女性を求めて他国に赴くものだという幻想があって、それは領土拡大と保全のための、いわば政略結婚としての意味をも持っていた。天皇は外部へと妻を求めることによって、その外部性を保持していたのである。

外婚が当時の天皇の婚姻形態であったことは、天皇の婚姻が「連」カバネを持つ氏族出身の女性との間ではなされなかったことからも理解できるだろう。その中で例外的に「連」出身の女性と婚姻を結ぶのは、応神天皇や継体天皇など王自身が天皇家に属さない場合、異集団出身の場合であって、初期大和政権の一豪族でしかなかった天皇家はその連合をなしている集団の中では婚姻関係を結ばなかったらしい(25)。

天皇家に限らず広く庶民にもあてはまる一般論であるが、歌垣にしても土橋寛のように農耕儀礼としてのみ捉えるのではなく(26)、西郷信綱のようにその本質を市に求めるならば(27)、歌垣は異なった集団から配偶者を得ようとした証であり、古代においては外婚制が一般的であったと考えるべきだろう(28)。

ところが、このように外婚を求める王権の外部性は、一方で、例えば仁徳朝および敏達朝において見られるような、天皇家内での近親婚として現れている。始祖の理想婚を再現することによって始祖の近親婚にあった非日常性や超越性が天皇に付加されるという幻想がそこにはあって、近親婚を行うことによって天皇は日常性を超越した超人的な地位を手に入れ、それによって王権は強化されるという(29)。そうであるから、王統の強化、確認が行われた仁徳朝および敏達朝において近親婚はなされたのだと考えられている(30)。より強い王権のために、より濃い血の継承が必要不可欠であったということであろうか。

あるいは、王権がその版図を拡大し、もはや外部として認識される土地がなくなったという歴史的な流れや制度としての婚姻を考えれば、外婚から近親婚への変化は当然のことであった。女はより身分の高い男に与えられるという上昇婚の論理において、「最高の女性」となる皇女は、外部にその受け皿がない。臣下に嫁げば、天皇家自身の優越性、すなわち外部性は失われてしまうからである。上昇婚の論理的な帰結は、皇女が「誰の妻ともならない」不婚か（やがてそれは斎宮制となる）、あるいは近親婚しかないのである(31)。

したがって七世紀から九世紀にかけては、一族の男性と結ばれるという父系近親間の婚姻が顕著となる。婚姻の範囲を父系近親の枠内に限定することにおいて、閉鎖的な血縁集団を維持するのである。それは天皇家に限らず、官僚を多く輩出する名門貴族たちにもあてはまることであった。その理由を当時の妻問婚的な婚姻形態からくる異母兄弟姉妹間の近親的な意識のひ弱さ、母系制的社会習慣の残存に求めるのが一般的である(32)。さらにそのような父系近親婚に拍車をかけたのは、律令制の下では、官人として任用されるには多かれ少なかれ父が有位者であることが前提となっていること、官僚の戸を父系で維持・継続していたことであった。

しかしそのような律令は事実に即したものではなく、関口裕子によれば、古代において嫡妻と妾の区別は意識としては薄かったらしい(33)。それはすでに高群逸枝によって指摘されていることであるが(34)、史料における嫡妻・妾の書き分けは律令国家の政治的要請によるものであって、その実態は妻妾未分離であったという。はじめに婚姻関係を結んだものが妻となったようなきらいがあり、『大和物語』の業平臨終の記事に「本妻ども」とあることから当時は複数の本妻がいたようにも受け取れる。相続に関しても母子あわせての相続分を考えれば嫡子も庶子も同じ割合であり、嫡子と庶子の身分差がないことに嫡妻と妾の別の不明瞭さを知ることもできる。律令制の嫡妻・妾の制度は、唐に倣った机上のものであることがわかるだろう。

つまり婚姻関係を結ぶということは、家や共同体の存続といった財の確保や維持と深く関わっていて、婚姻関係とは、子を生むということ、すなわち人を財として考えることからはじまる関係であった。そしてそれは自発的に生れた制度ではなく、中国の制度に倣って国家の側から半ば強制的に導入された制度でもある。近親相姦の禁忌によって、家族内の女性が外部にむけて価値のある財として捉えられるようになり、「子」も「財」となりはじめるのである。婚姻制度とは、女性や子を「財」として捉える制度だと言い換えてもよいだろうか。天皇とのみ性的交わりが許されていた采女や、皇族以外には婚姻関係が結べない皇女の例を考えれば、婚姻という制度がいかに女性の「財」としての価値と深く関わっているかは明らかである。女性の「性」が「財」として外部にむけて開かれたために、外部との交換が発生するのであった。

当前のことではあるが、内部の中では交換は成立し得ない。交換とは、外部と内部の明確な区別があってはじめて成立する。しかし、その交換にたえ得る内部としての財の価値を高め維持するためには、血統を守らなければならず、内婚が奨励されるようになる。先に触れた異性の兄妹の子供である交叉イトコとの婚姻が奨励されるのは、母系家族が同居する当時の家族構成において、性が異なる兄妹の子供たちは普段顔を見ることがないために同族である意識が弱かったからではなく、父系的な繫がりを求めることによって内部の血の濃さを保持しようとしたからである。

それと同時に、一人の男性に姉妹で嫁ぐことは、ニニギノミコトにコノハナサクヤビメとイワナガヒメの二人が同時に嫁ぐことがなかったように、巧妙にさけられているようなふしもある(35)。それは、一人の男性は一つの集団から「多すぎる」数の女性を奪うことを禁じているからだと波平恵美子はいう[36]。一箇所に財が集まると交換の原理が成立しなくなり、外婚ルールが破綻してしまうからである。

このように交換の原理が働いて外へと関係を広げていく外婚と、財としての価値を高めるための内婚という二つの婚姻形態の均衡のうえに、古代社会は成立していた。外婚と内婚は対立するものではなく、同時並行的に行われその操作によって家族や共同体は運営されていくのである。実は、父系的には内婚であって母系的には外婚である平行イトコ婚自身に、その財と交換のルールは存在していた。

そして近親相姦の禁忌は、そのような内婚と外婚を規定していく文化的な装置であった。「性」を個人から切り離し、公のものとするための様々な文化的装置が、近親婚の禁忌をはじめとする民俗の問題でもあった[37]。「性」が閉じられた二人の問題ではなく、共同体全体の問題となった時、生物学的な「性」は社会的な「性」へと変化し、「性」は財として交換されていくのである。性的な交わりは人との関係を築くことであれば、交換が人と人の関係を築くことに同じである。性とは交換の原理が働くものなのであった。

本書で意図されていることは、そのような「性」と交換の問題について考えることである。生物学的な「性」がどのように社会的な「性」と関わっているのか神話的観点から古代日本文学を解釈し、現代とは全く異なった「性」を古代人の視点にたって、その視点に寄り添うようにして、トータルな「性」のイメージをたちあげることを試みた。一言でいえば、これは交換されはじめる「性」についての考察でもある。

三　婚姻研究の概略

最後に、今までの婚姻の研究について簡単に述べておこう。

婚姻に関する研究といってまず挙げなければならないのは、柳田国男(38)の研究である。柳田は、嫁入りにしろ婿入りにしろ、どちらかの家族と同居する婚姻形態は比較的新しく、古代においては夫が妻のもとを訪れる妻問いであったと指摘した。なぜ妻問いなのかといえば、女の家が娘の労働力や、与えられた口分田を失うことを恐れたからだという。そこには財の問題がある。

それに対する反論として高群逸枝(39)は、母系社会であった古代において、「妻問い」の後に夫が妻方に居住する「招婿婚」という婚姻形態を提唱した。

この二人の対立の延長線上に、夫方居住婚か妻方居住婚かという論議が多くなされてきており、歴史学では、石母田正(40)、家永三郎(41)を挙げることができる。高群説を継承し展開した研究として「対偶婚」の体系化を目指した関口裕子(42)や義江明子(43)の研究があり、ジェンダー論を展開した服藤早苗(44)も、忘れてはならない女性史の研究家だろう。

また、考古学的見地から家族のあり方を証明しようとした研究に、森浩一(45)がおり、その中でも主に抜歯を手がかりとして検証しようとした春成秀爾(46)、古墳の埋葬例から家族構成を復元しようとした田中良之(47)の研究がある。

民俗学からのアプローチでは、あくまでも夫方居住婚を基本とするという考えを主張した江守五夫(48)がおり、ケガレの構造を明らかにした波平恵美子[49]も「性」との関係から婚姻について言及している。あるいは大林太良[50]は、文化人類学の分野から世界との比較において日本が母系社会であることを説いた。

文学の分野においては、制度・慣習面の婚姻について論じたものはほとんどないが、文学に表現された恋愛を一つの表現形式として捉えた折口信夫[51]の研究や、『万葉集』の相聞歌と婚姻制との関わりを論じた西郷信綱[52]、伊藤博[53]、青木生子[54]らの研究を挙げておきたい。冒頭でも触れた、古代の恋愛生活をトータルに捉えた古橋信孝[55]、三浦佑之[56]の研究も改めてここで付け加えよう。

このように、婚姻というものが性とは分ちがたく存在していて、「生」の営みを深く関わっているがゆえに、多くの分野から様々なアプローチがなされてきていることがわかるだろう。その全てをここで分析して述べることは、本書が意図するところではないため、どのような研究がなされてきたのかを簡単に示すにとどめおき、以上をもって先行研究なき本書の研究史にかえることにする。

注

（1）土橋寛『古代歌謡と儀礼の研究』岩波書店、一九六五年
（2）西郷信綱「市と歌垣」（『文学』48（4））岩波書店、一九八〇年
（3）渡辺昭五『歌垣の研究』三弥井書店、一九八一年
（4）折口信夫「大嘗祭の本義」（『折口信夫全集』第三巻）中央公論社、一九五四年
（5）岡田精司編『大嘗祭と新嘗』学生社、一九七九年

（6）西郷信綱『古事記研究』未来社、一九七三年
（7）皇學館大學神道研究所編『大嘗祭の研究』皇學館大學出版、一九七八年
（8）古橋信孝『万葉集を読みなおす―神謡からうたへ』ＮＨＫブックス、一九八五年／『古代の恋愛生活―万葉集の恋歌を読む』ＮＨＫブックス、一九八七年
（9）三浦佑之『万葉びとの「家族」誌』講談社、一九九六年／「社会・文化イメージにおける女と男」（赤坂憲雄・中村生夫・原田信男・三浦佑之編『女の領域・男の領域』（いくつもの日本Ⅵ））岩波書店、二〇〇三年
（10）松村武雄「豊玉姫出産の神話」（『日本神話の研究』３）培風館、一九五五年
（11）吉村武彦「日本古代における婚姻・集団・禁忌―外婚制に関わる研究ノート―」（土田直鎮先生還暦記念会編『奈良平安時代史論集』上巻）吉川弘文館、一九八四年
（12）河合隼雄『昔話と日本人の心』岩波現代新書、二〇〇二年
（13）山内昶『タブーの謎を解く―食と性の文化学』筑摩書房、一九九六年
（14）西郷信綱『古事記注釈』第一巻、平凡社、一九七五年
（15）関口裕子「性・愛・結婚」（関口裕子・服藤早苗・長島淳子・早川紀代・浅野富美枝編『家族と結婚の歴史』）森話社、一九九八年
（16）義江明子『日本古代女性史論』吉川弘文館、二〇〇七年
（17）（15）に同じ。
（18）宮川伴子「古代天皇家の婚姻に関するノート」（門脇禎二編『日本古代国家の展開』下）思文閣出版、一九九五年

（19）古橋信孝『古代の恋愛生活―万葉集の恋歌を読む』ＮＨＫブックス、一九八七年
（20）波平恵美子「民族としての性」（網野善彦編『家と女性―暮しの文化史』日本民俗文化大系10）小学館、一九八五年
（21）レヴィ＝ストロース（福井和美訳）『親族の基本構造』青弓社、二〇〇〇年
（22）上野千鶴子「〈外部〉の分節―記紀神話論理学」（桜井好朗編『神と仏』）春秋社、一九八五年
（23）吉田敦彦『神話と近親相姦』青土社、一九八二年
（24）倉塚曄子『巫女の文化』平凡社、一九七九年
（25）（18）に同じ。
（26）（1）に同じ。
（27）（2）に同じ。
（28）（11）に同じ。
（29）大林太良「親族構造の概念と王家の近親婚」（大林太良編『ウヂとイエ』（日本の古代12））中央公論社、一九八七年
また山本一也は、天皇の近親婚は異母妹との婚姻ではなく「天皇の女」との婚姻という点に意味があって、それによって皇位継承の正統性を主張したとする（「日本古代の近親婚と皇位継（上）」（『古代文化』53（8））日本古代文化學會、二〇〇一年）。
（30）（18）に同じ。
（31）（22）に同じ。
（32）西野悠紀子「律令制下の氏族と近親婚」（女性史総合研究会編『日本女性史』1原始・古代）東京大学出版会、一九八

二年
（33）関口裕子「律令国家における嫡妻・妾制について」（『史学雑誌』81（1））、一九七二年
（34）高群逸枝『招婿婚の研究』（高群逸枝全集）理論社、一九六六年
（35）姉妹で一人の男性に嫁ぐことは景行天皇、垂仁天皇、応神天皇や舒明天皇など多くあるが、それが奨励されたようにも受け取れる反面、コノハナサクヤビメの例のように避けられたようなところもある。
（36）（20）に同じ。
（37）（20）に同じ。
（38）柳田国男『柳田国男全集』巻十二巻、筑摩書房、一九九七年
（39）（34）に同じ。
（40）石母田正『石母田正著作集』一、岩波書店、一九八八年
（41）家永三郎「万葉時代の家族生活」（『万葉集大成』五）平凡社、一九五四年
（42）関口裕子『日本古代婚姻史の研究』塙書房、一九九三年
（43）（16）に同じ。
（44）服藤早苗「古代の母と子」（森浩一編『女性の力』（日本の古代12））中央公論社、一九八七年／『家成立史の研究』校倉書房、一九九一年／『ケガレの文化史』森話社、二〇〇五年
（45）森浩一「古墳にみる女性の社会的地位」（森浩一編『女性の力』（日本の古代12））中央公論社、一九八七年
（46）春成秀爾「縄文・弥生時代の親族組織をさぐる」（大林太良編『ウヂとイエ』（日本の古代12））中央公論社、一九八

七年

（47）田中良之「古代の家族」（赤坂憲雄・中村生夫・原田信男・三浦佑之編『女の領域・男の領域』（いくつもの日本Ⅵ））岩波書店、二〇〇三年

（48）江守五夫『日本の婚姻』弘文堂、一九八六年

（49）波平恵美子『ケガレの構造』青土社、一九八四年／「民族としての性」（網野善彦編『家と女性―暮しの文化史』（日本民俗文化大系10））小学館、一九八五年

（50）（29）に同じ。大林太良「古代の婚姻」（竹内理三編『風土と生活』（日本の古代2））角川書店、一九七一年

（51）折口信夫「古代生活に見えた恋愛」（『折口信夫全集』第一巻）中央公論社、一九五四年

（52）西郷信綱「万葉の相聞」（『万葉集大成』五）平凡社、一九五四年

（53）伊藤博「上代の結婚と歌」（『国文学　解釈と鑑賞』92（1））至文堂、一九六四年

（54）青木生子『日本古代文芸における恋愛』弘文堂、一九六一年

（55）（8）に同じ。

（56）（9）に同じ。

あとがき

「性」が古代においてはいかに重要であったか、そのような指摘がなされて久しく、すでに言い尽くされた感はある。聖婚という「性」、歌垣における「性」、あるいは采女や遊行女婦の「性」は、種の保存という意味以上に、共同体や古代国家の構造に深く関係していたことは、今ここで繰り返し述べるまでもあるまい。

あるいは、ボーヴォワールが『第二の性』で述べたように、男性が男性らしく、女性が女性らしくなるのは社会によってであり、そのような時代の中でジェンダー論は生まれた。思春期にホルモンが分泌されて「らしく」なるのだということも今や生物学的な常識となっていて、それが「第二の性」を擁護もしただろう。先天的な性別は後天的な規制によってより確かなものとなるということか。社会によって生物学的な「性」は確固たるものになり、生物学的な「性」と社会的な「性」は反することなく接続していくのだと、そう信じられていた。

ところが、「性」とはそのように単純なものではなかった。昨今性同一性障害の問題が浮上してきているように、「性」とは生物学的な差異ばかりではなく、精神の問題、心の問題でもある。生物学的な「性」と社会的な「性」は連動するのではなく、時に相反し、その不一致は個としての存在を揺るがすほどであって、現代において「性」に対する考え方は変わりつつある。

では文学研究において、「性」に対する考え方は変わったのだろうか。文学における女性の「性」は、本当の意味において解放されたのだろうか。

その答えは、残念ながら否である。遊行女婦は遊女や「売笑」だという男性目線の解釈は大きく修正されることなく、「性」は汚れたもの、公共の場で口にすることが憚れるものだという認識は変わっていない。ジェンダー論を論じる女性たちにしても、男性と対等でいるために「らしさ」を捨ててしまっているように思われる。女性であることをやめて「性」を論じているような気さえするのは、私だけであろうか。かつて若いころ大学院に進学すると言えば学問と結婚するのかと尋ねられた、そのような時代と何も変わっていないのではないか。男性と女性には性差があるのだから、女性はもっと「らしく」あってよいはずだ。もっと自然体であってよい。

例えば神話によく登場する「一夜孕み」、本書第Ⅰ部第一章でも取り上げたように、今までの研究ではこの「一夜」はたった一回限りの夜と解釈されていた。一夜にして身ごもり神の子を出産すると語られるゆえに、ヲトメはその一晩のために生きていたと考えられてきた。ヲトメのその後は語られることがなく、生まれてきた「子」にのみ焦点は当てられ、彼女たちの人生は振り返ってみられないままに、「一夜孕み」は男性社会の中で解釈されていたのである。

しかし、果たして古代人はそう考えていいのだろうか。女性はたった一回の「一夜」のためだけに、生き死んでいったというのか。

そうではあるまい。注意深く神話を読み解けば、「一夜」はある特別な夜の意であって、まさにその夜に「孕み」が約束される、「聖なる時間」であったことは明らかである。女性には何度も繰り返される「一夜」が約束されていた。先入観なく素直に読めばそう読むこともできるのに、今まではそれに気づくことすらなかったのである。

そこで私は、男性視点ではない、女性視点にたって「性」について考えてみたいと思うようになった。女性の目線からみれば、今までとは全く異なった神話解釈が、新たな古代が見えてくるのではないか。机上の論ではない、実生活に密着した神話世界が開けるのではないか、と。

また、「性」にはいわゆる交わりとしての「性」以外に、男性・女性の「性」、母性・父性の「性」という意味もある。性質という意味の「性」もある。このように「性」には多くの解釈、視点があるというのに、「性」と言えば性の交わりだけを指すことに違和感もあった。既成概念にとらわれない女性であるがゆえの柔軟さが、男性目線の神話解釈を変えることもできるのではないか。その思いがそのまま博士論文のテーマとなった。本書は博士論文に加筆修正したものである。

博士論文を提出して四年の歳月が流れ、決して恵まれているとはいえない環境の中で出版を諦めたこともある。このたびようやくこのような形で出版することができたのは、それもひとえに、これまでご指導してくださった恩師永藤靖先生と、私の書いたものを読んで批評しつつも励ましてくださった博士論文副査の先生方のおかげである。本当に心から感謝申し上げる。また、なかなか進まない編集作業を待ってくださった三弥井書店の吉田智恵さんにも、末筆ながらお礼申し上げる。

二〇一四年　初夏

堂野前　彰子

参考文献一覧（本文に引用したもの以外を記す）

序章　経験された時間―「性」と「生」―

永藤靖『古代日本文学と時間意識』未来社、一九七九年

永藤靖『中世日本文学と時間意識』未来社、一九八四年

第Ⅰ部　母性と父性

第一章　神話としての「一夜孕み」

三品彰英『神話と文化史』（三品彰英論文集第三巻）平凡社、一九七一年

永藤靖『古代日本文学と時間意識』未来社、一九七九年

倉林正次『饗宴の研究　祭祀編』桜楓社、一九八七年

前原市教育委員会編『平原遺跡―前原市文化財調査報告書』、二〇〇〇年

保坂達雄『神と巫女の古代伝承論』岩田書店、二〇〇三年

伊都国歴史博物館国宝指定記念特別展図録『大鏡が映した世界』、二〇〇六年

斎藤英喜「「一夜孕み」譚の分析―共同幻想と表現の恣意性」（『古代文学』19）古代文学会、一九七九年

大林太良「太陽と火」（網野善彦編『太陽と月』（日本民俗文化大系２））小学館、一九八三年

坪井洋文「日本人の再生観」（網野善彦編『太陽と月』（日本民俗文化大系２））小学館、一九八三年

岩崎良子「さ寝考」（『上代文学』50）上代文学会、一九八三年
多田一臣「隠り妻と人妻と―万葉集の表現を考える―」（『国語と国文学』63（11））東京大学国語国文学会、一九八六年
保坂達雄「神話の生成とシャーマニズム―日光感精型神婚譚を例にして」（『東横学園女子短期大学紀要』39）東横学園女子短期大学、二〇〇五年

第二章　雷神に象徴される父性―『山城国風土記』逸文・賀茂伝承を中心に―
谷川健一編『日本の神々―神社と聖地』5山城・近江、白水社、二〇〇〇年
肥後和男「賀茂伝説考」（『日本神話研究』）河出書房、一九三八年
近藤喜博「ヤマシロ風土記の逸文について」（『日本上古史研究』2（1））日本上古史研究会、一九五八年
井上光貞「カモ県主の研究」（『日本古代国家の研究』）岩波書店、一九六五年
青木紀元「迦毛大御神―葛城の鴨の神―」（『日本神話の基礎的研究』）風間書房、一九七〇年
神田秀夫「鴨と高鴨と岡田の鴨―山城風土記氏佚文考」（『民族の古伝』）明治書院、一九八四年
八木毅「山城国風土記覚書」（『古風土記・上代説話の研究』）和泉書院、一九八八年
金井清一「山城国風土記逸文の賀茂伝説について」（『上代文学』79）上代文学会、一九九七年
柳田国男「玉依彦の問題」「玉依姫考」（『柳田国男全集』第十一巻）一九九八年

第三章　母性の欠如あるいは父と子の対立―ホムチワケから目弱王へ―

河合隼雄『中空構造日本の深層』中央公論社、一九八二年
亀田隆之『皇位継承の古代史』吉川弘文館、一九九六年
赤坂憲雄・中村生雄・原田信男・三浦佑之編『女の領域・男の領域』（いくつもの日本Ⅵ）岩波書店、二〇〇三年
林道義『日本神話の女神たち』文春新書、二〇〇四年
阿部誠「安康即位物語試論」（『国学院大学大学院紀要』（文学研究科）17）国学院大学大学院、一九八六年
吉井巌「ホムツワケ王―崇神王朝の後継者―」（『天皇の系譜と神話』二）塙書房、一九七六年
黒田達也「眉輪王の変とその関係系譜をめぐって（門脇禎二編『日本古代国家の展開』上）思文閣出版、一九九三年
阿部誠「ホムチワケの原罪とヤマトタケル―『古事記』中巻の一構想―」（『国学院雑誌』98（7））一九九七年
永藤靖「玉の奇蹟―『出雲国風土記』の玉作湯社について―」（『日本神話と風土記の時空』）三弥井書店、二〇〇六年

第四章　「ホ」の御子の物語―その神話的解釈―

松前健『日本神話の新研究』桜楓社、一九六〇年
大林太良編『火』（日本古代文化の研究）社会思想社、一九七四年
河合隼雄『中空構造日本の深層』中央公論社、一九八二年
ガストン・バシュラール（前田耕作訳）『火の精神分析』せりか書房、一九九九年
林道義『日本神話の女神たち』文春新書、二〇〇四年
大林太良「日本神話の比較民族学的考察―火の起源の神話を中心として―」（『歴史教育』14（4））一九六六年

岡田精司「天皇家始祖神話の研究」（三品彰英編『日本書紀研究』第二冊）塙書房、一九六六年
吉井巌「火明命」（『天皇の系譜と神話』二）塙書房、一九六七年
横田健一「日継の形成―誅と歴史意識―」（三品彰英編『日本書紀研究』第九冊）塙書房、一九七六年
吉村武彦「古代の王位継承と群臣」（『日本歴史』496）吉川弘文館、一九八九年
吉岡賢康「火明命の系譜的記述の意味―『古事記』を中心に―」（『日本文学論究』67）国学院大学国文学会、二〇〇八年

第Ⅱ部　「動く男」と「動かぬ女」

第一章　色好みの王―オホクニヌシと伊和大神―

居駒永幸『古代の歌と叙事文芸史』笠間書院、二〇〇三年

第二章　嫉妬の構造―「動く男」と「動かぬ女」―

折口信夫『折口信夫全集』ノート編第一巻、中央公論社、一九七一年
門脇禎二『葛城と古代国家』講談社学術文庫、二〇〇〇年
高木博「持統天皇と大津皇子」（『相模女子大学紀要』13）相模女子大学学術研究会、一九六二年
戸谷高明「皇后の嫉妬」（『国文学　解釈と教材の研究』13（4））学燈社、一九六八年
河野頼人「古事記歌謡と日本書紀」（古事記学会編『古事記の歌』（古事記研究大系９））高科書店、一九九四年
曽倉岑「神功皇后―伝統的な母性像」（『国文学　解釈と鑑賞』65（８））二〇〇〇年

第三章　「在地の妻」という話型—弟日姫子・別嬢・弟橘比賣から—

西郷信綱『古事記注釈』平凡社、一九七五年

谷川健一編『日本の神々—神社と聖地』１九州、白水社、一九八四年

三浦佑之『村落伝承論—遠野物語から』五柳書院、一九八七年

古橋信孝『神話・物語の文芸史』ぺりかん社、一九九二年

猪股ときわ『歌の王と風流の宮—万葉の表現空間』森話社、二〇〇〇年

吉井巖「サヨヒメ誕生」（『萬葉』76）萬葉学会、一九七一年

吉井巖「ヤマトタケル系譜の意味」（『文学』39（11））岩波書店、一九七一年

犬飼公之「遊行女婦と娘子群」（久松潜一監修『作家と作品Ⅱ』（萬葉集講座６））有精堂、一九七二年

前川明久「ヤマトタケル東征伝承の一考察」（『日本歴史』337）吉川弘文館、一九七六年

神野志隆光「人麻呂石見相聞歌の形成」（『国語と国文学』54（１））東京大学国語国文学会、一九七七年

緒方惟章「石見相聞歌の虚実」（『上代文学』45）上代文学会、一九八〇年

渡瀬昌忠「人麻呂の石見相聞歌」（『国文学　解釈と鑑賞』51（２））至文堂、一九八六年

吉田修作「伝承の〈筑紫をとめ〉—松浦佐用姫—」（『福岡女学院大学紀要』２）一九九二年

山田直巳「「蛇霊神」の変貌—古代説話史の試み—」（『異形の古代文学—記紀・風土記表現論』）新典社、一九九三年

小林渚「弟日姫子の軌跡—巫女従女の報せ—」（『古代文学』36）古代文学会、一九九七年

吉田幹生「石見相聞歌の抒情と方法」（『国語と国文学』81（９））至文堂、二〇〇四年

第Ⅲ部　「性」と交換

第一章　「妹」と「妻」─社会化される「性」─

井上通泰『萬葉集新考』国民図書、一九二八年
澤瀉久孝『萬葉集注釈』中央公論社、一九五七年
北山茂夫『大伴家持』平凡社、一九七一年
大林太良編『母権制の謎』（世界の女性史2未開社会の女）評論社、一九七五年
藤井貞和『物語の結婚』創樹社、一九八五年
宇野直人『中国古典詩歌の手法と言語』研文出版、一九九一年
佐藤隆『大伴家持作品論説』おうふう、一九九三年
多田一臣『大伴家持─古代和歌表現の基層』至文堂、一九九四年
川口常孝「家持長歌の一考察」（『万葉作家の世界』）さるびあ出版、一九六六年
小島憲之「万葉題詞のことば─『夜裏』・『留女』考─」（『上代文学』44）上代文学、一九八〇年
小野寛「越中における家持の一面」（『大伴家持研究』）笠間書院、一九八〇年
岩崎良子「さ寝考」（『上代文学』50）一九八三年
青木生子「家持の歌の評価─春愁三首をめぐって─」（『上代文学』73）上代文学会、一九九四年
朴一昊「大伴家持反歌考」（『上代文学』75）上代文学会、一九九五年

森朝男「家持の〈恋情〉を読む」(『国文学　解釈と教材の研究』42(8))学燈社、一九九七年

第二章　采女―「性」における禁忌と交換―

折口信夫「宮廷儀礼の民俗学的考察―采女を中心として―」(『折口信夫全集』第十六巻)中央公論社、一九五六年
松原弘宣「采女資養法について」(『日本歴史』313)吉川弘文館、一九七四年
都倉義孝「女鳥王物語論―古事記悲劇物語の基本的構造について―」(日本文学研究資料刊行会編『古事記・日本書紀Ⅱ』(日本文学研究資料叢書))有精堂、一九七五年
多田元「巫女の悲劇―石長比売の「醜」について―」(中村啓信編『古事記・日本書紀論集』)続群書類従完成会、一九八九年
森朝男「宴と性―古事記の歌と万葉集―」(『古事記の歌』(古事記研究大系9))高科書店、一九九四年
森朝男「吉備の津の采女を悼む挽歌―柿本人麿作歌注釈その2」(『フェリス女学院大学国文学論叢』)フェリス女学院大学、一九九五年
入江英弥「采女入水譚考―『大和物語』百五十段をめぐって―」(『武蔵野女子大学紀要』34(1))武蔵野女子大学文化学会、一九九九年

第三章　遊行女婦―聖と賎のはざま―

大江匡房『遊女記』『傀儡子記』(日本思想体系8)岩波書店、一九七九年
堀一郎『遊幸思想―国民信仰之本質論』育英書院、一九四四年

滝川政次郎『遊女の歴史』(日本歴史新書) 至文堂、一九六五年
藤林貞雄『性風土記』(民俗・民芸双書14) 岩崎美術社、一九六七年
滝川政次郎『遊行女婦・遊女・傀儡女―江口・神崎の遊里』(日本歴史新書) 至文堂、一九六九年
竹内勝『日本遊女考』ブロンズ社、一九七〇年
西山松之助『遊女』(日本史小百科9) 近藤出版社、一九七九年
樋口清之『万葉の女人たち』講談社学術文庫、一九七八年
野間宏・沖浦和光『日本の聖と賤』人文書院、一九八五年
山折哲雄編『遊行と漂泊―定住民とマレビトの出会い』(大系仏教と日本人) 春秋社、一九八六年
守屋毅編集『芸能と鎮魂―歓楽と救済のダイナミズム』(大系仏教と日本人) 春秋社、一九八八年
宮田登編『性と身分―弱者・敗者の聖性と非運』(大系仏教と日本人) 春秋社、一九八九年
女性史総合研究会編『日本女性生活史』1原始・古代　東京大学出版会、一九九〇年
女性史総合研究会編『日本女性生活史』2中世　東京大学出版会、一九九〇年
鈴木徳松『日本古代恋愛史』新人物往来社、一九九一年
赤坂憲雄編『漂泊する眼差し』(史層を掘る) 新曜社、一九九二年
古橋信孝『万葉歌の成立』講談社学術文庫、一九九三年
赤坂憲雄『漂泊の精神史―柳田国男の発生』小学館、一九九四年
柳田国男「巫女考」(『柳田国男全集』第九巻) 筑摩書房、一九九八年

小松和彦責任編集『憑きもの』（怪異の民俗学１）河出書房新社、二〇〇〇年
猪俣ときわ『歌の王と風流の宮—万葉の表現空間』森話社、二〇〇〇年
赤坂憲雄『境界の発生』講談社学術文庫、二〇〇二年
池田弥三郎『性の民俗誌』講談社学術文庫、二〇〇三年
網野善彦『中世の非人と遊女』講談社学術文庫、二〇〇五年

第四章　境界を越えていく女

森本治吉『高橋虫麻呂』青梧堂、一九四二年
北山茂夫『大伴家持』平凡社、一九七一年
山本健吉『大伴家持』（日本詩人選）筑摩書房、一九七一年
小野寛『大伴家持研究』笠間書院、一九八〇年
佐藤隆『大伴家持作品論説』おうふう、一九九三年
犬養孝『万葉の歌人高橋虫麻呂』世界思想社、一九九七年
藤森朋夫「高橋虫麻呂」（久松潜一監修『万葉集講座』４）創元社、一九五四年
小島憲之「高橋虫麻呂」（『国文学　解釈と教材の研究』）学燈社、一九五七年
大久保正「高橋虫麿」（『国文学　解釈と教材の研究』13（１））一九六八年
金井清一「高橋虫麻呂」（久松潜一監修『作家と作品Ⅱ』（萬葉集講座６））有精堂、一九七二年

井村哲夫「虫麻呂の諸問題」（『憶良と虫麻呂』）桜楓社、一九七三年
井村哲夫「若い虫麻呂像」（『憶良と虫麻呂』）桜楓社、一九七三年
坂本信幸「「身をたな知る」より覗い知る歌人高橋虫麻呂」（『萬葉』83）萬葉学会、一九七四年
大久保正「高橋虫麻呂論―その作歌の場」（『万葉集の諸相』）一九八〇年
金井清一「疎外者の文学」（『万葉詩史の論』）笠間書院、一九八四年
清原和義「高橋虫麻呂の風土」（『万葉集の風土研究』）塙書房、一九九六年
井村哲夫「高橋虫麻呂―第四期初発歌人説・再論」（『憶良・虫麻呂と天平歌壇』）翰林書房、一九九七年
坂本信孝「高橋虫麻呂」（神野志隆光・坂本信幸企画編『山部赤人・高橋虫麻呂』（セミナー万葉の歌人と作品7））和泉書院、二〇〇一年
身崎壽「ウタとともにカタル―女鳥王物語―」（五味智英・小島憲之編『萬葉集研究』29）塙書房、二〇〇七年
大久保廣行「高橋虫麻呂の論―伝説歌を中心に―」（筑紫文学圏と高橋虫麻呂』）笠間書院、二〇〇六年
身崎壽「ウタでカタルということ―「伝説歌」の構造」（五味智英・小島憲之編『萬葉集研究』30）塙書房、二〇〇九年

終章　「性」の禁忌と婚姻―研究史にかえて―
高群逸枝『母系制の研究』（高群逸枝全集）理論社、一九六六年
須田春子『律令制女性史研究』千代田書房、一九七八年
溝口睦子『日本古代氏族系譜の成立』学習院学術研究叢書、一九八二年

江守五夫『日本の婚姻』弘文堂、一九八六年
小野寛『上代文学研究事典』おうふう、一九九六年
関口裕子編『家族と結婚の歴史』森話社、二〇〇〇年
義江明子『古代女性史への招待』吉川弘文館、二〇〇四年
義江明子『日本古代女性史論』吉川弘文館、二〇〇七年
内堀基光「妻と妹」（大林太良編『母権制の謎』（世界の女性史２））評論社、一九七五年
大林太良「《母権時代》は存在したか？」（大林太良編『母権制の謎』（世界の女性史２））評論社、一九七五年
小松和彦「民俗文化の神話と記紀神話」（『国文学　解釈と教材の研究』29（11））学燈社、一九八四年
大林太良「卑弥呼と神功皇后」（森浩一編『女性の力』（日本の古代12））中央公論社、一九八七年
間壁葭子「考古学から見た女性の仕事」（森浩一編『女性の力』）日本の古代12））中央公論社、一九八七年
和田萃「市・女・チマタ」（森浩一編『女性の力』（日本の古代12））中央公論社、一九八七年
脇田晴子・林玲子・永原和子編『日本女性史』吉川弘文館、一九八七年
大林太良「大嘗祭における食事と籠り―民族学的考察―」（『国学院雑誌』91（7））一九九〇年
山本一也「日本古代の近親婚と皇位継承（下）―異母兄弟婚を素材として」（『古代文化』53（9））古代學協會、二〇〇一年
江守五夫「母系制と妻訪婚―社会人類学の立場から―」（義江明子編『婚姻と家族・親族』）吉川弘文館、二〇〇二年
関口裕子「日本の婚姻」（義江明子編『婚姻と家族・親族』）吉川弘文館、二〇〇二年

初出一覧

序章　経験された時間―「生」と「性」―（未発表）

第Ⅰ部　母性と父性

第一章　神話としての一夜孕（古代学研究所紀要特別号『風土記の現在』、明治大学代学研究所、二〇〇九年二月）

第二章　雷神に象徴される父性―『山城国風土記』逸文・賀茂伝承を中心に―（『文学研究論集』30、明治大学大学院文学研究科、二〇〇九年三月）

第三章　母性の欠如あるいは父と子の対立―ホムチワケから目弱王へ―（未発表）

第四章　「ホ」の御子の物語―その神話的な解釈―（未発表）

第Ⅱ部　「動く男」と「動かぬ女」

第一章　色好みの王―オホクニヌシと伊和大神―（未発表）

第二章　嫉妬の構造―「動く男」と「動かぬ女」―（未発表）

第三章　在地の妻という話型―弟日姫子・別嬢・弟橘比賣から―（『文化継承学論集』四、明治大学大学院文学研究科、二〇〇八年三月）

第Ⅲ部　「性」と交換

第一章　「妹」と「妻」―社会化される「性」―（未発表）

第二章　采女―「性」における禁忌と交換―（未発表）

第三章　遊行女婦―聖と賤のはざま―（未発表）

第四章　境界を越えていく女（『日本古代学』三、明治大学古代学教育研究センター、二〇一一年三月）

終章　「性」の禁忌と婚姻―研究史にかえて―（未発表）

日本神話の男と女―「性」という視点

平成26年7月8日　初版発行

定価はカバーに表示してあります。

ⓒ著　者　堂野前彰子

発行者　吉 田 栄 治

発行所　株式会社 三 弥 井 書 店

〒108－0073東京都港区三田3－2－39

電話03－3452－8069

振替00190－8－21125

ISBN978-4-8382-3265-9　C0021　印刷　エービスシステムズ